夢的實踐
MAPS種子教師
教學現場紀實

第一屆 MAPS 種子教師作者群

第一屆「MAPS 教學法推廣計畫」有八十位種子教師，本書匯集其中十四位種子老師所提供的實證解方：

◆ 洪婉真

來自山城到都市定居的探索者，熱愛教學工作，以陪伴孩子閱讀、深化學習為使命，喜歡從旅行、生活、閱讀中，尋找手寫的溫度，努力耕耘生命。一〇八、一〇九夢N閱讀及國文課程實踐家。現任教於桃園市立東興國民中學。

◆ 郭椿蓉

八一年生的安昕媽媽，身兼平凡得無懈可擊的教育工作者，一場教甄風暴將其迫降在濁水溪以北，從此於萬戶燈火中努力點亮一盞微小而熾熱的光芒，為自己的孩子，也為別人的孩子。現任教於桃園市立大有國民中學。

◆ 石佩玉

教學現場浮沉十餘年，多方嘗試各種教學理論與方法要渡自己和學生上岸，總算找到適合的 MAPS，正努力循著前輩們的腳步前進。兩隻幼獸的媽，最喜歡一起睡覺的安靜時光。現任教於花蓮縣立宜昌國民中學。

◆ 楊子萱

內向的人，師範第一屆自費生，怕上講臺，卻還是站上講臺。在鐘聲裡上下講臺，腳步難免匆忙、慌亂、挫折，感謝可愛的學生們，感謝 MAPS 教學法，讓自己可以重新定位，再出發。現任教於新北市板橋區中山國民中學。

◆ 張允蒼

畢業於東吳大學中文系。在校期間，活躍於原住民服務性社團，致力課輔及布農族部落田野調查，曾以此為職志。目前任教國中國文，因夢N的啟發，開始嘗試 MAPS，資歷兩年。現任教於高雄市立福山國民中學。

◆ 余竹郁

真心樂天的理想主義者，擁有一秒忘記不愉快的超能力。自帶旺盛的好奇心，喜歡探索新鮮事物，害怕束縛與一成不變。最喜歡跟國中生相處，彷彿這樣的自己永遠不會老去。現任教於新竹縣立東興國民中學。

◆ 郭富華

熱愛教學，總喜歡將源源不絕的靈感化為教學活動，總能從學生愈來愈發光的眼神中獲得滿足。熱愛分享，希望把自己所操作的課程，分享給更多老師，一起共備共好。現任教於新竹市東區新竹國民小學。

◆ 邱子葳

出道十多年，流轉六間學校，汲汲學習，尋找安定教學的船錨，讓流浪不安的心靠岸。喜歡夥伴共備打氣，喜歡課堂溫暖成長，喜歡自己勇於挑戰，是外柔內剛的行動派實踐者。現任教於臺北市中山區永安國民小學。

◆ 林倩伃

喜歡細膩創作，喜歡聽心有靈犀的中文歌曲，與文字的魅惑力恰恰對頻，若再能說出一些哲學臺詞春風化雨，便更沾沾自喜。已用了十三載的時間，陪著孩子走出一段段隔江千萬里。現任教於新北市新莊區中港國民小學。

◆ 蔡佳玲

七年二班，有一對雙胞胎兒女。畢業於教育大學，初心就是當個好老師。喜愛閱讀、參加研習以及學習新知。在決心改變與堅定執行之下，透過 MAPS 教學看見不一樣的課堂風景。現任教於桃園市八德區大忠國民小學。

◆ 楊雅芬

當老師的初衷是為了三個月的寒暑假。在嘗試教學翻轉後，閱讀、研習、創發、實驗、失敗、再試驗，成就孩子學習是教學的日常。自此沒了寒暑假，當老師成了一生的志業。現任教於臺北市信義區光復國民小學。

◆ 張翠宜

教職十八年，挫忍度低但樂天善忘，執著完美卻又害怕壓力，常在自我矛盾中打滾，覺得能在以剛剋剛的高年級課堂裡，從容開心教學，是成就感爆棚的事！現任教於新北市永和區永和國民小學。

◆ 温櫻美

高年級導師，熱愛旅行。畢業於中文系所，從事教育工作多年，一直以愛與關懷包容、等待每位孩子。曾獲金師獎，並與夥伴（苗栗縣教育處）組成「教學者聯盟」獲二〇一八《親子天下》教育創新一百。現任教於苗栗縣苗栗市大同國民小學。

◆ 黃彥慈

經歷過體制內、外之後，決定回歸體制服務。受了一群努力跨越體制束縛的老師在自己的教室內翻轉課堂的影響，重新燃起熱愛課程設計的那顆心，進而成為這群人中的一份子。現任教於新北市新店區北新國民小學。

（以上依篇目順序排列）

目次

【國小領域】

推薦序

1 好的教學法教會孩子勇敢作夢、努力築夢

教育部部長・潘文忠

政忠老師不但自創發想了 MAPS 三層次提問設計教學法，提升了學生的閱讀理解能力，更在二〇一五年發起「我有一個夢」，掀起全國性的教師自主專業研習浪潮，鼓動了全臺灣超過兩萬七千名教師的熱情，一起為追求更好的課堂教學而努力，充分體現了新課綱「自發、互動、共好」的精神，期望帶給孩子更有競爭力的學習品質。

這一波教師自主專業成長的浪潮，核心精神就是：實踐！不同於過往許多研習活動，教師夥伴參與了各式各樣講座之後，或許受到感動，但是否真正在自己的課堂實踐所學，是否真正讓孩子受惠於教師的專業成長，都存在改進空間。但夢N工作坊強調：「回教室實踐，把孩子教好。」只要行程許可，我都會參與每一場夢N的研習活動，不僅是開幕時對大家表達敬意，更會走入教室跟參與研習的教師夥伴一起學習，看到學員老師們認真投入的精神總令我十分感動。而二〇一九年起的夢N研習課堂，更看見一個又一個的「課堂實踐家」上臺分享自己在教室裡的親身實踐，每每看到這些課堂實踐家說著自己教室裡的改變，說著孩子的改變，都令我更加動容。

教師的勇於實踐，不僅是新課綱能否成功的關鍵因素，更是每一個孩子能否擁有高品質學習內容的關鍵因素。

這一次，政忠老師邀請了十四位課堂實踐家記錄「MAPS三層次提問設計」的課堂實踐歷程，又是一項突破性的紀錄。這些課堂實踐家不僅上臺發表了自己的實踐歷程，還以豐富的文字、圖像、作品呈現出一幅又一幅美好的課堂教學風景。我曾經坐在政忠老師的課堂裡，與他的學生一起上課，充分感受到政忠老師上課的魅力與專業。看著政忠老師的學生，在三層次提問設計的教學下思考、學習、躍進，我感受到了與世界同步的一流專業教學水準，感受到這些孩子未來的無限可能，完全忘記自己身處偏鄉小校，也完全忘記這些孩子辛苦的成長背景。這讓我充分相信，優質的教學帶領能夠協助每一個孩子裝上翅膀，在知識的國度裡自由飛翔，在學習的天空中廣闊遨遊。

政忠老師的課堂，就是一堂又一堂素養導向的高水準課堂！

這十四個課堂實踐家就是政忠老師手把手培訓出來的MAPS三層次提問設計種子教師，他們的課堂在這樣的培訓與實踐過程中，正逐漸展現跟政忠老師的課堂一樣的專業樣貌，發展出擁有自己特色的課堂美好風景。我非常敬佩這些老師的用心精進與勇於實踐，更期望有愈來愈多的教師夥伴能學習效法，在夢N如此多元的專業師資及課程陪伴與帶領之下，開出更多更多屬於自己課堂的實踐之花，造福更多更多的孩子。

恭喜政忠老師與十四位MAPS三層次提問設計種子教師，感謝MOXA心源教育基金會支持教師專業發展，我們一起攜手並進，陪伴更多孩子勇敢作夢、努力築夢。

推薦序

2 MAPS & MOXA：給老師雙M的力量

財團法人 MOXA 心源教育基金會執行長・吳玉璇

我和王政忠老師初次見面是在二〇一八年六月二十六日晚間，MOXA 心源教育基金會邀請他來向基金會的志工分享他長年在偏鄉推動閱讀教育的經驗，至今印象深刻。那晚，我和大家一起全神貫注聆聽了一位對教育懷抱無限熱忱並且充滿創造力的老師娓娓道來他的教育夢想之路，聽完讓我非常敬佩與感動！他應該不只是老師，他更像是創業家，為了讓偏鄉孩子擁有更好的受教品質而一直努力不懈、想方設法的教育創業家。

MOXA 心源教育基金會長年以來一直關注教育現場的老師，因為我們清楚知道孩子要能獲得更好的教育品質，至要的關鍵就是在學校鎮日陪伴著孩子的老師。為此，基金會不斷思考能為老師做些什麼，從二〇〇九年開始我們踏出第一步，針對國中小老師開設了一些長期的成長課程，目的就是提供老師們支持和專業能力，協助老師們能夠自在從容、游刃有餘在第一線帶領孩子成長，期待師生能一起共創屬於他們自己的教室裡的春天。

二〇一七年九月因為電影，我們知道了王政忠老師的故事，後來因緣際會得知他有意願將 MAPS 教學法擴大推動，讓更多的老師受益，這樣不藏私願意共好的美事，基金會當然願意來共同成就。我們和王政忠老師關注的焦點是不謀而合的，都是希望孩子能夠享有更好的受教品質，讓孩子更有能力去面對充滿未知挑戰的世界。很快地從二〇一八年開始，我們和王政忠老師攜手開始了「MAPS 教學法推廣計畫」，彼此承諾要一起走一段五年的推廣之路，邀請全臺灣國中小的老師相偕同行。今年「MAPS 教學法推廣計畫」已經邁入第二屆，看到來自全臺灣將近百位老師的熱烈報名，我們真實感受到了基層老師們對於求精求變的渴望，這實在是令人由衷感到欣喜。

你我都曾經是教室裡坐在臺下的學生，聽著臺上老師的滔滔講述，那時的我們比較像是教室裡的客人，提醒著自己要盡量聚精會神聽清楚臺上的主人想要表達的內容，客人能主動參與的部分實在是不多。很開心看到王政忠老師創發的 MAPS 教學法能夠讓以前的單向教學狀況產生質變，讓學生真正成為學習的主人，進而更積極主動參與課程、學會表達自己的想法和感受……。過去的兩年裡，我們也明確感受到參與「MAPS教學法推廣計畫」的老師們，因為實踐MAPS教學法看見學生變得更好時所產生的成就感與自信心，這實在是我們基金會最樂於見到的教室最美麗的風景。

MOXA心源教育基金會將秉持初衷，繼續貢獻微薄之力，幫助在臺灣這片土地上努力守護孩子成長的老師們，得到來自雙M的力量和支持，勇敢自信地在自己的教室裡綻放一方的精彩！

推薦序

3 深厚功底來自每一步的積累

夢N國中國文全國總召．賴靜慧

我不是容易崇拜他人的人，亦少感繁花光影迷人，特別在這些識盡風華的年。近幾年，我期盼現場返璞，致力於教育歸真，反倒常讓那些真實存在偏僻角落，以自身能量盡力耕耘，有時忙亂，有時失意，卻始終踏實實踐的「教育人」感動。他們積極學習，在改變的挫折中反躬自省；堅毅持續，在百忙中偷著時間仔細記錄改變的歷程，兢兢業業，為提升學生的學習而努力。

改變，從不是容易的事，特別在已然安適中，又或者在延續的困頓裡。

因應課綱推動與評量調整，好一段時間，我陪著現場夥伴走前行的路。相較於國小端的奔放自適，國中端的夥伴面對改變常是躊躇，那不是變與不變的簡單選擇，而是身心皆負重的焦慮與承擔，在進度壓力、績效檢核與同儕互動間，千萬難。

起步，很需要那一分勇氣，還要有更多的傻氣，才能以樸拙嘗試走出美好。

能否遇上合適且足夠支撐前行的方法，是改變起步的契機；是否擁有足夠能量的陪伴，是實踐持續的關鍵。因此，教學現場的需求從單場次的宣講，到數日不等的實作工作坊，甚至是長期的陪伴前行，或學習或陪伴，是師徒是夥伴，有心有願到有力，我們看見多數師者如此真實地為教育提升自我。

課程與教學相攝共生，沒有課程觀，教學是散落的；缺乏教學意識，課程是空洞的。

近年，教師的提升不獨在教學面向，為了涵育素養，更要懂得課程規劃。課程，是教學的總和。現場開始將主目光聚焦在課程建構，是具意義也該做的事，但如果現場只將行動停留在構築課程骨架，而無實質教學內涵充其形，便失去耗時費力建構課程的本意。

課程與教學設計，都為引領孩子在知識空間進行一回又一回的「尋路」（Wayfinding）——探尋知識的路，當以學習者導向為設計，創造環境易讀性，強化其空間經驗理解。具尋路設計的互動敘事結構，是自我與空間的對話足跡，以「引導」主控路線行進，並導入「隨選」，由學習者自由嘗試探索。

MAPS 教學法的三層次提問，便如前述尋路設計手法，透過提問設計，引導孩子探尋知識、探索世界。MAPS 教學法由政忠老師所創，初次接觸，我便驚豔於其多層次、步驟化的流動性架構。與政忠老師互動學習的歷程，帶給我許多教學設計上的啟發，MAPS 真是我很喜歡的教學法。很多時候，創發者本身就是最重要的實踐者，一如政忠老師的精進，扎扎實實地不斷修正與提升 MAPS，不只貼近孩子的學習，更能呼應時代的脈動。

一套靈動的方法，不論用於教學設計或課程建構，多是創發者依實踐經驗後設解構而來。解構的目的，是希望讓參考者有清楚可依循的鷹架，只是鷹架之所在，也多半是局限之所在。後設的歷程，透過解說引導，可以讓依循者按部就班，在亦步亦趨間看似有所成而欣喜。然方法的靈動貴在能轉化應變，能因時、地、人而制宜，其背後是一套自成系統的哲思，缺乏這套系統哲思，逐步實踐便容易成為邯鄲學步。

誠如國珍老師所言：「缺乏哲學性內涵的思維，很容易落入教學方法表象的模仿，陷入盲目的複製，或是擴張個人意志的控制，異化改變的力量，形成單一形式的專制。」盲目的形式複製其實常見，那並非創發者解構成法的本意，更甚者他們必須承擔全數誤解、誤用招引的質疑，這不盡公允。

為調整前述現場困境，政忠老師特別開設專班，從師資培育做起，為對 MAPS 教學法有興趣的夥伴量身打造課程。從教學規劃、提問設計、課室操作到班級經營，每一環節都手把手地指導方接觸 MPAS 的老師。長達一年的時間，學員皆需定期上傳每月的實踐紀錄，一次次的整理、調整，都是來日功底的奠基。深厚，是一步步留下來的積累。

時值新課綱施行之際，樂見有如 MAPS 專班的長期深耕，讓更多現場夥伴在足夠能量的陪伴下，共同尋找更適合孩子學習的路。我們一起努力！

推薦序

4 閱讀，遇見更好的自己；實踐，成為更好的自己！

夢N國小國語全國總召・陳麗雲

沒有一艘船能像一本書，
也沒有一匹馬
能像一頁跳躍的詩行那樣——
把人帶向遠方。

它沒有槳，
卻能載你暢遊大海；
它沒有翅膀，
卻能載你翱翔藍天；
它沒有車輪，
卻能帶你走遍全球……
靜靜的打開一本書吧，
讓它承載我們的心靈！（艾米莉・狄金森）

身為語文老師，我喜歡閱讀，尤其喜歡閱讀人專注的臉龐，閱讀開在人們臉上燦爛的花兒。閱讀，是我的養分；寫作，是我的信仰。我始終認為，閱讀與寫作是語文教學的靈魂，同時也是一體的兩面，就像「知道」與「做到」一樣：閱讀是「知道」，寫作是「做到」。透過閱讀，能有效提升寫作表達力；透過寫作，更能檢視閱讀來時路的足跡。愛因斯坦說：「任何人閱讀太多，但是實際應用太少，就會淪落為懶惰思考。」寫作，就是閱讀的實踐，除了「知道」，還能「做到」，透過思考、咀嚼、書寫，與作家、與自己進行對話，這樣的學習才能讓知識活化，成為自己真正的養分。

任何天才，都是在繼承前人的基礎上創新，而閱讀是最好、最快的繼承。閱讀指的絕不是讀死書，在涵育核心素養的時代，我們不是要塑造知識影印機，而是要培養能運用所學，會思考、會生活、會解決問題的活生生的「人」。所以，我們都要始於讀，發於思，勤於行，成於寫。畢竟，聽者千萬遍，不如自己做一遍啊！

人生，就是一趟學習之旅。有目標的人，對人生每一步都能穩健規劃，並按照計畫實現夢想，人生充滿節奏感。「一個人至少要擁有一個夢想，才有一個理由去堅強。心若沒有棲息的地方，到哪裡都是流浪。」擁有夢想只是一種智力，實現夢想才是一種能力。要讓「夢想」成為動詞，就需要有堅強的實踐力，才能讓我們心中小小的夢想，成為大大的成就，栽培自己成為喜歡的模樣。

正因為這樣，在推動閱讀的路上，就需要一群志同道合的夥伴（傻子），一起相互鼓舞，相互提攜，才能在艱辛的道路上披荊斬棘，即使面對挫折也能深吸口氣，抹掉眼淚，繼續前行。政忠主任——就是這樣的夥伴，走在前方引領大家的點燈者。

在「我們有一個夢」認識政忠主任，意外成為國小國語召集人，接著「夢二」、「夢的N次方」，我們一起努力，傾聽教學的心跳，敲響中小學的教學魂。二〇一九年開始，夢N期望培植課堂實踐家，讓聽課的老師不再只是「聽眾」，而能「動起來」，回到課堂成為「實踐者」。陪伴實踐家的過程非常艱辛，比自己上場講課還要艱難一萬倍，從拓蕪、播種、耕耘到花開滿園，所有的一點一滴都需要自己來，需要付出非常多的心力。這樣龐大的工作真的是既累又苦，連一向很能吃苦耐勞的我都吃不消。每每在想放棄的當下，想到政忠主任對臺灣教育的期許，想到他為翻轉課堂煢煢獨行的身影，我總會靜下來自問：「如果熱情只是名詞，陪伴只是口號，那我身為夢N講師的價值在哪裡？」——口口聲聲「想要」臺灣教育進步，真正要出力挽著袖子動手做時卻「做不到」？

於是，咬著牙，帶著應允了政忠主任的承諾，我們開始了實踐家陪伴之旅。從組成社群、一課一課找重點，傾聽、對話、討論、修正……看著學員老師從沒有自信到嘴角微揚，從羞怯無助到昂然闊步；看著他們提到學生時瞬間發亮的眼神，翻閱學生作品時的眉飛色舞、侃侃而談……我看見專業與熱情翻轉了課堂，孩子樂學，教師樂教，這，正是我們想要出現在課堂裡美麗且重要的風景，印證了「一棵樹搖動一棵樹，一朵雲推動一朵雲，一個靈魂喚醒一個靈魂」的教育真諦。

那一刻，所有的南北奔波、疲痛辛苦都有了美好的價值，有了深刻的意義。因為，我們是一起在一直往前走著的那群人……。

成功的人是很少走捷徑的！或許有人是「坐電梯」，幸運地平步青雲、飛黃騰達，但真正的成功是腳步實在的「走樓梯」，以實際行動一步一步踐行夢想。知道圓規為什麼可以畫圓嗎？因為腳在走，心不變。若是心不定，腳不動，那就無法圓夢了。只要願意努力，每一個今天都是最佳的啟航點。身為教師，身為希望的工程師，身為夢想的烘焙者，別讓世界定義我們，我們不要停止為夢想而努力，而要以實踐力勇敢活出夢想的可能。

看著政忠主任帶著 MAPS 實踐家閱讀、實踐、寫作，非常感動，也很敬佩！我始終相信：所努力的一切，最終都會有所意義，即使回報可能會慢一點，但是只要我們願意等待，花兒終究會開的。日日春天天開，百合花一年開幾次，竹子十幾年才會開花，鐵樹等個百年也有花開的時刻。只要我們願意，每天實踐一點點，就會站在離成功最近的地方，每天都可以在心上開出一朵花。

閱讀，教會我尊重生命，遇見更好的自己；實踐，讓夢想開出一朵朵的花，成為更好的自己！一起來吧！以閱讀，遇見更好的自己；以實踐，成為更好的自己！

【國中領域】

1

洪婉真 / 改變，從覺察開始

桃園市立東興國民中學

山中大叔導讀

如果婉真老師現在是國中生，肯定是老師最喜歡的那種學生──認真、好學之外，在消化吸收了老師的教導後，又願意自學探索尋求課堂以外的各種可能性。

婉真老師的 MAPS 課堂風景就是這樣長成的。除了吸收了三層次提問設計的精華，又博採多家教學策略的優勢，融合成自己課堂最適切的樣子。不論分組合作的各種變異調整、發表模式的多元創意，乃至於師生對話的技術與心法，都在婉真老師的 MAPS 課堂獨具一格，長成最適合她的學生的模樣。

不論是MAPS的初學者或進階者，婉真老師的課堂風景都非常適合你參考學習喔！

◆夢的最初

「升旗典禮開始，全體肅立！……」腦海中時常盤旋著這個畫面：我站在司令臺上擔任司儀，拿著麥克風，面對上千個學生，在當時，我很享受自己能影響別人的優勢，而這一切都是拜國中老師所賜。「妳口條清晰，儀態大方，很適合當司儀喔！」一頭長髮飄逸的國文老師如此肯定我，那段懵懂青澀的歲月裡，我因老師的春風化雨而茁壯。「長大我要當老師！」從此這個志願就一直深植心中。求學的路上，我努力朝這個夢想前進，也反覆受到師恩提攜照顧。終於，努力有了美好結果。

順利當上老師後，我一直殷切期許自己也能在杏壇上化育桃李，學生不一定要愛上我這個國文老師，但我希望他們愛上學習、愛上閱讀，像我一樣因為教育得以重新選擇。所以當老師的第一年，內心一直秉持著「當一個好老師」的信念，直到二〇一四年畢業典禮結束時受了一次震撼。被學校記了快三支大過的男學生跑來問我：「老師，妳會忘記我嗎？」他是我任課班的學生，教他三年，看到他五官的機會不多，我笑笑地回答：「你這麼出名，老師一定不會忘記你。」他聽了也開懷大笑說：「這就對了，不白費我都賣妳面子，沒有在無聊的國文課上吵鬧耶！」是啊，他通常都趴在桌上睡。但這番話如同墨水滴進一池清泓，泛起陣陣漣漪盪進我心坎裡：如果我只是讓學生覺得無聊，又要賣我面子的老師，我還是個好老師嗎？

畢業生的話讓我重新思索什麼樣子的課堂對學生而言才是不無聊，我是否能像當初國中老師給我的舞臺那樣，也讓學生有看到自己的機會？如果國文課沒辦法幫助學生學習，每天一節課就失去意義了，可是面對滑世代的學生，傳統講述法已經無法勾起他們的學習欲望，我又該如何才能讓學生動腦筋，讓學生忙著討論或想問題？我知道我要改變，也下定決心改變，於是想方設法到處尋找有效的教學法，試圖把探索的學習權利還給學生，讓學生透過經驗訊息，可以從同儕相互觀察、自學研讀及情境推論中獲得該有的學習。其間當然包括老師的引導，但我又要如何引導學生學習，才不至於落入傳統制式教學。到處研習取經的我，反覆在課堂上操作著不同的教學法，雖然曾經受挫，但努力的人不孤單，在我接觸到適合國中生學習的MAPS教學法後，便展開重啟夢想的實踐之路。

我在前年（二〇一七）畢業的那一屆學生上課時就採用異質分組討論，當時我看過政忠老師在TEDx的演講，特地透過桃園輔導團邀請他來開設為期兩天的研習，還信心滿滿買下他的著作——《我的草根翻轉：MAPS教學法》。很認真翻閱後，我就開始實作，課前作提問設計，課中讓學生上臺口說發表、彼此討論對話，課後也畫心智圖，學生喜歡老師在共學、自學裡不斷切換模式，他們樂於討論與表達意見，跟著老師分析文本，然後產出心智繪圖——啊，這一切看似美好，但其實卻有許多問題點！即使這班二十八人在會考時有十二人獲得精熟，但真正回顧過往，我對於掌控時間、平衡進度壓力拿捏不當，提問設計不夠聚焦，心智繪圖變成作業壓力，連口說發表到後來都草率完成，看似有模有樣的翻轉教學，其實只是我邯鄲學步的表象。我深刻意識到老師的自我覺察是必要的，一〇七學年度，透過 MOXA 基金會舉辦的 MAPS 種子教師培訓工作坊，政忠老師啟發了我的備課意識，再次讓我頓悟，才得以重新上路。

◆ MAPS 的教學實踐

這趟曲折的教學之路，每一步、每個經驗都對我彌足珍貴。我不喜歡一成不變的教學模式，但又想要有條不紊的確認效能，變與不變這個看似矛盾的想法，竟從 MAPS 教學法裡得到可依循的相容。MAPS 這套將學習歷程模式化、系統化的教學法，對於學習動機低落的學生其實很有幫助。當我在課堂明確操作 MAPS 後，學生已能將其內化成直覺，除了減輕學習焦慮之外，漸進式步驟也增進學習信心。因此上完工作坊，設定班級「去 C」的目標後，我二度在我的課室裡與學生共學。

開學的第一堂 MAPS 國文課，我會翻開課本目次，依序由題文介紹國中國文學什麼，也和學生討論為什麼要學好國文。國文課不只是累積知識或是培養聽說讀寫的能力，情意價值的體會更是影響著我們面對生命的態度。討論的過程中，我盡量引導學生從口中說出答案，如此學習才會開始萌芽。為了瞭解學生在國小的基礎，七年級第一課仍以傳統講述法介紹〈絕句選〉，藉以觀察每個人的起始點，接著才簡單提問，從第一節課開始就形成鼓勵發言的機制，跟學生建立信任感，重要工作是把教室常規建立起來，強調上課的專注、思考及書寫表達。通常開學第一週我也會發給家長課程說明，包括讓家長認識 MAPS 教學法、往後可以配合的作業檢查方式及個人肖像攝錄同意書。

一、同儕鷹架

從第二週開始，我和學生的MAPS學習之旅就循序上路。在此我先來談談「同儕鷹架」（Scaffolding Instruction）。參考第一週的課堂表現及課後檢測後，讓學生異質分組，小組成員合作時間以一次段考為基準，課前暖身題的答題狀況和課中基礎題的討論回答，以及課後檢測形音義等這些活動都有競賽評分，藉以激勵同儕手把手學習，透過四個進程（P1→P2→P3→P4），逐步由共學到自學，同時讓學生體認到幫助別人是最好的學習方式。每個人起點不同，自然有高低分別，但起點並非定點，老師必須從班級經營去引導每個孩子為自己學習，也為小組爭取。

一開始的積點競爭，學生會非常在意，隨著課堂討論氣氛活絡，我更常使用口頭讚美，慢慢抽離加分競賽的頻率，到了七年級下學期，多數學生都跟班上不同人同組過，較能用平常心看待小組的勝負，如此一來，學習動機漸漸就可以不用倚賴加分積點而產生。我認為教師應該提供學生機會，鼓勵他們建立合作的學習社群，因為最可貴的就是學生各自貢獻經驗，透過相互妥協商議而成長發展的歷程。

全班共讀→小組共讀（翻譯練習）。

小組共讀→個人自學。

實作課程：製作風箏。

二、提問策略

接下來是我花最多時間備課的部分——「提問策略」(Asking Questions)。我認為這是整個教學法裡很重要的核心元素：教師分析文本後，會整理出自己的教學心智圖，依據繪出的心智圖檢視教學目標，確立教學主軸後，再依據心智圖的支線架構來產出要提問的問題。這個途徑可以讓人思索並確認教學目標，提問若能呼應這個目標，學生也才能響應學習目標，回答完老師的三層次提問後，形塑自己的心智圖，學習成果得以達到成效。以我的 MAPS 講義為例，提問設計是依下列架構完成：

#第一層：暖身題

目的在喚起學習動機，刺激學生想像與猜測。

操作方式：小白單前測——小組互評、教師收回評改。

黑板書寫——小藍本前測、小組白板呈現。

口頭提問——抽籤、搶答、指定。

口頭提問——抽籤、搶答、指定。

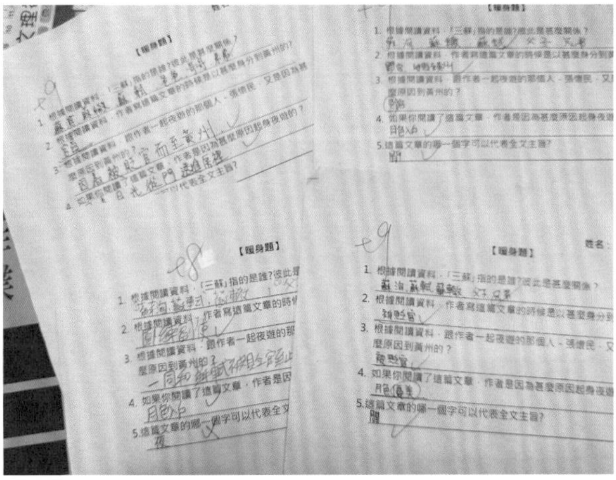

小白單前測——小組互評、教師收回評改。

〈藍色串珠項鍊〉
暖身題、
※這是一篇短篇
小說，就你的閱
讀經驗，構成
一篇小說應該
具備哪些重要
元素？

新舊經驗連結。

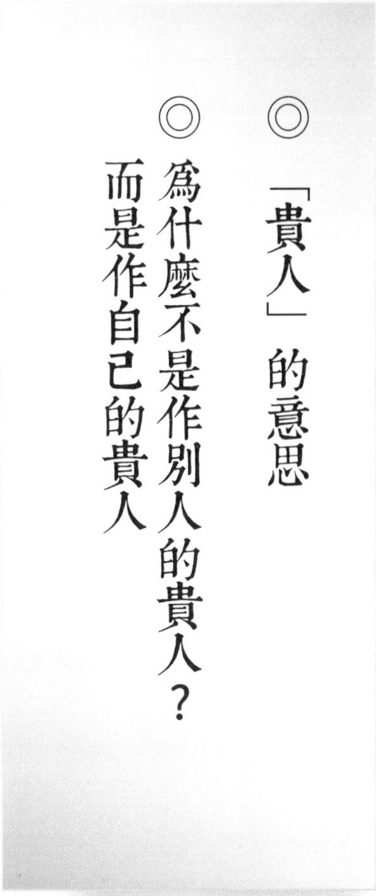
◎「貴人」的意思
◎為什麼不是作別人的貴人？
而是作自己的貴人

猜測想像。

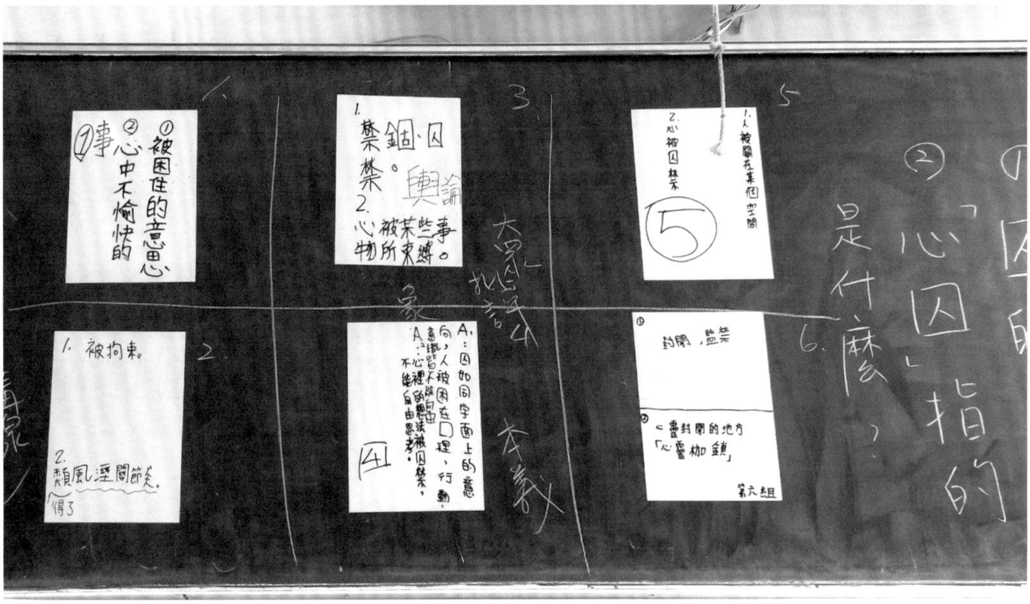
「心囚」指的是什麼？

黑板書寫——小藍本前測、小組白板呈現。

#第二層：基礎題

針對文本檢索訊息、區分架構並統整主題，以瞭解作者立意及文本內涵。

操作方式：投影題目——師生對話。

看講義小組討論——show白板。

上臺發表——指定、抽籤、自願。

投影題目——師生對話。

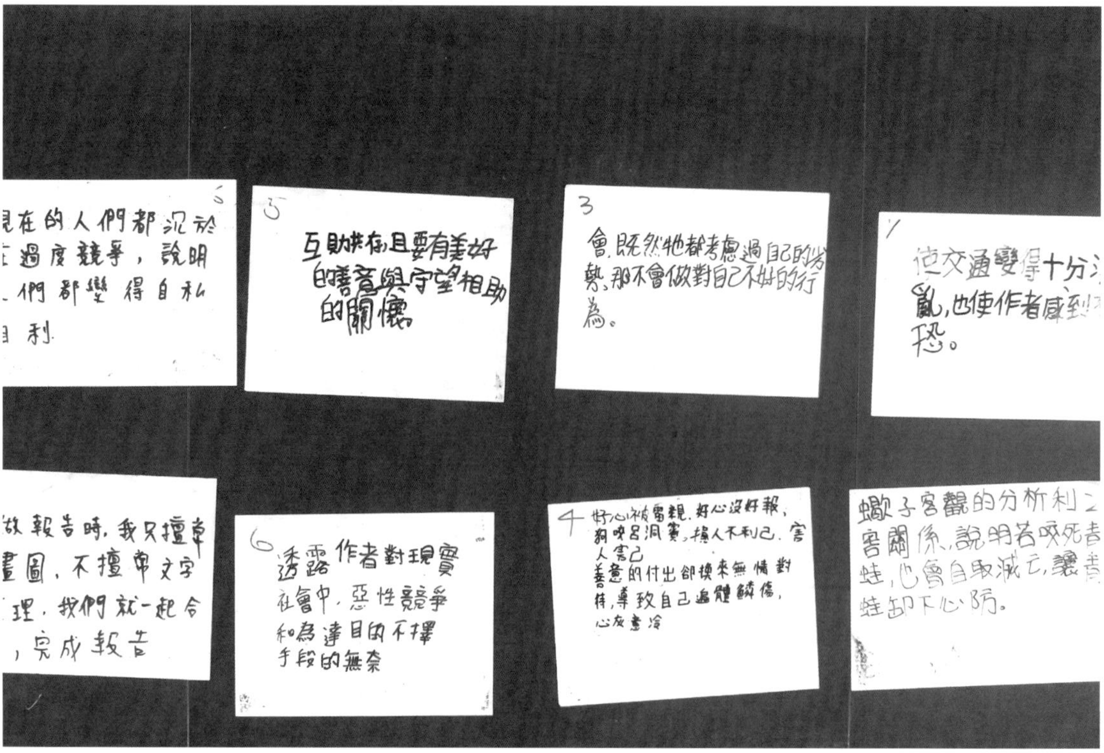
互助共存且要有美好的善意與守望相助的關懷
會，既然牠都考慮過自己的劣勢，那不會做對自己不利的行為。
透露作者對現實社會中，惡性競爭和為達目的不擇手段的無奈
好心被雷親，好心沒好報，狗咬呂洞賓，損人不利己，害人害己
善意的付出卻換來無情對待，導致自己遍體鱗傷，心灰意冷

看講義小組討論——show白板。

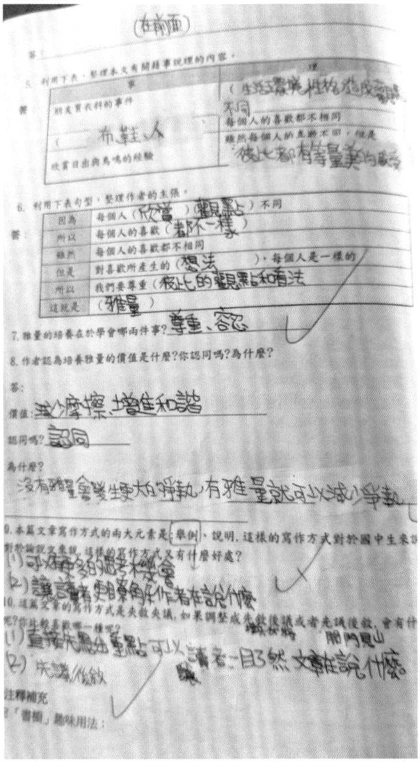

寫作架構。

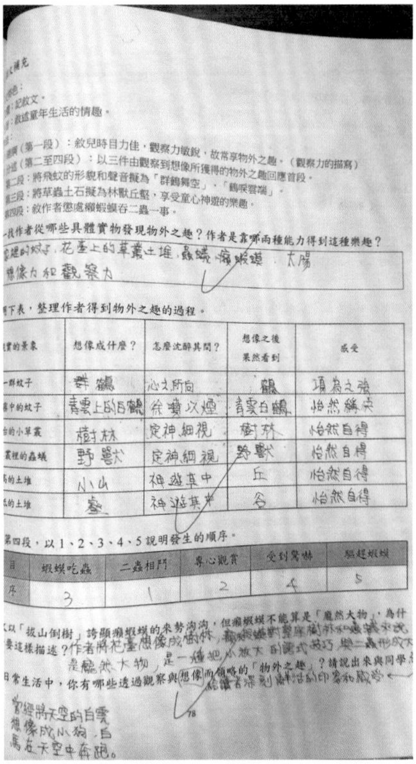

主題訊息。

上臺發表——指定、抽籤、自願。

#第三層：挑戰題

整合三大面向，包括讀寫合一、觀點探究及跨域延展，結合學生生活經驗、情境轉移，最終回扣一〇八課綱的精神。

操作方式：標準答案課堂處理。
開放答案回家作業。
實作作業教室展覽。

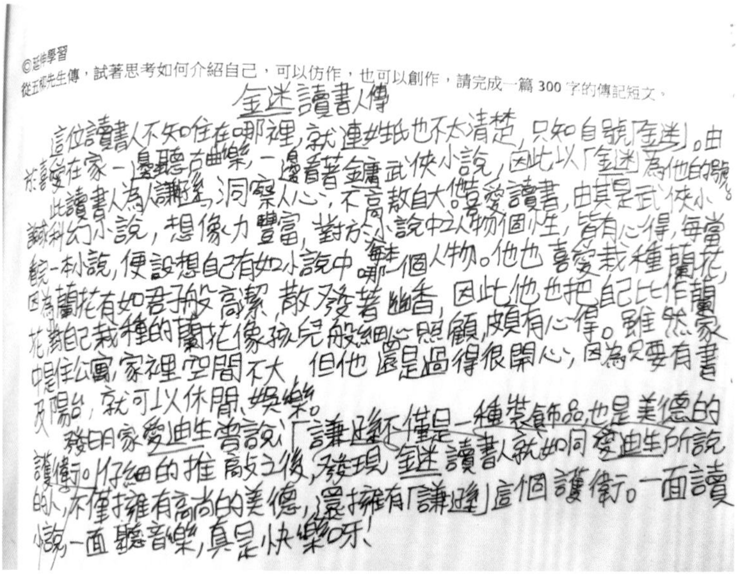

©延伸學習
從五柳先生傳，試著思考如何介紹自己，可以仿作，也可以創作，請完成一篇 300 字的傳記短文。

金迷讀書人傳

這位讀書人不知住在哪裡，就連姓氏也不太清楚，只知自號「金迷」。由於喜愛在家一邊聽古典樂，一邊看著金庸武俠小說，因此以「金迷」為他的號。此讀書人為人謙遜，洞察人心，不高傲自大。他喜愛讀書，由其是武俠小說、科幻小說，想像力豐富，對於小說中之人物個性，皆有心得，每當讀一本小說，便設想自己有如小說中哪一個人物。他也喜愛栽種蘭花，因為蘭花有如君子般高潔，散發著幽香，因此他也把自己比作蘭花，將自己栽種的蘭花像孩兒般細心照顧，頗有心得。雖然家中居住公寓，家裡空間不大，但他還是過得很開心，因為只要有書及陽台，就可以休閒娛樂。

發明家愛迪生曾說：「謙遜不僅是一種裝飾品，也是美德的護衛。」仔細的推敲之後，發現「金迷」讀書人就如同愛迪生所說的，不僅擁有高尚的美德，還擁有「謙遜」這個護衛。一面讀小說一面聽音樂，真是快樂呀！

讀寫合一：段落縮寫、架構仿寫、主題作文。

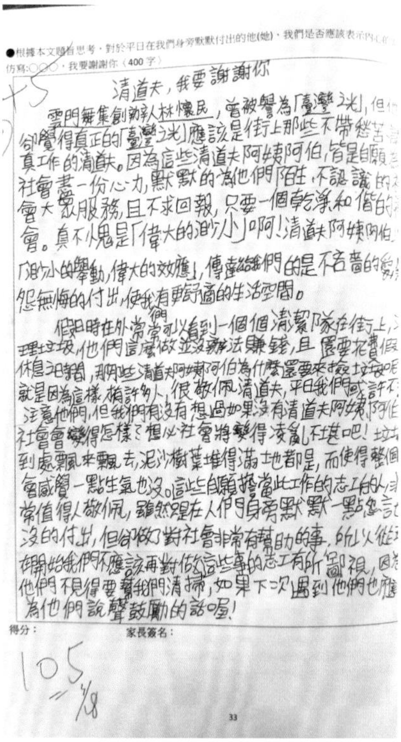

●根據本文題旨思考，對於平日在我們身旁默默付出的他(她)，我們是否應該表示內心[illegible]
仿寫：○○○，我要謝謝你（400字）

清道夫，我要謝謝你

雲門舞集創辦人林懷民，曾被譽為「臺灣之光」，但他卻覺得真正的「臺灣之光」應該是街上那些不帶[illegible]真工作的清道夫。因為這些清道夫阿姨阿伯，皆是自願為社會盡一份心力，默默的為他們陌生，不認識的社會大眾服務，且不求回報，只要一個乾淨和舒適的社會。真不愧是「偉大的渺小」啊！清道夫阿姨阿伯[illegible]「渺小的舉動，偉大的效應」，傳達給我們的是不吝嗇的愛與無怨無悔的付出，使我有更舒適的生活空間。

假日時在外常常可以看到一個個清潔隊在街上，清理垃圾，他們這麼做並沒辦法賺錢，且還要花費假[illegible]休息時間，那些清道夫阿姨阿伯為什麼還要來[illegible]呢？就是因為這樣，有許多人很敬佩清道夫，平日我們或許不注意他們，但我們有沒有想過如果沒有清道夫阿姨阿伯，社會會變得怎樣？想必社會將變得凌亂不堪吧！垃圾到處飄來飄去，泥沙樹葉堆得滿地都是，而使得整個[illegible]會感覺一點生氣也沒。這些自願擔當此工作的志工的人非常值得人敬佩，雖然他們在人們身旁默默一點[illegible]沒的付出，但卻做對社會非常有幫助的事，所以從[illegible]開始我們不應該再對做這些事的志工有所忽視，因為他們不得要幫我們清掃，如果下次遇到他們也應為他們說聲鼓勵的話喔！

得分：　家長簽名：

105 3/18

33

觀點探究：議題觀點、價值澄清。

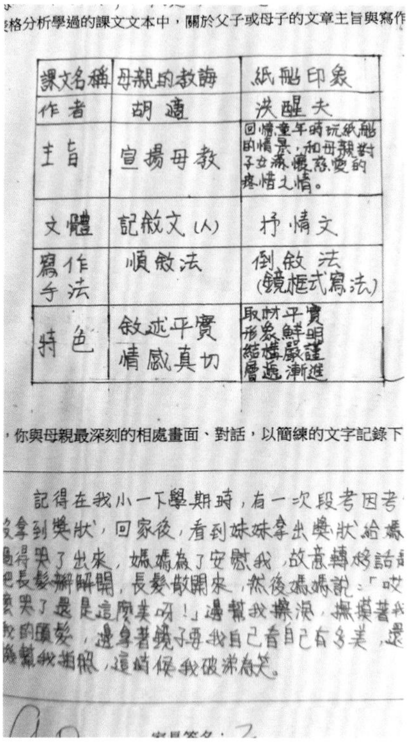

[illegible]表格分析學過的課文文本中，關於父子或母子的文章主旨與寫作[illegible]

課文名稱	母親的教誨	紙船印象
作者	胡適	洪醒夫
主旨	宣揚母教	回憶童年時玩紙船的情景，和母親對子女無微不至的愛情之情。
文體	記敘文(人)	抒情文
寫作手法	順敘法	倒敘法(鏡框式寫法)
特色	敘述平實 情感真切	取材平實 形象鮮明 結構嚴謹 層遞漸進

[illegible]，你與母親最深刻的相處畫面、對話，以簡練的文字記錄下[illegible]

記得在我小一下學期時，有一次段考因考[illegible]沒拿到獎狀，回家後，看到妹妹拿出獎狀給媽[illegible]過得哭了出來，媽媽為了安慰我，故意轉移話[illegible]把長髮綁解開，長髮散開來，然後媽媽說：「[illegible]哭了是這麼美呀！」邊幫我擦淚，撫摸著我[illegible]的頭髮，邊拿著鏡子要我自己看自己有多美，還[illegible]擦乾我的淚眼，這時使我破涕為笑。

家長簽名：

跨域延展：連結班經、在地生活。

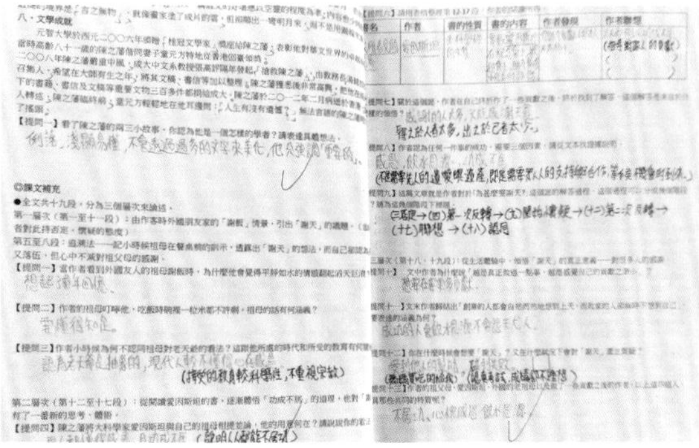

開放答案回家作業。

標準答案課堂處理。

實作作業教室展覽。

這三層次彼此相互依存、前後對應，依照不同文本主題又能隨時整併，因應學生程度調整，彈性變化空間大。在國中階段，老師若能幫學生搭鷹架學習，再逐步放手拆解鷹架，教學上可以幫助老師思考自己想把孩子帶往哪裡去。若是課堂上孩子出現錯誤答案，老師可以緊接再發問，實際討論的問題遠比預先設定的問題多，氛圍格外令人愉悅。

三、心智繪圖

文本分析討論完之後，就可以進行心智繪圖（Mind Mapping），搭配閱讀課的圖像組織教學。一開始我以「自我介紹」這個主題教學生畫心智圖，基礎概念形成後就帶著全班一起畫課文的心智圖，逐步漸進讓學生分組共同繪製，目標是從共學到自學。

本以為沒問題的提問設計，就在學生畫心智圖時發生狀況（理想的情況是學生能在基礎題討論完後，已掌握全文重點），我原期待學生畫出和老師一樣的心智圖，但事實上學生所呈現出來的心智圖裡的標題與分層，和老師有明顯出入。兩三課實施下來，讓我有了覺察而有不一樣的省思，我終於瞭解心智繪圖可以檢視學生是否扣住文本分析，以及教師的提問設計是否具有脈絡，只要課程目標的大方向是對的，因應每一課提問設計的調整，學生的心智繪圖本來就會不一樣。想通這點後，我也就坦然許多。

老師帶著全班繪製心智圖。

小組一起練習繪製心智圖。

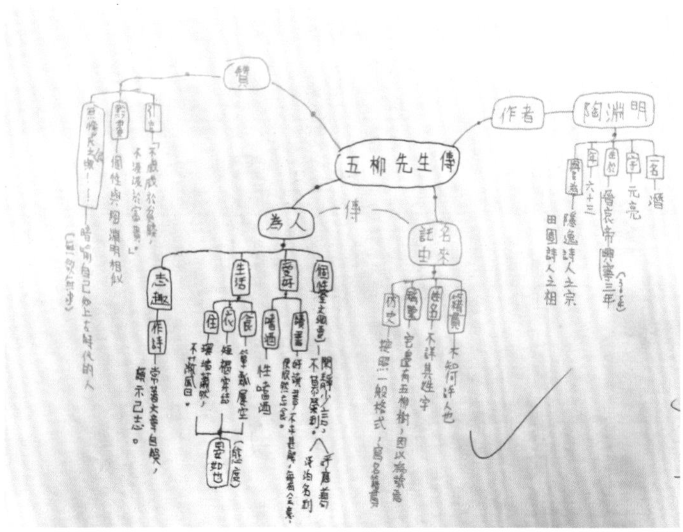

黃詠昕同學繪製的心智圖。

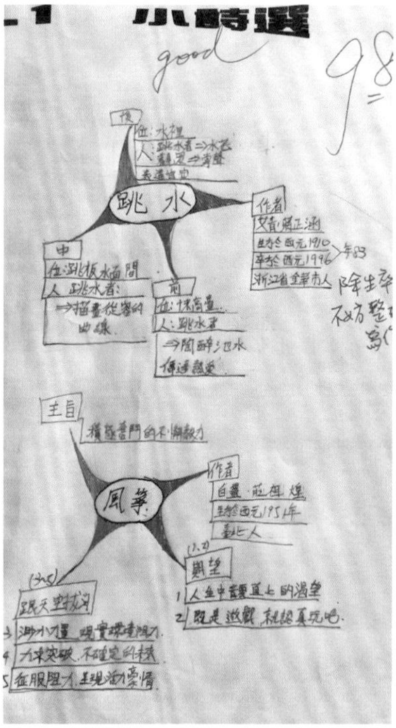

張軒維同學繪製的心智圖。

四、口說發表

最後是口說發表（Presentation）。在課堂中我向來鼓勵學生開口對話，從課文朗讀開始、小組間的討論、提問的搶答與發表，到發表心智繪圖的圖說、報告延伸作業、段考前錄製 iPad 影音，這些都是練習表達力的時機。一開始學生不敢開口，說不出自己的觀點或想法，我就從課文背誦比賽開始，進行個人六十秒限時挑戰賽及團體小組不限時計時接力賽，目的是讓每個人有機會上臺。透過加分機制，給學生安全的發言空間，學生敢開口了，慢慢發展自己的想法；同儕之間會互相模仿、互相鼓勵，也允許不同的見解。當老師引發每個孩子上臺發表的意願，願意等待時機成熟，學生最終會長成他自己也滿意的樣子。

開學第一個月，學生在基礎題提問時搶答。

小組課文背誦不限時計時接力賽。

鼓勵學生說出自己的觀點。

MAPS完整的教學脈絡有上述四個進程，每個進程都有九個教學步驟，每篇課文我都經過這樣的開展到收束，學生也能從陌生到熟悉、有條不紊地達到成效。在教室裡，即使老師對所有學生的授課進度相同，但在MAPS裡，每個學生可以在不同的進程中設定自己的學習目標，而老師隨之彈性變化每個步驟的操作時間，教學也就免除一成不變的單調。直至目前為止，學生從不覺得國文課無聊。

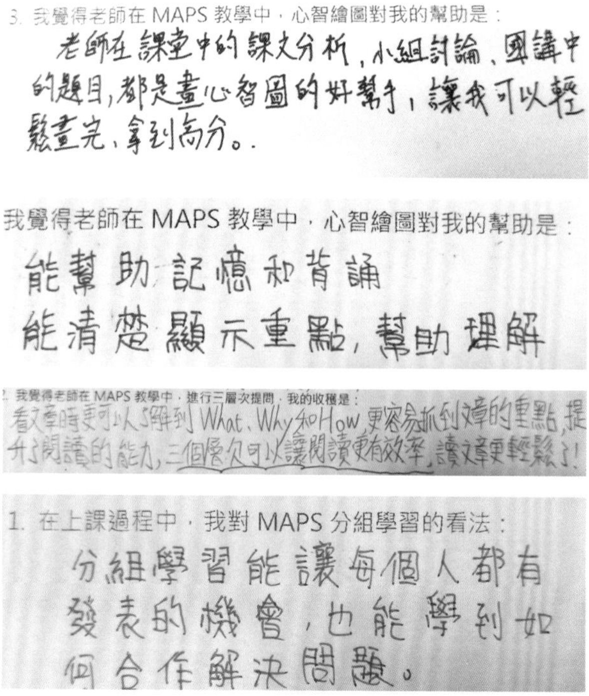

3. 我覺得老師在 MAPS 教學中，心智繪圖對我的幫助是：

老師在課堂中的課文分析，小組討論、國講中的題目，都是畫心智圖的好幫手，讓我可以輕鬆畫完，拿到高分。

我覺得老師在 MAPS 教學中，心智繪圖對我的幫助是：

能幫助記憶和背誦
能清楚顯示重點，幫助理解

2. 我覺得老師在 MAPS 教學中，進行三層次提問，我的收穫是：

看文章時更可以了解到What、Why和How，更容易抓到文章的重點，提升了閱讀的能力，三個層次可以讓閱讀更有效率，讀文章更輕鬆了!

1. 在上課過程中，我對 MAPS 分組學習的看法：

分組學習能讓每個人都有發表的機會，也能學到如何合作解決問題。

學生的回饋。

◆讓教學回歸學習的本質

MOXA心源教育基金會在推動MAPS教學法上真的幫助我很多，工作坊的進階課程裡，再次讓我省視自己的教學與課程，我重新檢討自己的文本分析，逐漸思索出在建構教學脈絡時如何才是有意識、深層地帶領學生思考。

以七年級下學期第二次段考為例，我整合文本之間的相關性，把〈五柳先生傳〉、〈王冕的少年時代〉兩篇排在一起上課，剛好可以比較人物描寫手法。〈五柳先生傳〉是繼〈兒時記趣〉後，七年級的第二篇古文，因為架構簡單，所以我放手讓學生自己分析段落意義，而教學重點就擺在認識陶淵明及這篇假託五柳先生的自傳特點，學習目標是學習記人的手法。回顧先前〈母親的教誨〉一課，我們曾以「外貌描寫」、「對話描寫」、「事件描寫」、「心理描寫」來討論，而〈五柳先生傳〉則是仿傳記形式，側重人物個性、愛好、家庭狀況等，我先是和學生討論這樣的描寫手法差異為何，在課程延伸學習的時候，就讓學生練習寫自己的推薦信，設定以第三人稱立場來描寫自己。此外，關於文中提到的「不慕榮利」，學生的說法很有趣：陶淵明假託第三人稱立場，雖說是要避免忌諱，顯得客觀真實，但豈不變相表示陶淵明還是很在意別人對他的看法嗎？這樣的推論很有意思，對於

議題融入：小組競演。

學生提出的觀點，我給予尊重及讚賞。

接著上〈王冕的少年時代〉時，教學重點放在王冕的孝親與自學，介紹《儒林外史》相關重點，突顯王冕在當時的不同與優異。至於文本特點呼應〈五柳先生傳〉，這篇也是第三人稱立場記人，只是一者寫自己一者寫他人。文本分析依時間脈絡為順敘，學生也很好整理，其中王冕的孝親還可呼應〈母親的教誨〉，我順勢結合五月母親節的活動，另外延伸介紹影片《媽媽的理髮店》及《與神同行》中「天倫地獄」的片段，讓學生從課文裡「兒啊！不是我有心耽誤你」的對話發想：日常裡，母親有多少無可奈何的糾結？有多少為子女設身處地卻得不到回應與諒解？藉此使學生深深自省，理解父母的要求，這也是為何國文教學是情意教學，往往需要作價值觀的建立或澄清的道理所在。這樣子上課，節奏既輕快又深刻，孩子的回饋也很正向。所以，MAPS就成為我和學生學習上的骨架，我透過自己的特質來長肉，也透過學生的感知來調整，時時提醒自我覺察，對我的備課、上課、議課著實有深遠的意義與影響。

整個教學活動中，老師是鷹架，幫助學生與世界連結，老師也運用文本來引介世界。文本理解的差異有時沒有絕對對錯，我樂見學生從自身經驗去理解文本，因為閱讀的視野不同而有不同的觀點，彼此又從對話中產生新的撞擊，老師再回歸文本收束，教學就會因生活的歷練而更豐沛，學生也會對生活更有感。課程從開始到結束，每一次經驗都有其價值，我希望未來能進一步從 MAPS 裡設計可協助學生感受當下的學習情境。

這趟教學翻轉之路就像一趟旅行，除了師生開心、喜歡，旅行也可以是修行、是眼界的開闊。我期許自己面對每一屆不同的學生，都能陪伴他們走一趟身心靈圓滿的修行，我知道路徑不會是單一的，每一條路都有它的風景，只要方向正確，就勇敢大步前進吧！很謝謝政忠老師無私分享教學法，共好的初心已深深埋在我心底，如同在工作坊裡共學時，政忠老師勉勵大家的話——堅持住第二象限的精進，努力邁向第一象限！教學就是回歸學習的本質，創造課堂美好風景，堅持〇．一的改變，相信一．一的N次方無限大。我知道自己努力的還不夠，我會持續開拓愉快的學習風景與對話，不譁眾取寵地耕耘教室的每一畝田。

【國中領域】

2

郭椿蓉／為人為己，成就每一節課堂

桃園市立大有國民中學

山中大叔導讀

教學改變有時候是來自於一次人生或者職場的意外，但上路之後，卻往往走向許多必然。

備課思維必然改變——從更多角度切入看待教學文本的路徑，繼而從更多角度的切入做出符應當下「教」與「學」最佳選擇的取捨。

評量思維必然改變——我考我教的，我教的我負責。讓評量成為「教」與「學」的資料蒐集，成為下一次更好的教學的參照。

職場思維必然改變——教師不僅是一份工作，更是一段自我實現的旅程，明白自己的點滴投入，必然匯聚成諸多生命水域的浩瀚。

在椿蓉老師的實踐歷程裡，你可以看見這樣的意外，更可以體驗這樣的必然。

◆別懷疑！我是傳統派教師！

不諱言自己從小就屬於優勢學習者，學習之路沒有太大阻礙就直達高雄師範大學，成為一名國文科教師。當年老師們傳統講述教學模式深刻腦海，於是在我初出茅廬時，自然而然也複製相同的教學方式在屬於自己的講臺上，憑藉個人教學的獨特魅力，成為教室的主導者。由於在市區任教，升學壓力不在話下，教室總是略顯高壓的學習場域，早期學生在這樣的氛圍中學習狀況良好，班級成績一直都是平均之上。

但變化來得很意外。

初次懷孕時，自恃年輕而忽略身體發出的警訊，就在段考出題巡堂時，一層樓都還沒巡完，肚子就已痛得受不了，就這樣第一次痛徹心扉地感受到失去孩子的悲傷。那段時間，除了痛恨自己的大意疏忽，也開始檢視自己的教學態度是否過於將「學習」責任攬在自己身上，忽略學習的主體應該是學生。

待身體復原後積極想將孩子生回來，卻始終無法如願，於是開啟一段難熬的不孕症療程——每日不間斷往肚子扎針，吃下各種讓人頭暈目眩的藥丸，開刀取卵再植入受精卵，為了穩固胎兒忍痛注射黃體油針……彷彿自虐的行為卻很值得，因為終於成功受孕。

不同以往，這次我細心呵護腹中雙胞胎，平安度過一學期後，寒假初的產檢發現竟已有產兆，有流產的跡象，當時才懷孕二十週啊！醫生緊急安排住院，等待空腹二十四小時後，立刻進行子宮頸環紮手術，接下來的孕期就只能臥床安胎，於是我向學校申請長期病假後暫時卸下老師的身分，潛心休養。

但是雙胞胎撐到三十六週依舊早產了，出生後因肺部感染無法自主呼吸，小小身軀躺在保溫箱裡，身上遍布數不清的針頭和管子，每到病房探視時間，就是媽媽淚水決堤的時候，心中百般不忍，恨不得由我來承受各種折磨，只願換取小孩健康。月子期間幾經思考，認為早產的小孩身體孱弱，媽媽才是最好的照顧者，雖然我毫無育兒經驗，但是想給小孩最好的照顧和最深的愛這份心意無人能比，決定不假他人之手親自照顧他們。

◆人生重新開機

兩年育嬰假是人生重新開機的一段特別時光。

照顧新生兒對我而言是完全未知的陌生領域，同時也是很令人崩潰的事！每日例行的餵奶、換尿布、洗澡之外，最令人頭痛的是——不懂他們為什麼哭？為什麼半夜不睡？五個月大開始，還要像進行科學實驗一樣精細調製各種口味的副食品。

隨著小孩成長，三人開始出門散步，兒子對車子特別感興趣，我們會停在路邊看工人操作挖土機；女兒對花花草草愛不釋手，我們會在公園撿拾落葉。

平時習以為常的事物，重新以小孩的眼光來看待這一切，從中我得到許多樂趣。再更大一點，變成兒子向我介紹汽車種類，女兒發現各種葉子形狀、葉脈的不同……。看著他們成長茁壯，我感到前所未有的成就與滿足。

彷彿我又經歷一次童年，而且更清晰了。

兩年育嬰假結束後，抱著期待的心情再度踏入校園，畢竟跟照顧小孩比起來，教學是我十分熟悉且拿手的工作，沒想到很快就發現這一切都改變了，學生的學習出現很大的落差，就算再怎麼嚴格要求甚至花很多心力也很難提升成績，而最大的差別是考試制度由基測變成會考，考題更有深度且靈活了！

兩年半的脫節，的確讓我力不從心。

二〇一五年五月，孩子出生，同一年，政忠老師在 Facebook 寫下「我有一個夢」，號召由下而上的教師專業自主研習，我對這場教育圈的改變渾然不覺。復職後擔任七升八的後母班導師，這個班級很聰明靈活，思考也很跳躍，卻不愛下苦功，光是班級經營就讓我傷透腦筋，經常面對家長、學生的質疑，以前那套方式無法複製，甚至連教學都出現困境——自認為精彩的講述卻無法傳輸到學生腦中！講臺與課桌之間出現一道鴻溝，就像無線網路訊號不良，我著急地上傳檔案，學生臉上卻一直出現連線中的無限迴圈，雖然焦躁地直按 Enter 卻也無可奈何。

偶爾和同事閒聊，都會自嘲是不是自己身上媽媽味太重，不再年輕貌美，才導致學生學習意願下降，其實最難承認的就是自己的教學出現瓶頸。回顧當時的慘況，除了上班壓力，再加上兩個小孩的分離焦慮特別嚴重，光是送他們去上幼稚園就是一場戰爭，送完小孩開車進學校停車場後，都要在車上深呼吸數次，調整心情才能再進教室面對學生。既當不好老師也當不好媽媽的角色，這樣困窘的生活，持續到八年級下學期的一場研習。

◆燒腦工作坊，三天打通任督二脈

我向來不熱衷參加研習，當時對研習的印象還停留在政令宣導那種不得已而為之的苦差事。但是一看到宣傳單上笑容可掬的政忠老師，彷彿黑暗中亮起一盞明燈，溺水時漂來一根浮木！先是拜讀其大作《我的草根翻轉：MAPS 教學法》

時頗有啟發，恰好我的碩士論文《概念構圖運用於國中國文科教學策略之研究》也是類似概念，只是相對不成熟與拙劣有待改良，加上研習地點就在自己任教的大有國中，天時地利人和皆備，便主動參加這場研習，哪知一個上午的時間就翻轉了我對教學的認知。

這樣短暫的實作研習實在不過癮，政忠老師在最後透露有第一屆種子教師培訓研習的訊息，我怎能輕易放過這個機會？害怕自己沒被選上，還特地請校內高手指點報名表如何填寫，非常慎重等待結果。

我錄取了！我錄取了！我錄取了！

這三天工作坊太精彩！有政忠老師手把手循序漸進詳解暖身題、基礎題、挑戰題的步驟，還有同組夥伴的腦力激盪，很有創意且完整設計出「作自己的貴人」心智圖和三層次提問單。

最後點評各組的實作時間，讓我這個井底之蛙大開眼界，居然有這麼多臥虎藏龍的高手，其中包含地理科、生物科老師的分享！在過程中，不僅釐清了自己看書時一知半解、似懂非懂的概念，也學會如何梳理文章脈絡，找出隱藏在文字中的訊息，建構出文章的樣貌。

工作坊有充實的專業內容卻不生硬，也要歸功於 MOXA 基金會的秀英姐和麗慧姐細心照料學員們的餐食之外，還一直對我們投以肯定、鼓勵的眼神，心靈的富足大大修復受損的腦細胞。研習結束，充滿電力，掃空之前內心的陰霾，修行路上遇到大師指點，內力大增，走出中興大學時，已經是嶄新的自己！

第一次如此期待開學，巴不得早日施展我的拳腳。

為母則強，為師更強！是孩子給我改變的勇氣，從他們身上我得到重新學習的樂趣，勇敢踏出舒適圈，看看更遼闊的世界。

二〇一八年七月，國中種子教師初階工作坊結束後，很榮幸擔任八月分國小初階及寒假進階工作坊的協助人員，再次感受到一群自發性學習的老師對教育的熱情，身為工作人員跳脫燒腦的提問設計發想，更能全局觀照由 MAPS 教學法引領出來的教學現場，那情景深深撼動著我。

二〇一九年一月，受邀到政忠老師的廣播節目「大叔會客室」，在節目中分享自己原本的教學樣貌和期盼改變的原因。五月，在屏東夢N擔任課程實踐家，則是分享我的改變歷程及教學實作的心得與省思。六月，在 MAPS 種子教師實踐分享論壇，總結這一年來受到的啟發與實踐收穫。期間受到許多神人級老師的點評，前輩們給予的寶貴意見都銘記在心，是我長遠教學路上必備的心靈寶物。

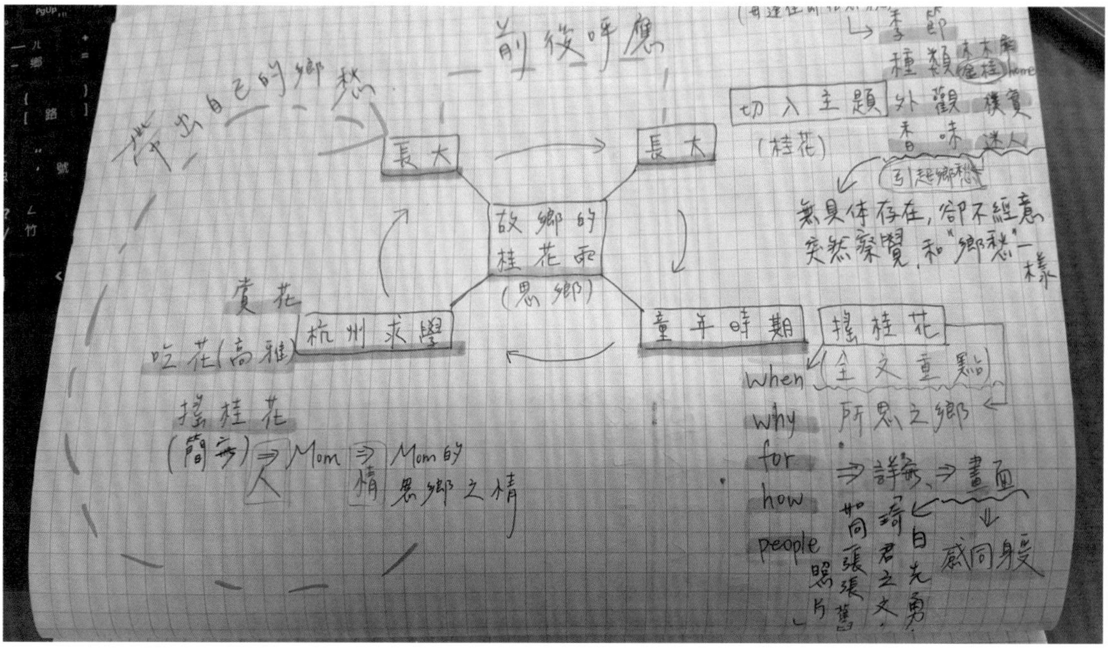

〈故鄉的桂花雨〉心智圖（大有國中第 15 屆 902 班簡婕安）。

◆我的 MAPS 之路

成為帥氣的備課漢

MAPS 教學法帶給我最大的改變是講解文章的角度更科學，內在思維更具體化，知其然且知其所以然，讓國文科教學不再是「憑感覺」的都市傳說，教學專業化，同時也提升學生閱讀的深度。

以〈故鄉的桂花雨〉為例：由心智圖可看出琦君分別在童年時期與杭州求學階段，分別敘述兩次搖桂花的景象，第一次是詳寫，營造情境畫面感，引人入勝；第二次是略寫，主要是由母親的思鄉之語帶出琦君自己的思鄉之情。

當文章分析到這一步，如何讓學生也察覺作者這樣的巧思，就得靠提問的設計了──「第七、八段轉而描寫少年琦君在杭州求學階段與桂花相關的回憶有哪些？會不會和前文有重複之處？作者這樣安排有何用意？」

所以我的備課方式從原本的熟讀備課用書，變成閱讀文本、構思心智圖，再由心智圖發想提問。

二〇一九年參加屏東夢N課程實踐家時，我是以王鼎鈞〈開放的人生選〉中的〈苦〉作為教學實作分享。下面是實際上課時最後呈現的心智圖樣貌，藉此說明我在設計基礎題的歷程：

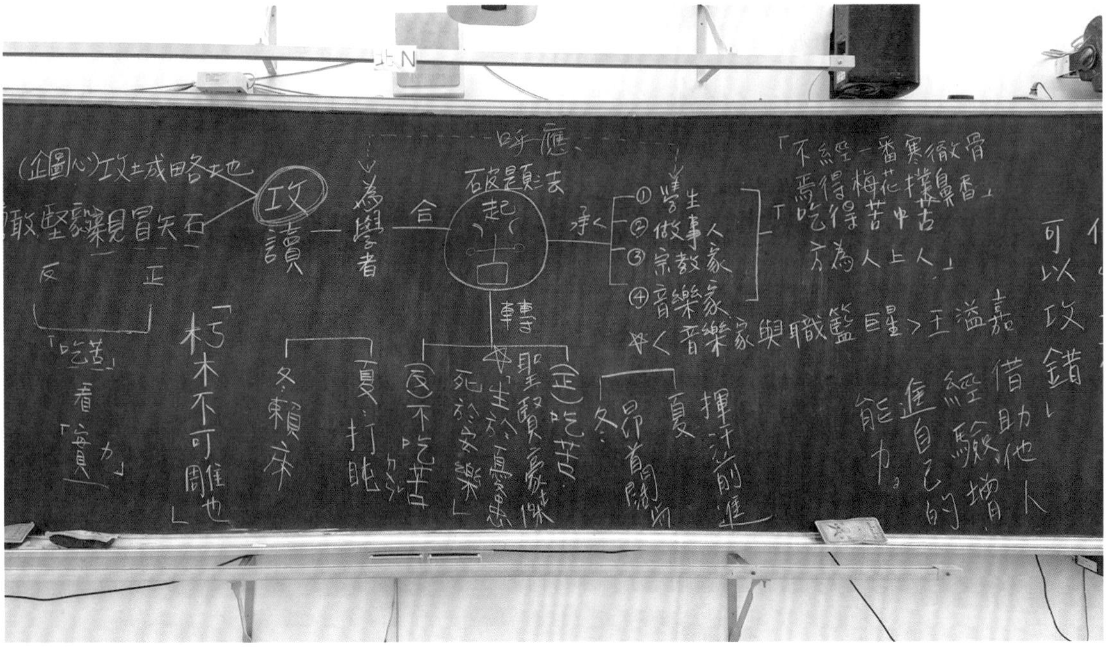

〈苦〉心智圖。

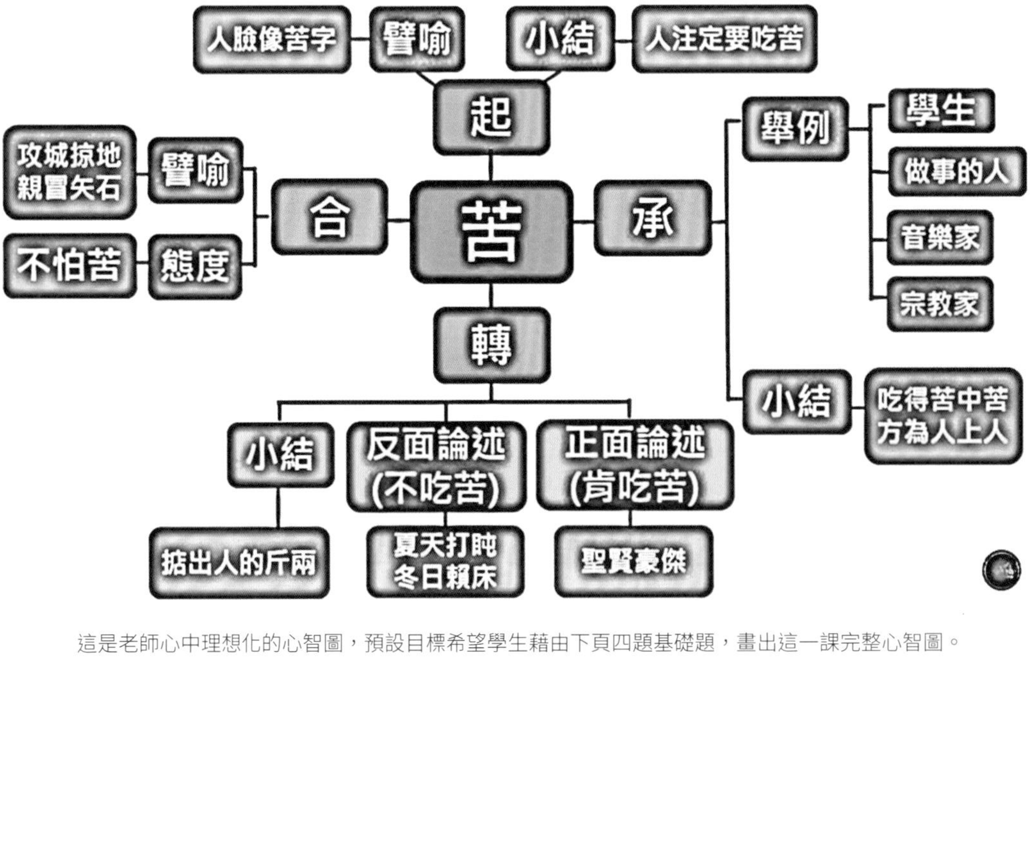

這是老師心中理想化的心智圖，預設目標希望學生藉由下頁四題基礎題，畫出這一課完整心智圖。

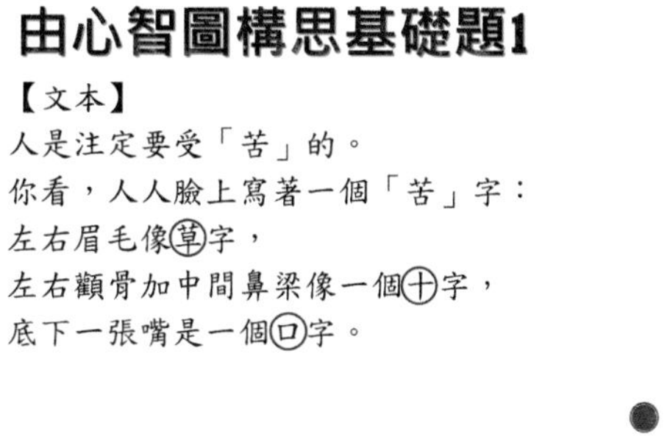
由心智圖構思基礎題1
【文本】
人是注定要受「苦」的。
你看，人人臉上寫著一個「苦」字：
左右眉毛像(草)字，
左右顴骨加中間鼻梁像一個(十)字，
底下一張嘴是一個(口)字。

圖一

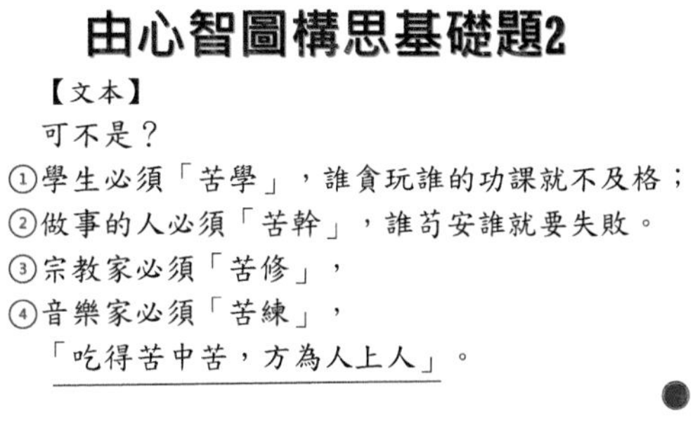
由心智圖構思基礎題2
【文本】
可不是？
①學生必須「苦學」，誰貪玩誰的功課就不及格；
②做事的人必須「苦幹」，誰苟安誰就要失敗。
③宗教家必須「苦修」，
④音樂家必須「苦練」，
「吃得苦中苦，方為人上人」。

圖二

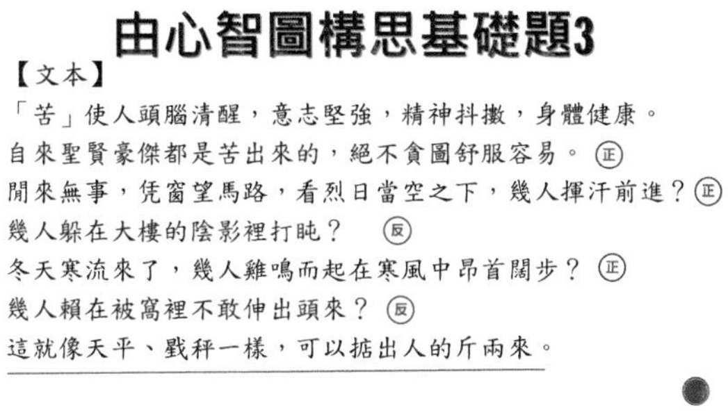
由心智圖構思基礎題3
【文本】
「苦」使人頭腦清醒，意志堅強，精神抖擻，身體健康。
自來聖賢豪傑都是苦出來的，絕不貪圖舒服容易。(正)
閒來無事，凭窗望馬路，看烈日當空之下，幾人揮汗前進？(正)
幾人躲在大樓的陰影裡打盹？(反)
冬天寒流來了，幾人雞鳴而起在寒風中昂首闊步？(正)
幾人賴在被窩裡不敢伸出頭來？(反)
這就像天平、戥秤一樣，可以掂出人的斤兩來。

圖三

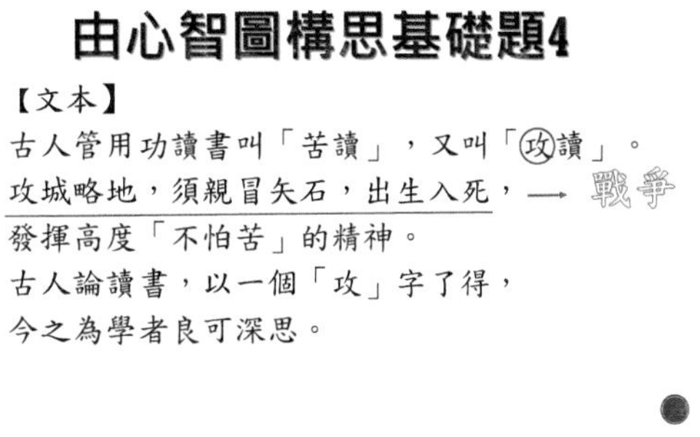
由心智圖構思基礎題4
【文本】
古人管用功讀書叫「苦讀」，又叫「(攻)讀」。
攻城略地，須親冒矢石，出生入死，—→ 戰爭
發揮高度「不怕苦」的精神。
古人論讀書，以一個「攻」字了得，
今之為學者良可深思。

圖四

圖一：請根據文章第一段內容畫出「苦臉」。
作者在文章第一段以「拆字」的方式說明人臉像苦臉，加強「人注定要受苦」的論點。拆字藝術建立在形聲、會意的造字邏輯上，有很多拆字謎、拆字詩歌甚至拆字占卜等文學趣味，但是在基礎題並不適合討論上述內容，因此僅以「畫」出苦臉點到拆字概念，其餘留待挑戰題再深入討論。

圖二：第二段承接第一段內容舉出幾點實例並且推論出什麼結果？
實行 MAPS 教學法初期，帶領同學分析課文時，會要求學生在文章上做上記號（如圖示）以輔助閱讀，方便區分「論據」與「論點」。學生養成習慣之後，我發現他們在寫測驗卷時，也會主動標上記號。

圖三：第三段與前二段說明吃苦的必要性，相較之下內容有何轉變之處？
第一、二段提及人就是要吃苦，且吃得苦中苦，方為人上人。第三段以正面能吃苦、反面不能吃苦，正反對比作為判斷個人實力的天平。

圖四：文章最後以什麼譬喻加強說明吃苦的態度，且以何種語氣作結？
由「攻城掠地」、「親冒矢石」、「出生入死」這些字詞可知王鼎鈞將讀書比喻為戰爭。以「攻城」比喻「攻讀」，說明不只死讀書還要有企圖心，不能安逸還要高度不怕苦，勸勉學子深思。

但是實行一年以來，還沒有學生的心智圖能一步到位，理想與現實中間的落差就製造了師生對話的機會，政忠老師說：「提問設計是為了對話，對話是為了學習。」知道學生學習的盲點，同時瞭解學生認知落在哪一個位置，才能適時提供鷹架輔佐學生。

基礎題完成後，我的心就放鬆一大半了，因為挑戰題大部分都是基礎題的延伸，結合班級經營，讓學生在聯絡簿的小記上完成，減少師生的負擔，在無形中也增加他們仿寫或改寫的機會。

下圖便是以〈苦〉的挑戰題為例：「第一段利用拆字手法破題，這樣的手法除了用在寫作，也可以用於廣告，甚至測字算命，都是通過某些字的拆解、組合引申出想表達的道理，請試拆解『優劣』二字完成一篇二百字內的短文。」

你有你的，我有我的，走出不一樣的風景

大有國中位於桃園市區，升學壓力近來不減反增，加上當我要實行MAPS教學法時，學生已經升上九年級，會考在即，貿然改變教學方式要承受的風險與壓力不在話下。這是有點現實的層面，卻不得不納入考量，但我認為好的教學方式，不只是課堂上的活絡，也能帶領學生通過會考的試煉。

於是我實踐初期是先以會考題型給學生練習，說明會考的趨

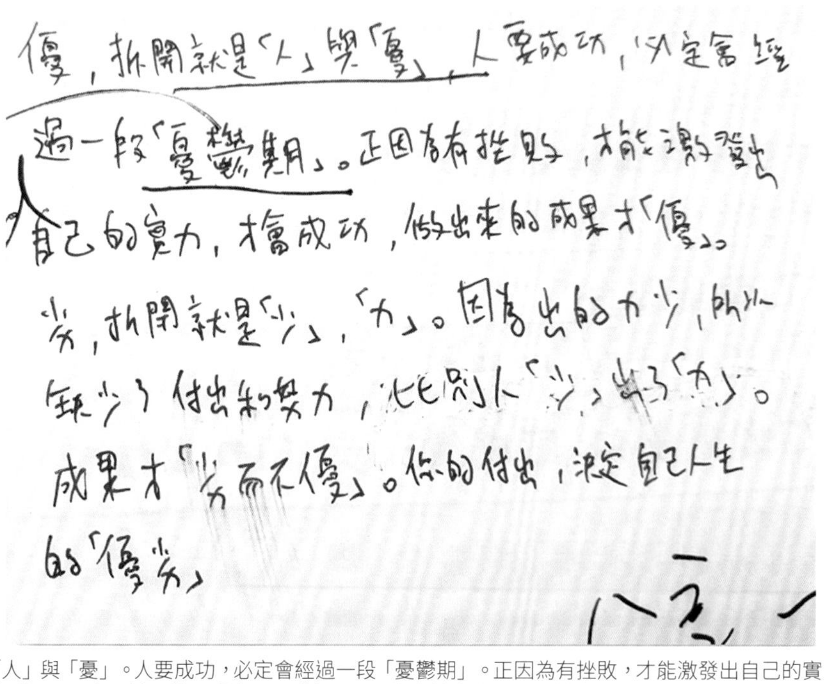

優，拆開就是「人」與「憂」。人要成功，必定會經過一段「憂鬱期」。正因為有挫敗，才能激發出自己的實力，才會成功，做出來的成果才「優」。劣，拆開就是「少」、「力」。因為出的力少，所以缺少付出和努力，比別人「少」出了「力」，成果才「劣而不優」。你的付出，決定自己人生的「優劣」。

（這是模擬考時拿好幾次C的學生寫出來的作品，批改聯絡本小記時，真的好驚喜，特地在課堂上大大讚美他一番！）

勢，再嘗試將MAPS教學與會考方向融合，說服學生、家長，讓他們知道老師的教學是正確的方向。

我的挑戰題類型有兩種：一種是上述在聯絡簿完成的小記，題型偏向作文練習，包含仿寫、改寫與思辨；另一種是在課堂上練習的選擇題型，形式結合歷屆基測、會考試題，我稱之為「挑戰會考必勝題」。

1.「左右眉毛像草字頭，左右顴骨加中間鼻梁像一個十字，底下一張嘴是一個口字。」王鼎鈞以「拆字」的手法來說明人臉像一個「苦」字，下列選項，何者也是運用「拆字」組合而成？

(A) 二三四五／六七八九
(B) 因荷而得藕／有杏不須梅
(C) 人曾是僧，人弗能成佛／女卑為婢，女又可稱奴
(D) 松下圍棋，松子每隨棋子落／柳邊垂釣，柳絲常伴釣絲懸

1-1 在行文說話時，經常把文字的形體、意義加以分析，就形成了析字的藝術。如「愁」字可拆為「心上秋」，「少女」可合為「妙」。下列聯語，何者是利用這種特質寫成？

(A) 三光日月星，四始風雅頌
(B) 日月明朝昏，山風嵐自起
(C) 袖中有滄海，襟上多白雲
(D) 遠水碧千里，夕陽紅半樓

1-2 話語中常出現將字形拆解的趣味，如：「五人共傘，小人全仗大人遮」，將「傘」字析為五個「人」字。下列何者也使用了這種技巧？

94年第一次基測第9題

(A) 一個人生了怒氣，就變成心的奴隸
(B) 十年寒窗苦讀，換來一朝功成名就
(C) 他們是姓何的嫁給姓鄭的，正合適
(D) 喜歡尼采的人，就讓他們膩在一起

2. 王鼎鈞〈苦〉第二段：「可不是？①學生必須『苦學』，誰貪玩誰的功課就不及格；②做事的人必須『苦幹』，誰苟安誰就要失敗。③宗教家必須『苦修』，音樂家必須『苦練』，④吃得苦中苦，方為人上人。」這段論述中畫線的文字，何者屬於作者意圖陳述的論點，而非立論的證據？

96年第一次基測第13題

(A) ①　(B) ②　(C) ③　(D) ④

2-1 從女性主義文論的觀點來看，武俠小說是「男性沙文主義」的心理滿足。因為①小說裡的男俠，幾乎是所有女

性的追求對象。此外，②心狠手辣的邪魔也不時以尤物姿態出現，遙相呼應傳統的「紅顏禍水」觀。因此，③武俠小說是「男權」的文化「幫兇」。也許有人會說，④女俠或女魔頭走出了閨房和廚房，是否可視為「女權」的伸張？表面上如此，但實際上，女俠終究要成為男俠的附庸，因此不能被視之為對「男權」的挑戰。

這段論述中畫線的文字，何者屬於作者意圖陳述的論點，而非立論的證據？

(A)①　(B)②　(C)③　(D)④

3. 若以「吃苦」為作文題目，下列文句，何者完全是從正面、肯定的方向的方向來闡述題意？

105年會考第26題

(A) 吃苦不一定能成功，但成功的過程中需要吃苦

(B) 換個角度看待生活中的坎坷與痛苦，你會發現，吃苦也是人生道路上的一種幸福

(C) 沒有吃過苦的人不會知道苦給人的磨練是你日後成功的動力

(D) 許多人都深愛著修行、磨技等吃苦美學。但我希望你可以從這種不切實際的幻想中清醒

3-1 若以「傘」為作文題目，下列何者是從反面進行構思聯想？

94年第一次基測第19題

(A) 頂著豔陽，頂著風雨，傘把困難留給自己，把方便讓給別人

(B) 長久生活在保護傘下，將難以鍛鍊堅強的意志及獨立的人格

(C) 開闔自如的傘，就好像能屈能伸的大丈夫可適應不同的環境

(D) 樸實堅實的黑傘，一如父親堅定有力的臂膀，護育兒女成長

3-2 若以「忍耐」為作文題目，下列文句何者完全是從正面、肯定的方向來闡述題意？

99年第一次基測第7題

(A) 懂得忍耐，能夠幫助人們把夢想變為事實

(B) 所謂的忍耐，不過是一種優柔寡斷的行事方式

(C) 面對挑戰若不能忍耐一時的挫折，終必一無所獲

(D) 忍耐是美德，但因動機的不同卻會造成迴然不同的結果

4. 根據這張心智圖，〈苦〉這篇文章的布局下列何者**錯誤**？

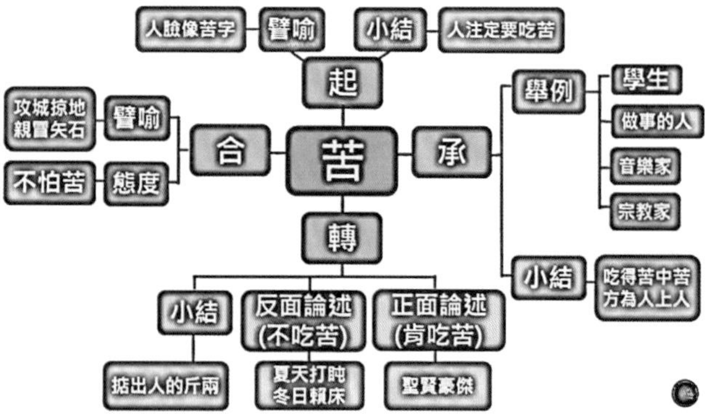

(A) 運用對比手法說明能否吃苦為看出個人實力的關鍵

(B) 藉由舉例，說明「吃得苦中苦，方為人上人」的道理

(C) 這篇文章採用「起、承、轉、合」是標準的記敘文格式

(D) 結尾用攻城掠地提升吃苦的境界，不只被動忍受更要積極主動

阿宏在作文課中依照老師所出的題目畫出下列結構圖，請閱讀並回答下列兩題：

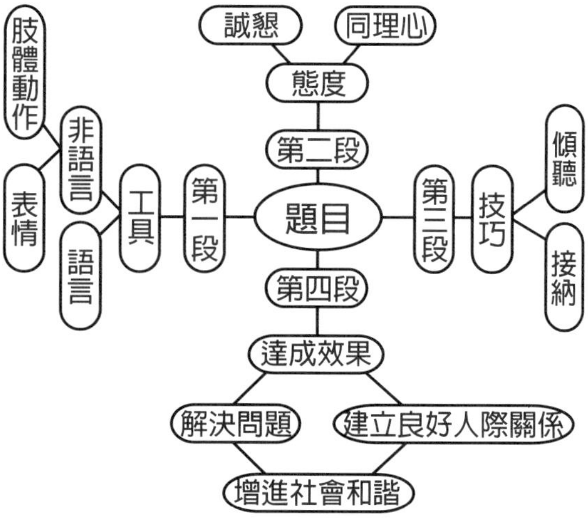

4-1 根據這張結構圖，下列何者最可能是老師所出的作文題目？

(A) 談溝通　(B) 情緒管理

(C) 演說的技巧　(D) 創造理想人生

4-2 根據這張結構圖，這篇文章的布局應為下列何者？

(A) 總述全文綱要之後分段引證、推論
(B) 先提出結論，再依因果關係逐項說明
(C) 針對題目的不同層面，分段敘述說明
(D) 先正面論述，再反面立說，最後歸納作結

100年第一次基測第38、39題

除了基礎題以外，挑戰會考必勝題的發想起源也是心智圖。文章各區塊如何以選擇題的形式考出重點？我的做法是從歷屆試題中尋找是否有類似的考法或題目敘述。臺南市後甲國中網頁「萬里雲蹄越嶺來」中就非常詳盡分類整理了歷屆試題，便於老師們循著分類找到適合的題目。

上文所舉的挑戰會考必勝題是一〇七學年度九年級下學期第一次段考的範圍，沒想到一〇八年會考第十七題竟然也出現「若不撇開終是苦，各能捺住即成名」這副由「若」「苦」、「各」「名」的字形差異發想的對聯。雖與拆字不盡相同，但也為我自己與應考學生們打了一針強心劑。

這樣出題的模式我也運用在學校段考題目中，沒想到還被其他班級的學生反過來稱讚考題出得不錯呢！

大有國中一〇七學年度第一學期第二次九年級國文科評量試卷第四十一─四十二題：

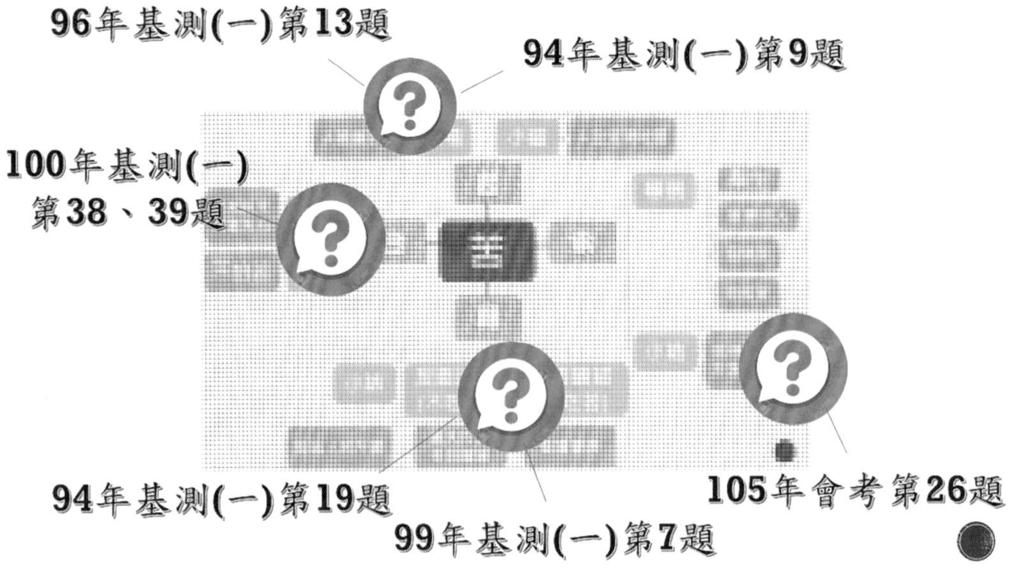
96年基測(一)第13題
94年基測(一)第9題
100年基測(一)第38、39題
苦
94年基測(一)第19題
99年基測(一)第7題
105年會考第26題

藉由文章各段落的重點，搭配相關歷屆試題組合而成我的「挑戰會考必勝題」。

明玉閱讀完〈奶油鼻子〉之後整理出文章階層圖，如下表：

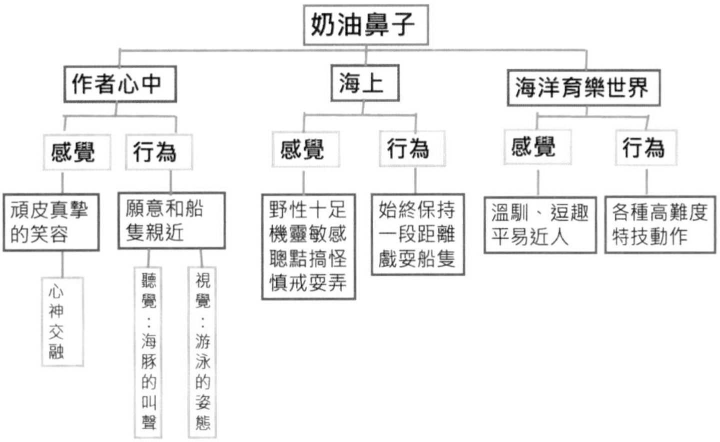
奶油鼻子
作者心中
海上
海洋育樂世界
感覺
行為
感覺
行為
感覺
行為
頑皮真摯的笑容
願意和船隻親近
野性十足 機靈敏感 聰點搞怪 慎戒耍弄
始終保持一段距離 戲耍船隻
溫馴、逗趣 平易近人
各種高難度 特技動作
心神交融
聽覺：海豚的叫聲
視覺：游泳的姿態

40. 文章是以不同場域來描寫奶油鼻子的不同面向，請根據上圖判斷下列何者正確？

(A) 表演場上溫馴逗趣且平易近人是奶油鼻子的天性，充滿頑皮真摯的笑容

(B) 文章以既有印象和實際互動兩相對比，奶油鼻子多樣而鮮明的形象躍然紙上

(C) 作者與海豚的接觸從海洋育樂世界到海上漸行漸遠以致看不清奶油鼻子的真實樣貌

(D) 作者以忠實、理性的角度書寫本文，先記敘鯨豚的生態，後議論環保議題

出題說明：由心智圖考閱讀理解中的「擷取訊息」。

41. 明玉所整理的階層圖不夠完善，瓔珞幫她修改後何者正確？

(A) 第二層標題「行為」與「感覺」，瓔珞加上「人所做的行為」和「海豚給人的感覺」

(B) 瓔珞認為從視覺及聽覺兩方面描述更能體會奶油鼻子慎戒耍弄、聰點搞怪的一面

(C) 瓔珞從階層圖得知文章分為三大段，前兩大段對比海豚不同形象，且第三大段應為全文重點

(D) 全文在作者與海豚心神交融的感動中畫下句點，因此瓔珞認為本篇屬於「藉物抒情」

出題說明：1. 題幹敘述即為平常課堂的指導語。
2. 由心智圖考「評論性提問」屬於閱讀理解中的「省思評鑑」。

42.〈奶油鼻子〉是以海洋或海上生活為題材的海洋文學，作品反映出作者對海洋的體驗、知識和關懷。請依此判斷下列何者不屬於海洋文學？

(A)當你越是潛水射魚的高手時，你的漁獲就會越少，因為你會選擇你要的魚而不是濫射（夏曼．藍波安〈敬畏海的神靈〉）

(B)河裡有逆流、有漩渦、有靜水流深之處，有驚滔駭浪之時。不歇止的激盪和衝擊形成一條曲折河道，就是文化（龍應台〈面對大海的時候〉）

(C)又長又直的浪峰，像厚重綢緞的皺褶，一波又一波，從船頭向後掠去，不斷的擴展，捲起波紋，然後再擴展，最後平伏下去，搖盪著，消失了。（屠格涅夫〈海上航行〉）

(D)在牠們躍出水面的瞬間，我看到牠們的眼睛帶著笑容，像一群非常頑皮的猴子。那樣友善的接觸卻始終保持警覺，感覺是溫暖的又有點清冷，不曉得是海豚的慧黠還是漁人的悲哀（廖鴻基〈鬼頭刀〉）

出題說明：1. 評鑑與多文章閱讀。
2. 配合課程綱要：5—IV—5大量閱讀多元文本，理解議題內涵及其與個人生活、社會結構的關聯性。

這是一條不設限的路

真是出題出上癮了！跨域延展也行！

#跨自然領域

立宏上完〈開放的人生選〉後想做實驗，找了十位程度不分軒輊的同學，分為實驗組和對照組，操作變因為把握光陰，實驗結果是五十天後的會考成績，實驗內容如下表，下列哪一個實驗結果符合「吃得苦中苦，方為人上人」？

	控制變因	操作變因	實驗結果
實驗組	50天	寸陰是競	（甲）
對照組	50天	馬齒徒增	（乙）

(A)（甲）垂頭喪氣（乙）一敗塗地
(B)（甲）魚躍龍門（乙）曝腮龍門
(C)（甲）名落孫山（乙）名列前茅
(D)（甲）馬到成功（乙）揚眉吐氣

#跨數學領域

數學老師看完崔瑗的〈座右銘〉，非常贊同「無使名過實，守愚聖所臧」這句話，於是依直角坐標的定義，將「名聲」與「能力」二者關係繪製成下圖，請問下列座標點，何者較符合崔瑗的想法？

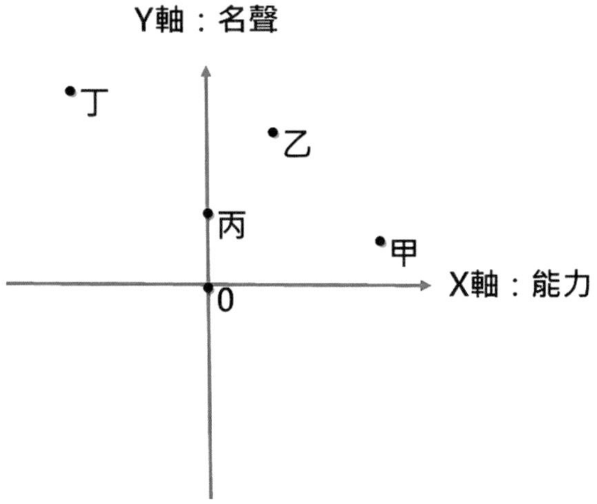

(A) 甲
(B) 乙
(C) 丙
(D) 丁

◆安昕媽媽的奇幻之旅，未竟之渡

邊打字的同時，兩個小孩酣睡於側，此刻，整日的煩亂化於無形。

偶爾想起孩子在保溫箱裡依靠呼吸器的樣貌，忍不住細看他們胸口微小的起伏變化，一陣童稚囈語驚起捲入回憶漩渦中的我，是連在夢中都很開心的小孩呢！

我先是母親，然後才是老師。這兩種身分其實有很多相似之處，或許呈現的方式不同，但是扶持孩子成長，教導孩子各種知識技能，同樣都是為了讓他們擁有獨立生活的能力，放手去寫屬於自己的人生故事。

母愛是天性，由母親在我初探索世界時就灌輸予我；教育卻是使命，從很多前輩的身上，我承接艱鉅又崇高的任務。於是為母則強，要帶領孩子前行，自己就要不斷精進；為師更強，要讓孩子眼界寬廣，自己就要站得高、站得挺。

六、七年前，上到〈座右銘〉時，請學生分享屬於自己的座右銘，當時被學生反問：「老師的座右銘呢？」我回答：「成為一個被需要的人！」原本的意思是指成為社會上的中堅分子，有能力且樂意付出，當一個「被需要」的人。

直到成為雙胞胎媽媽，真的「百分之二百」地做到「被需要」這件事時，我突然後悔當年怎麼會大言不慚說出這句話。兩個軟綿綿的嫩嬰完全依賴我而生存，好神聖的使命，好難熬的暗暝，「崩潰」兩個字讓我顯得很狰獰。

回到教室來看，教學如果一直停留在老師單方面講述，學生像嬰幼兒一樣依賴老師學習，真是非常令人崩潰。如果我們可以藉由提問設計，引導學生完成文本的心智繪圖，利用同儕鷹架由共學逐漸走向自學，並藉由口說發表，將內化思維整理並有邏輯地展現出來，相信當走到這一步，會是身為老師最大的成就感！

健康又美好，是我聽過對小孩最棒的讚美。五官可以複製，性格可以相彷，人生的境遇卻不能取代。感謝兩個小小孩兒來到我的生命，期待我們一起走出更美的人生風景，成就比過去精彩的自己！

愛與被愛的關係，構成一個家；

教與學的歷程，成就每一節課堂。

【國中領域】

3

石佩玉／回不去的改變

花蓮縣立宜昌國民中學

山中大叔導讀

沒有講述，沒有翻轉；沒有備課，沒有講述。

佩玉老師來自後山，一直以來就是認真備課、認真講述的好老師。育嬰假結束，重回教職遇上這一波朝氣蓬勃的翻轉浪潮，各方接觸學習之後，這才發現翻轉就是回到教學初衷。

認真備課是不二法門：透過有意識的文本分析，產出有意識的三層次提問，才能有意識的帶領學生發生有意識的實質學習。

相信學生是核心信仰：有一種不會，是「老師覺得」學生不會。MAPS 教學法的精彩之處，就是有意識的搭設學習鷹架，有意識的拆卸學習鷹架，拆搭之間，學生的學習就會多元綻放，展現無限的可能。

◆ MAPS，我新解鎖的技能

有人說，人到了中年，就是一部「西遊記」——孫悟空的壓力、豬八戒的身材、沙和尚的髮型、唐僧的碎碎念——好多都回不去了。

是的，回不去了。正如我學了 MAPS，解鎖了新的技能，這些改變也是回不去了。但這些改變不會使我焦慮，相反地，使我在教學路上走得更有自信。

這個解鎖技能要從二〇一六年說起，當時我剛請完育嬰假，回到職場上發現各種新式教學法正蓬勃發展，連學校裡一些保守的同事也開始改變教學。這使我心裡十分慌張，深怕自己跟不上別人，深怕自己趕不上時代，所以四方蒐集了好多資訊，摸索嘗試新的教學法，但總不得要領，反有「畫虎不成反類犬」的撞壁感。而緊接著又面臨懷孕、生小孩，教學就在我摸索、撞壁的循環中度過了。

時間來到二〇一八年，這一年是我人生的轉捩點。這年的暑假，我一口氣參加了許多教學法的研習，終於找到了最適合我及我的學生的教學法，那就是 MAPS！參加為期三天的工作坊，讓我有柳暗花明的感覺，我終於弄清楚了許多細節，包含帶領小組討論的技巧、設計題目的脈絡……，MAPS 的精髓，在老師手把手的細心傳授下，在夥伴合作的燒腦共備中，一點一滴地滲入我的腦海、我的心中，那個卡住的結就這麼豁然開朗。我也終於能說，我正式開啟了教學改變之路，而且是走在正確的方向上。

◆ 教學第一步：用心備課

我的實施歷程都是從認真備課開始，聽起來沒什麼特別的，但我認為這是最基本的一步，教師能用心備課，是對自己、對學生負責任的態度。在備課之後，我會接著進行文本分析、畫自己的心智圖，然後設計提問，這歷程就像跑馬拉松一樣，關鍵不在於瞬間的爆發，而在於途中的堅持。

一開始是在自己的七年級導師班及一個九年級班（未參加工作坊前），七年級原來應該最適合實施新教法，但當時的我不得其法，做得不是很好；九年級則因為已經定型（還有加上我功力不夠），也帶不太動，所以這一年顯得有點混亂。但，我很慶幸自己沒有放棄，而是繼續嘗試。

參加工作坊之後，在新的學年我重新調整腳步，雖然實施中仍有些困難，例如礙於課堂進度，無法每課都分組畫心智圖及報告；另外我也沒辦法從頭到尾自己設計提問……，本來我對此很糾結，但政忠老師說：「不用從零開始。」所以我再一次調整自己的心態及做法，改為每次段考挑兩課讓

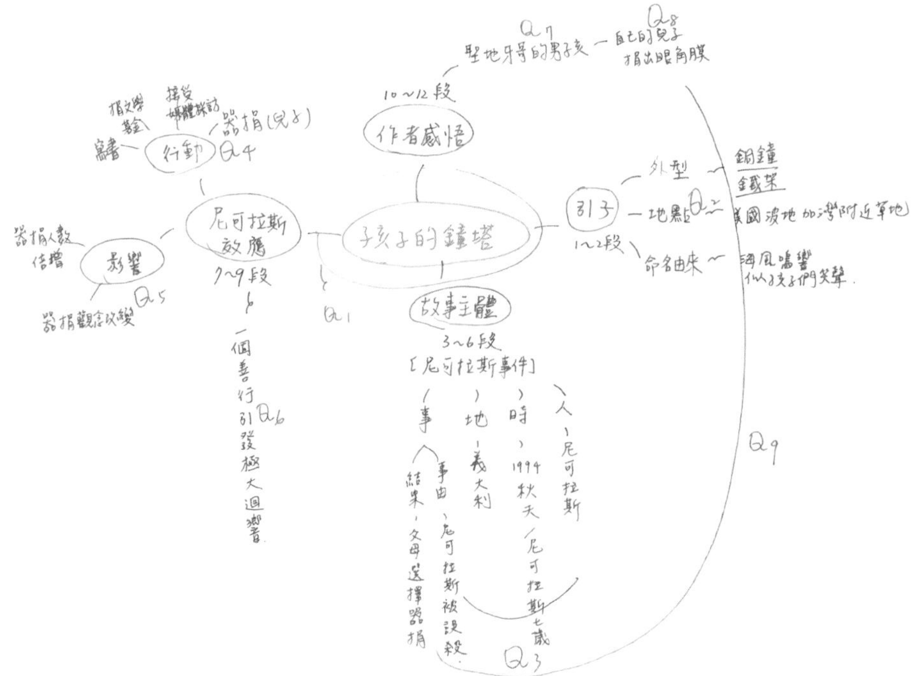

老師版〈孩子的鐘塔〉心智圖。

學生畫心智圖及報告；而關於提問設計，則是善加運用各種資源，也參考備課用書上的提問再根據自己學生的需求加以修改。這樣的調整讓我的 MAPS 更容易上手，也不會有那麼大壓力了。

不過，雖然有資料可以參考，自己仍然必須做好文本分析，因為只有自己踏實備課，問起問題才不會沒有層次，胡亂推砌題目；自己也才會知道什麼程度的題目適合自己的學生，像我班上學生的程度落差比較大，又被我混亂訓練了一年，所以能力沒那麼好，我就會調整題目不要太難（但仍然要具有挑戰性），也會多讓他們有彼此討論和交換意見的機會。新接的七年級班程度較為整齊，腦袋也比較靈活，我就可以在基礎題裡多給他們獨立作答的機會，挑戰題裡給予較多的變化跟延伸，且有更多的資料閱讀。目前他們很習慣這個模式，我也希望到八年級時，這個班能有抽離、自學的學生出現。

我的三層次提問設計

接著繼續談實施歷程，以下我將以〈孩子的鐘塔〉一課作為例子說明。

在文本分析之後，我會先試著畫出自己的心智圖，而通常畫完心智圖後，文本脈絡就會清楚呈現出來，所以我習慣先設計基礎題，而基礎題就對應心智圖。第一題通常是整理架構，接著後面的題目則是根據每一段的主題擷取訊息，〈孩子的鐘塔〉這篇文章因段落較多，在基礎題第一題我會請學生先整合段落，區分出意義段，並討論每個意義段的主旨為何，先把大方向搞定之後，再來處理每段的細節。第二、三、四、七題便是釐清每個意義段的主要訊息，而五、六、八、九題是從該意義段延伸出來的問題，其中第六題提到本課的重點「尼可拉斯效應」，連接了文中故事與作者經歷，因此在此須先釐清這個名詞。而當學生做完所有的基礎題後，對文本就會有相當程度的瞭解了。

接著設計暖身題。暖身題的目的是要引發學生的閱讀興趣，所以老師自己要很清楚從何處著手設計較能吸引學生，當然這個吸引點還必須是全文的核心。我會根據基礎題再確認一次全文主旨，然後思考暖身題，如此就比較容易掌握核心概念。比方說〈孩子的鐘塔〉暖身題第一、二題是由題目出發，先讓學生對題目進行猜測想像，也可以引起他們一點好奇心。第三題則針對本文重點——格林夫婦決定將愛子尼可拉斯的器官捐贈出去，引發了一連串的迴響所產生的「尼可拉斯效應」，也跟基礎題第六題呼應，這就是暖身題跟基礎題的連結。

最後是挑戰題。挑戰題是思考層次要拉高的題目，我自己則是自小就很缺乏像挑戰題這類題型的刺激，所以廣泛延伸對我而言是很不容易的事。在工作坊之前，我真的覺得設計挑戰題是很難的任務，每當思考挑戰題時總是絞盡腦汁，卻仍然卡關，但經由工作坊的腦力激盪，再加上慢慢觀察、摸索其他老師的題目，現在設計題目總算也有個樣子了！

以〈孩子的鐘塔〉為例，第一、二題是整理寫作手法，要讓學生知道作者會在文章中安排小巧思，這些方式能讓文章更具可看性，也讓讀者有更多的想像空間。第三～五題，是希望看見讀者觀點：第三題承暖身題第三題而來，要學生進一步思考為什麼格林夫婦的舉動會引起震撼，然後再到第六題回過頭來思考格林夫婦的心理層面，探討外在行為到內在心理，這樣到了第八題的類文時，學生會更容易進入作者的情境裡。第八題的類文算是補充了文中「聖地亞哥的一個男孩」，因為作者本身也經歷過喪子之痛，也忍痛讓兒子捐出眼角膜，這段故事在文中並未敘述得很清楚，相信老師們都會加以補充。不過要學生感受那樣的心情實在不容易，因此加上這篇補充類文，藉由一個母親最深沉的呼喊，希望跟挑戰題第六題連結，讓文本與作者經歷合一。

挑戰題第七題則是本文重要的延伸補充，討論到「器官捐贈」的主題，我會從兩段影片著手，一部是講述一個想幫助社會的年輕人，最後用「器官捐贈」的方式完成了最偉大的助人，這部片可以先跟學生討論什麼是「器官捐贈」，它有什麼條件、如何進行；待學生對器捐有基本概念之後，我

第十課 孩子的鐘塔　李黎　　班級：　座號：　姓名：

文意理解(基礎題)

1. 請根據課文，整理出意義段及主旨。

意義段	一	二	三	四
自然段				
主旨	引子：	故事主體：	尼可拉斯效應：	作者感悟：

2. 請根據第一部分引子，完成下表關於「孩子的燈塔」的訊息

訊息	文本證據
外型	
	美國北方波地加灣附近的一片寬闊草地上
命名由來	海風吹拂過鐘塔發出(　　　)，就像(　　　　　　)

3. 請根據第二部分的故事主體中的人、時、地、事等訊息，說明「尼可拉斯事件」。

訊息	文本證據
人	
	1994 年秋天，他七歲時
地	
事	因： 結果：

4. 文章的第三部分則說明「尼可拉斯效應」，請問他的父母---格林夫婦，面對兒子所發生的事，做了哪些義舉？

5. 承上題，格林夫婦的作為，帶來了那些影響？請找出文本證據。

6. 承上題，格林夫婦的作為，後來產生了「尼可拉斯效應」，請根據文本資訊，解釋什麼是「尼可拉斯效應」？

7. 在看到世人造訪「孩子的鐘塔」，表達對「尼可拉斯」的感念，作者也產生了許多感悟，在課文最後一段中，作者為何想到「聖地牙哥的一個男孩」？那個男孩是誰？

8. 承上題，這個男孩的故事和尼可拉斯的故事有何相似之處？

9. 作者為何對格林夫婦捐贈愛兒器官的義舉感受特別深刻？

1

〈孩子的鐘塔〉基礎題。

第十課 孩子的鐘塔　<u>李黎</u>　　班級：　座號：　姓名：

文意理解與思辨(挑戰題)

1. 第九段不以句點結束，而是使用刪節號(……)，這種寫法具有什麼作用？
2. 第十一段介紹了大鐘、小鐘的由來，請問同樣是介紹鐘塔，為何作者不放在第一、二段後面呢？
3. 你覺得格林夫婦的義舉震撼整個義大利的關鍵何在？
4. 請問為什麼作者說<u>尼可拉斯</u>的笑臉，會比許多徒然追求「不朽」的所謂偉人的容貌更令人難忘？
5. 格林夫婦選擇用「高貴的方式」紀念兒子，請問「高貴的方式」是指什麼？
6. 請問在文章中提到<u>尼古拉斯</u>的父母抑制著自己最深沉的悲痛，接受無數媒體訪問，不厭其煩地一遍又一遍陳述自己對愛兒遺體捐贈器官此行為的理念，你認為這樣的行為容易嗎？你認為為什麼他的父母要這麼做呢？
7. 【關於器官捐贈】

請先回答下列問題：

(1) 請說說你對器官捐贈的看法是什麼？

請分組查出下列答案

(2)什麼是「器官捐贈」？(以臺灣為例)

(3) 如何才能申請到「器官捐贈同意卡」？

【觀看影片「生死接線員」第3集片段】

(4) 在影片中，這兩對父母的態度有何差別？

(5)你觀察到在影片中，身為父母，面對這樣的情況會有哪些掙扎呢?

(6) 現在，你對器官捐贈的看法又是什麼呢？

1

〈孩子的鐘塔〉挑戰題（第一頁）。

8. 類文選讀：以下為李黎的另一篇文章，請閱讀後完成下列題目。

我不知道你的姓名、性別、年齡，甚至不知道只是一個你，還是兩個「你們」。我只知道你是一個失明者，正在苦苦等待一個奇蹟——一隻或一雙珍貴的眼角膜移植到你的眼球上，讓你重獲光明。

在一個春天的晚上，醫生通知你：有希望了。

你一定很想知道捐出眼角膜的那個人是誰。你的醫生只會告訴你：那是來自一個十三歲的男孩子。他們不會告訴你更多的。你大概會很好奇：那是怎麼樣的一個男孩？才十三歲，是怎麼死的？他的父母親，是在怎麼樣的心情下為他做出捐贈眼角膜的決定的？

你的問題永遠不會有答案，正如同我永遠不會得知你是誰。我曾動過這樣的念頭：想問醫院你的姓名、你的下落。但我知道他們是絕對不會告訴我的。

我曾幻想如果我找到你，我一定會常去看你，帶一束鮮花和幾本書，坐下來跟你談談我的孩子，然後就靜靜地坐在一旁看你，看你用你復明的眼睛欣賞花朵的色彩、閱讀一頁又一頁的書。我會看著你的眼睛，看得痴過去。那裡有我孩子身體的一部分——雖然是那麼小的一部分，但那部分曾經帶給他那麼多快樂與智慧；他用那雙眼睛看了無數的書本、圖畫、樂譜、許多處美麗的風景、許許多多溫愛友善的笑臉……

你見到我一定會道出許多感恩的話語。但你可知道，我才要向你道謝。我孩子的軀體將隨春泥化去，你卻帶著他這一小部分存活下來，珍惜它滋養它、並且善加利用它……，你是在延續著我兒子的一小部分的生命啊！我不該感謝你嗎？

然而我無法這樣看見你，我只能做另外的想像，想像我走在茫茫的人潮中，忽然一雙陌生的眼睛吸引住我，我無端受到極大的震撼，於是我以母親的直覺明白了：就是這個人，我的孩子的肉身一部分在他臉上……

有時，我走在人群中或開車在公路上，就會痴痴地想：在這一百萬人的城市裡，有兩隻眼睛，曾是我孩子的一部分，也是我生命的一部分，咫尺天涯，也許這兩隻眼睛的主人剛與我擦肩或錯身而過；也許他此刻正在眺望藍天碧海，或者聚精會神地閱讀一本好書，或者無限深情地凝視著一張愛戀的臉孔……

我多想知道你是誰，你在哪裡，你有沒有善待珍攝你的眼睛。

這些想法是多麼傻啊。然而一個母親的痴心，是勝過於世上任何一種痴情的。做母親的心，縱是疼成了碎片，每一片還是痴愛。（選自悲懷書簡中的悲懷四簡）

(1) 請問這篇文章在表達什麼情感？

(2) 承上題，哪些文句可以表達出這樣的情感呢？

9. 請由報章雜誌或網路上找一則因某些人的善行而讓社會充滿溫馨的新聞，並表達你的感想。

2

〈孩子的鐘塔〉挑戰題（第二頁）。

會再播放另一部《生死接線員》的片段，藉此讓學生思考為何片中的父母要反對已經腦死的孩子器捐（即使她已經簽了器官捐贈卡），再以此帶回格林夫婦的舉動，更能讓學生瞭解這行為為何不容易、為何在當時引發震撼。

第九題也是延伸題，主要是希望學生練習蒐集、整理資料，作為將來寫作的點子，不過有個學生寫了下述例子：「幫母親送貨的孝子因精神不濟而撞上了法拉利，月薪六萬的孝子賠不起，但消息一出就有許多善心人士捐款。」我覺得這個例子可以拿出來和全班討論：這些捐款人士的行為算是善行嗎？為什麼？這篇新聞還有沒有可以討論的議題？

不要追求標準答案

我覺得批改學生作品可以看見許多有創意、有自我想法的答案，即使是偏離方向的答案，也有很多可以討論之處呢！重點是讓學生表達自己的想法。這一點非常重要，若是學生只會跟老師索要標準答案，那還是填鴨啊，更何況這樣的題目，標準答案根本沒有意義。當然每次討論題目時，還是難免有些同學希望老師「給答案」，好像沒有答案就不安心似的，這或許是整體教育環境氛圍的影響，只能希望藉由MAPS的腦力激盪，稍稍活化學生的小腦袋啊！

以上為實施歷程中我自己設計暖身、基礎跟挑戰題的脈

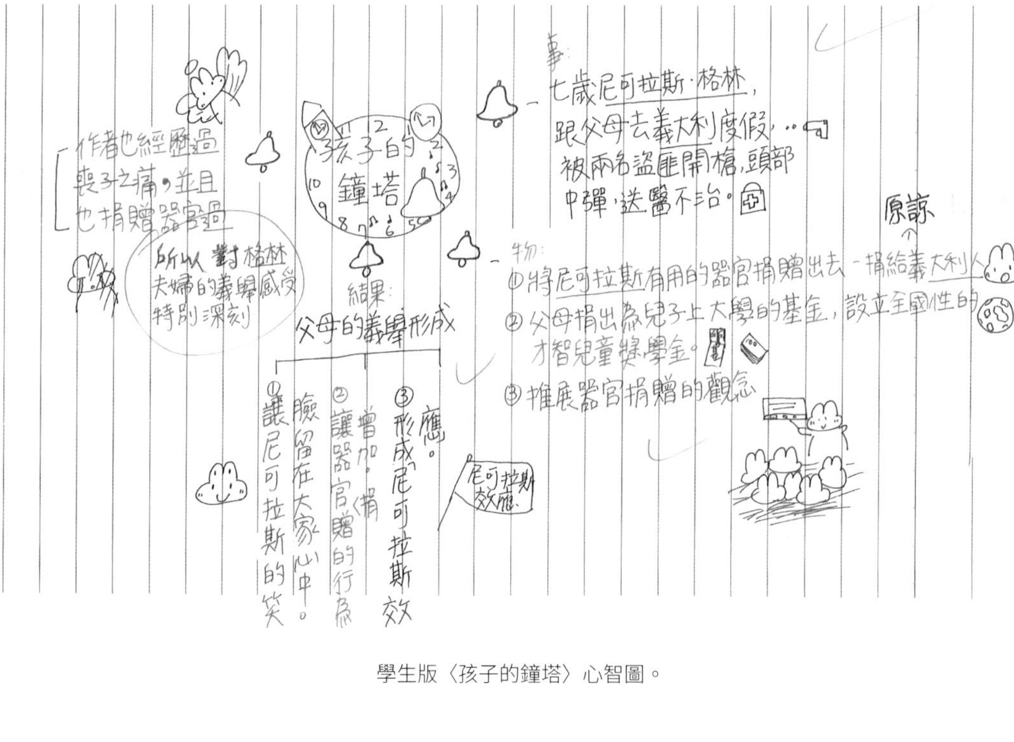

學生版〈孩子的鐘塔〉心智圖。

絡，總之這三種題目雖然分開書寫，但在設計的過程中仍應該要考慮到關聯性。另外，在實施分組的過程中當然也不是全然順利，像我的八年級導師班，回答較為踴躍，意願較高，但較沒有完整性。後來我才發現政忠老師在學生回答前，會先確認學生知道題目是什麼，然後才讓學生回答，這樣「題目＋答案」的模式，不只是確認學生是否掌握這個題目，同時也在訓練學生說出完整的句子，對他們寫作很有助益，一舉多得！學起來！

◆學生的多元表現

而新接的七年級班，一開始分組就遇到困難，有兩個人怎麼樣都不肯跟別人分組討論，於是我採用了政忠老師的終極方法——讓不願意跟其他人一組的同學跟老師一組。結果兩堂課之後，這兩個小孩都願意回去原來的組別了。還有一個狀況就是七年級班上有幾個同學程度特別好，也特別愛回答，往往都是最快舉手，為了讓其他同學也有發言的機會，我會請這幾個程度較好的同學延後發言（若別的同學答錯，再請他們補充）或當總結，這樣一來他們既保有表達的機會，其他同學也能經由他們的回答更加掌握重點。

實施一段時間之後，當然要來看一下學生的作品，以下

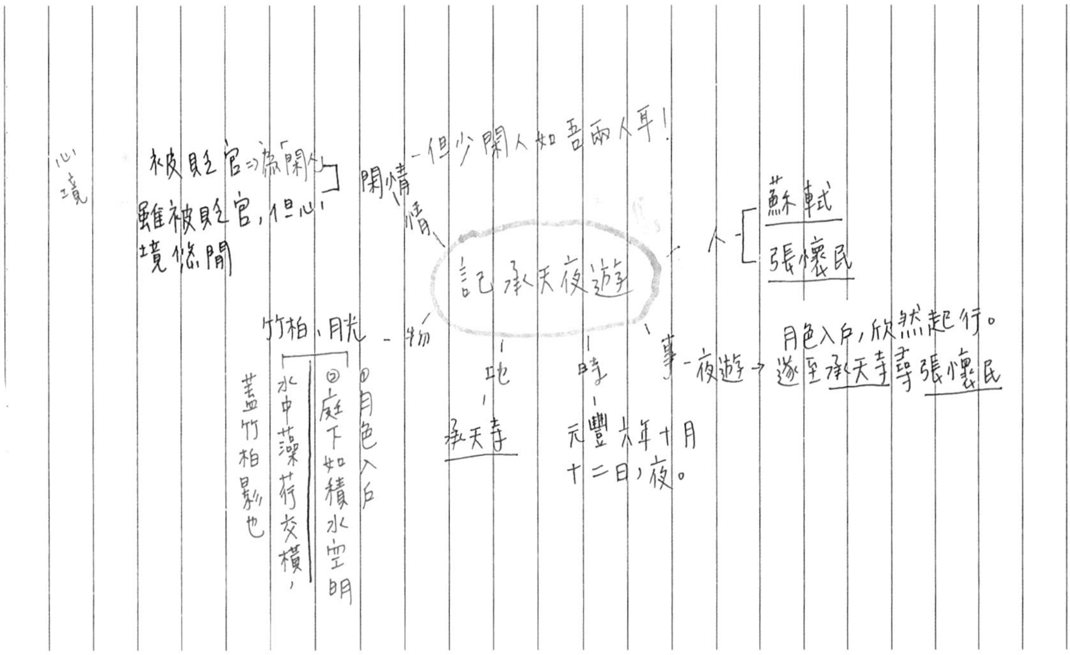

〈記承天夜遊〉心智圖。

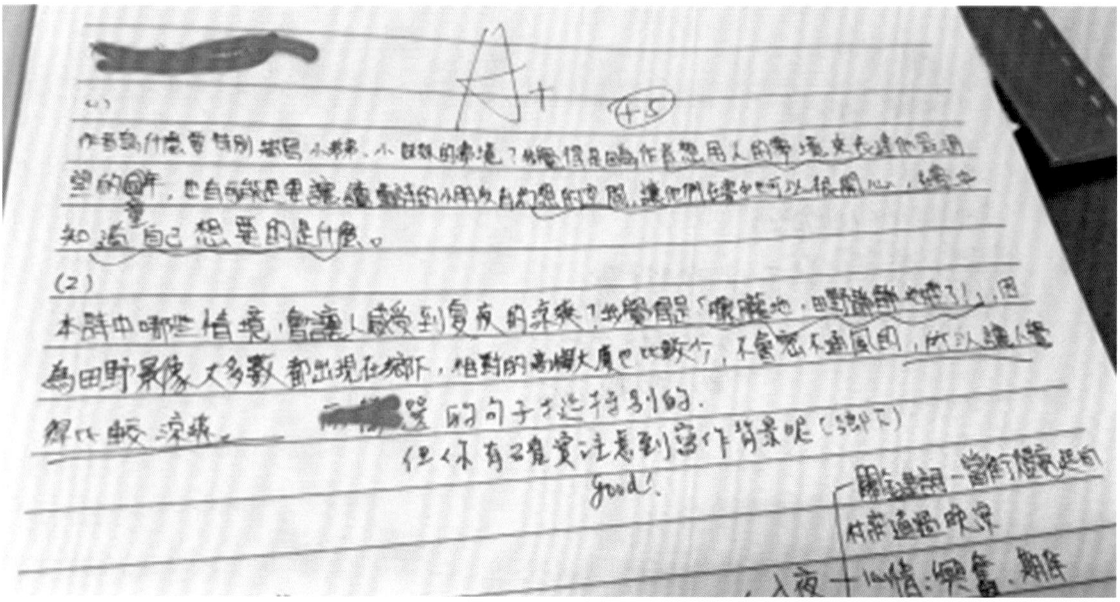

〈夏夜〉挑戰題。

針對心智圖、挑戰題佳作及文轉圖加以說明。

一、心智圖

學生在完成基礎題之後，通常我會讓小組先完成一次心智圖，做法是上課帶著學生先討論心智圖架構，然後讓他們分組完成該心智圖，並上臺簡單說明，再讓學生回家自己畫一次。很多學生會直接照畫上課完成的心智圖，我認為沒有關係，至少他自己完成了功課，也加深了印象。

二、挑戰題

延伸的題目通常讓學生回家完成，學生繳交來後我先看過一次，再發回跟學生分享討論。我很喜歡批閱學生的挑戰題，可以發現好多我自己沒想過的角度，所謂「教學相長」，不正是如此嗎？如〈夏夜〉一文，問題是：「作者為什麼要特別描寫小弟第、小妹妹的夢境？」學生的回答是：「想用夢境來表達他最渴望的童年。」看到這裡就會知道，學生把補充的資料連結起來了，這多令人開心哪！而另一題：「本詩中哪些情境會讓人感受到夏夜的涼爽？」大部分人的答案都是「小河、夜風」，但有一名學生寫了「朦朧地，田野靜靜地睡了」，理由是「田野景象大多數都出現在鄉下，相對的高樓大廈也比較少，不會密不通風，所以讓人覺得比較涼

〈大明湖〉千佛山文轉圖。

爽」，能表達自己的想法，又能言之成理，這對老師是多大的驚喜啊！

三、文轉圖

國中課文篇幅不短，有時光拆解課文就要花上不少心力，此時我會設計題目讓學生自己拆解，怎麼做呢？就是請他們把課文轉變成圖像，如〈過故人莊〉，在學生作品可見兩人相談甚歡、滿桌的酒菜，考驗學生上完課文後的統整能力，學生連場圃、桑麻、遠山都顧到了，畫得十分生動。又如上〈紙船印象〉時，請學生上臺畫「各色各樣的紙船，或列隊而出，或千里單行，或比肩齊步，或互相追逐，或乾脆是曹操的戰艦——首尾相連」，課文看起來簡單，但當學生上臺畫時，我才發現原來很多人搞不懂「列隊而出」跟「首尾相連」，所以經由這個方式也能試探學生對課文的理解。另外，像〈我所知道的康橋〉第一段課文非常長，我就讓學生切句號，然後畫圖呈現，經由圖像慢慢將課文組織起來，老師上課也就不用那麼辛苦了。

說個題外話，這種文轉圖的題型在近幾年會考也常常出現，學生若平常就加以練習，對圖像組織的題目或許也能多一份信心呢！

◆和夥伴一起走下去

一、要相信學生的能力

學生其實很有可塑性，我以前擔心提供閱讀資料太多、提問太多，學生會覺得無聊、讀不下去，但事實證明學生是可以被訓練的。閱讀資料時可以引導學生畫出答案，提問回答也可以運用抽籤、自由回答等各種方式，只要有變化，學生自然就不會覺得無聊了。我的七年級班現在所使用的講義有大量的閱讀資料，每次他們都可以安靜閱讀，面對我的問題也可以抓到重點（表示閱讀時的安靜不是在放空），讓我感到非常驕傲！

二、提問不是為問而問

之前在提問設計時，我常常都只是把題目堆砌起來，而未仔細思考要給學生的核心問題是什麼，所以問題常瑣碎且問不到重點。後來我才明白提問應該是有意識地深入瞭解文本，再解構文本，方能問出好的問題，若只是弄了很多題目，看起來狀似豐富，但事實上沒有系統，這樣的提問一點意義也沒有。

三、備課會變得扎實

參加了工作坊，開始實施MAPS後，我覺得MAPS帶給我的最大收穫就是備課變得更踏實。教書教久了，有時會因為雜事太多而忽略備課，但正因為教了很多次，所以會帶著一股莫名的自信及摻雜一點心虛走入教室，教當然還是能教，但正如政忠老師說過：「一天不備課，自己知道；兩天不備課，學生就會知道。」所以，備課是基本功，當老師絕對不能偷懶！要加強自己的專業能力，先把教什麼做好，再去想怎麼教，才不會落入反客為主的困境。「如何教」是提香的米酒，真正重要的應是那一鍋藥材！燉鍋裡沒有藥材，米酒再香也無益啊！

四、要有夥伴一起努力

我覺得自己不是聰明的人，教學過程中常常會卡關，所以很需要夥伴的支持與鼓勵。之前在進行MAPS作業時，工作坊夥伴就幫了我許多忙，給了許多實質建議。現在我在學校裡也有一起共備的夥伴，可以引導我看見許多沒思考過的面向，可以豐富我的教學內容。我真心覺得夥伴很重要，若是要在教學改變這條路上走得長久，還是至少要有可以討論的好夥伴哪！

【國中領域】

4

楊子萱／為了孩子喜悅而發亮的眼神

新北市板橋區中山國民中學

山中大叔導讀

MAPS 種子教師的基本要求就是課堂實踐。

子萱老師身處都會地區的大型學校，同一年段的班級數極多，班級數多代表同儕教師多，同儕多代表意見多，而，多數決議往往就是改變教學最需要突破也最難突破的挑戰。

但，子萱老師很務實。一點點、一點點地尋求破口，從完全講述逐漸帶入提問元素，從文字表述逐漸帶入圖像元素，從親師聯繫逐漸帶入教學理念，甚至，從國文課堂的教學改變逐漸帶到班級事務的經營。

我看見一幅雖然未臻成熟，但務實而穩健逐步向前的課堂樣貌，更看見一個在多數決議中，悄悄帶起求新求變求本的不平凡老師。

教然後知不足

起因其實都是公開觀課，但也不是。

上級指導機關三令五申宣導公開觀課的必然，讓人緊張。很久沒考教甄了，而離退休還很久啊！我就是那種典型的，有備課就上得很好很精彩、自我感覺良好，沒備課就覺得又虛又空洞的那種。偏偏又不總是能充分備課——或者應該說，我不是那麼堅持，總是隨著帶班的這個那個雜務轉一轉，休息時就累得沒力氣，但在講臺上又總是不踏實。

而另一方面就在前些年，二〇一六年，我教了三年的導師班，在會考前夕，許多學生挫敗感寫在臉上，也讓我反省教學模式真的該做點轉變了。趁著寒假輔導的下午，我到臺大旁聽翻轉教學的課堂，同時也報名了苗栗夢N。

從苗栗夢N的激盪回來以後，面對九年級的學生，內心五味雜陳，在課堂上嘗試以投影片繪製心智圖（〈元曲選〉與〈座右銘〉），配合提問上課（但沒有要求學生畫圖、讀寫合一），當時我已能感受到學生的專注度有所不同。相較於單純講述，問題與圖像對他們而言有一定的刺激與吸引力；但又不像是動畫影片只是浮光掠影，一閃而過。下課時，當我要關掉投影片，「等一下！老師！別關……」一個平時上課總貌似不認真的孩子正振筆疾書抄著什麼。其實我早已覺察他一整節課都非常專心，他一邊抄，一邊靦腆地說：「這個是老師自己做的嗎？酷耶！」我笑著，告訴自己要準備下一課。因為是九年級，實驗幾堂課後就停課準備會考了。

學生畢業後，我幸福地回專任一年，專心教學，也接下語文資優班的授課，藉以實驗轉變。這一年，我堅持一件事：不訂坊間測驗卷，也不印成卷。上學期課堂學習定調在閱讀理解訓練與共學、隨堂測驗的交替，極少出回家作業。考試以閱讀理解及心智圖代替，讓學生開書考試，心智圖則給第一層架構，讓學生接續完成。平均一次段考約有一兩課如是操作。下學期也參用欄框圖學習單上課，一樣以閱讀理解學習單代替測驗，但不強調心智圖。不過倒是堅持了一整學年的形音貼貼，學生對形音的自學已頗為習慣。只是，我自己心裡知道，還是少了些什麼。

另一方面，省視自己接下資優班的初衷，本來就是為了自己教學的改變，所以就打算特別著重資優班學生的圖像化思考，把在夢N學來的魚骨圖拿來教學生自我介紹、分析〈五柳先生傳〉、介紹並分析人物傳記（以《儒林外史》中的王冕為例）。上學期完成了〈五柳先生傳〉的心智圖，下學期完成了〈我所知道的康橋〉心智圖，也帶學生就《閱讀理解》季刊數篇文章進行閱讀討論。學思敏捷的資優學生往往都發言踴躍、討論熱烈，心智圖也美不勝收。只是我很明白這是

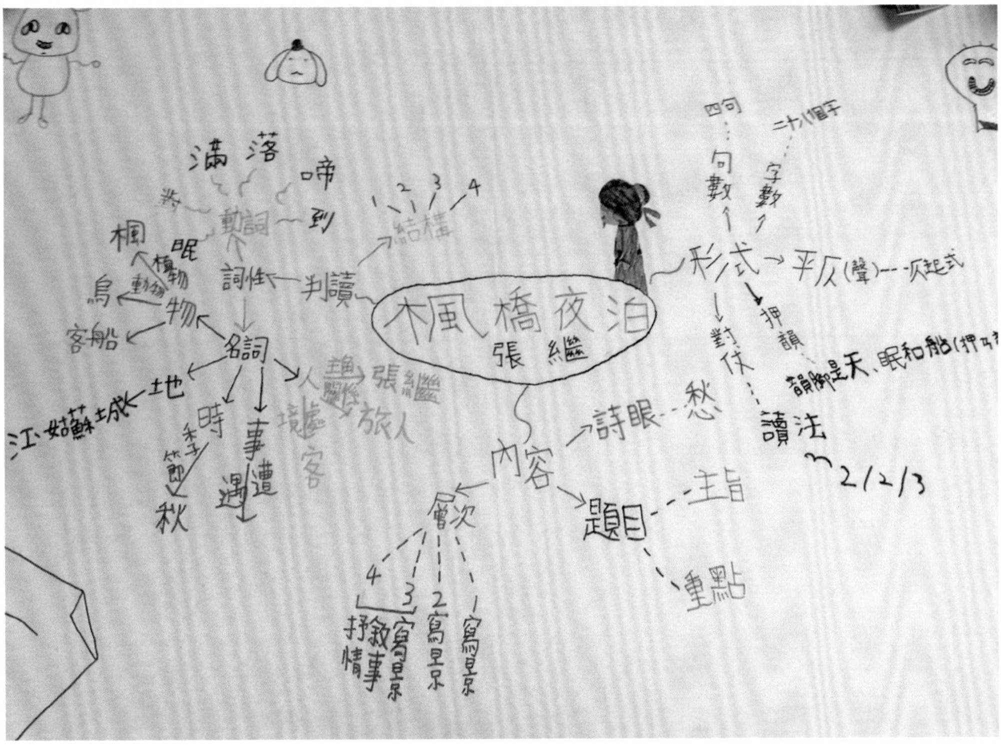

學生繪製的心智圖（〈楓橋夜泊〉）。

資優生，在普通班的教學可完全不是長這樣啊！而我希望能做到的是，在普通班教出願意表達也能好好表達的學生。

◆認清孩子在起點時的表現

經歷了七月十二日到十四日的三天研習，暑假開始備課了。閱讀文本、分析架構、設計提問，反覆操作。開學後才有了臨場感，用Google簡報直接打好，進班輸入帳密上課，已成為習慣。一方面是剛起步還在摸索，一方面是因為倉促急就。每課暖身題大約一－二題，基礎題每課最多四題，挑戰題最多也才三題，然而我自認為出題品質尚未達標準，目前為止還沒有一課完整走完MAPS九個步驟。

反倒是學生的表現值得一提。面對老師提問，孩子都很踴躍，當老師要求翻譯，竟然還搶著講，我想起政忠老師的提醒：「接受孩子能做到的五〇％－六〇％。」神奇的事發生了！當我願意接納孩子的起點而不挑剔，甚至給予肯定，孩子就能保持課堂參與的動機，這就是學習進步的可能——耐性才是王道。透過提問設計解構文本，則需要反覆練習。這裡不單指學生，更是指老師。

在實作過程中，我逐漸理解孩子在學習的過程中熟悉閱讀理解策略，是透過老師有系統有步驟的拆解與提問。對七年級新生而言，這樣的教學有一定難度。但我也一直向學生強調：「已經學會的人，恭喜你；現在不會的，也別擔心，畢竟才剛開始，我們在課堂上會一直有重複練習的機會讓你練習，也讓自覺已經學會的人能驗證自己是否真的學會了。老師上課問的、教的，都會再印發給你，考試也是考老師上課教過的，形式是附上文本的閱讀理解測驗問答題。」我再三強調諸如此類的說明，基本上有部分學生給我很好的回饋，他們感覺自己在學習國文真正該學的東西。對此，我很感動！

◆脫胎換骨的三個月

十月課堂實踐心得
交作業就是和自己對話的時候！

這個月是實踐階段的第二個月，經歷了第一次段考、一次夢N研習，接下來是第二階段的〈論語選〉、〈紙船印象〉、〈心囚〉、〈音樂家與職籃巨星〉，和即將到來的段考寫作測驗。

先講夢N研習心得。其實，政忠老師講述的內容差異不大，兩天的所講授的精華版內容竟然就是三天講授的！啊哈！這就是不斷進化〇．〇一的強大！回想兩天操作下來和

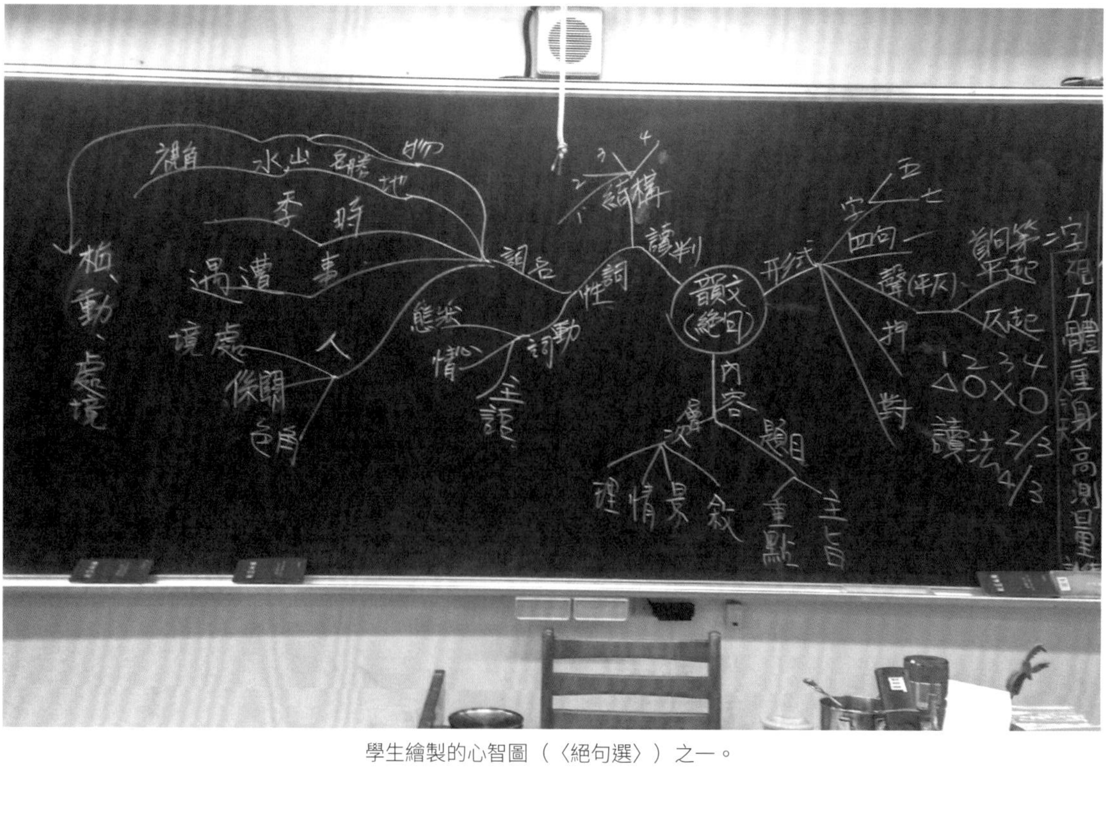

學生繪製的心智圖（〈絕句選〉）之一。

三天燒腦的差異，是因為三天有充分的實作和反饋，珍貴的〇．〇一練習，可見燒腦十八小時的必要，感謝暖心的MOXA！

在研習時各組討論及發表心智圖、提問的過程，我體悟到能放下優劣比較，默默欣賞別人的表現，給予別人表現的空間，是很重要的共好。自己在分組合作時遇到的難題，相信也是孩子在課堂上會遇到的，我得思考萬一在課堂上發生時該如何處理。

面對即將到來的寫作測驗，一方面是利用課文的文本介紹寫作，再加上一週寫一次剪報心得，預計在考前至少實作練習一兩篇作文。

坦白講，段考是有點小挫折。有些題目我不曾講述，更害怕低分的挫敗感影響到孩子的學習動力。所幸我擔心的事並沒有發生。孩子上課時大部分還是保持熱情、積極嘗試的態度，這一直是鼓舞我前進的最大動力，真的非常重要！

事後想想，我心理還是挺寬慰的，對照各任課班的選擇題電腦讀卡結果，發現閱讀理解或文意理解題型全班的答對率較高，雖然語文常識（雙聲複詞判讀）的題型答對率相對低，我還是很滿足啦！我特地在發下導師班成績通知的同時，寫了想法給家長、孩子，表達我對他們學習的看法，並在每個孩子成績單上最好的那科成績上，用螢光筆閃亮一

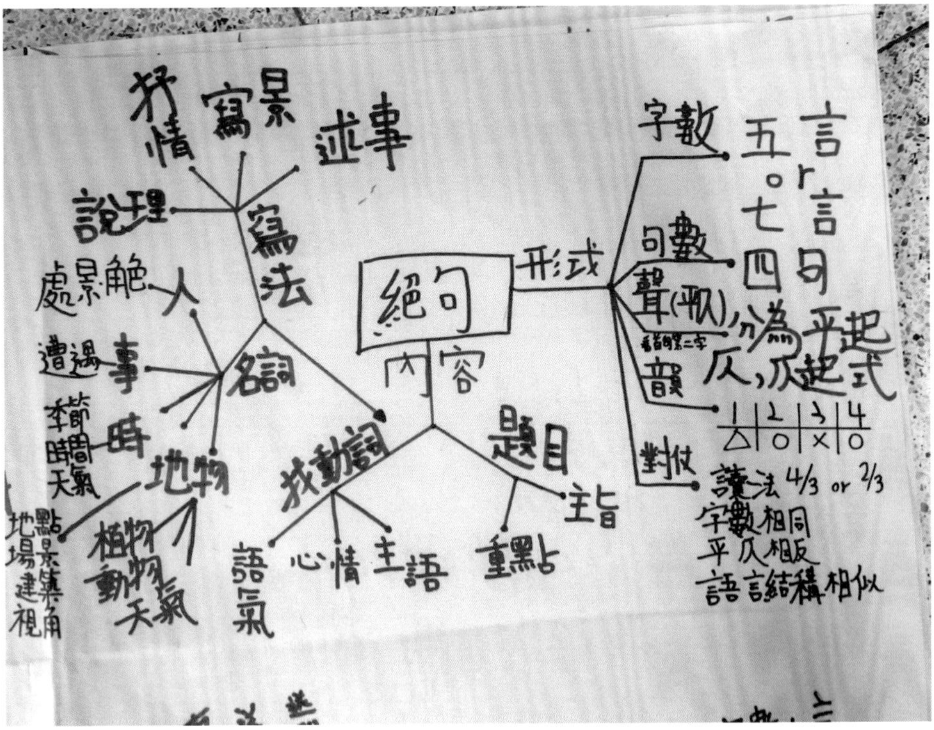

學生繪製的心智圖（〈絕句選〉）之二。

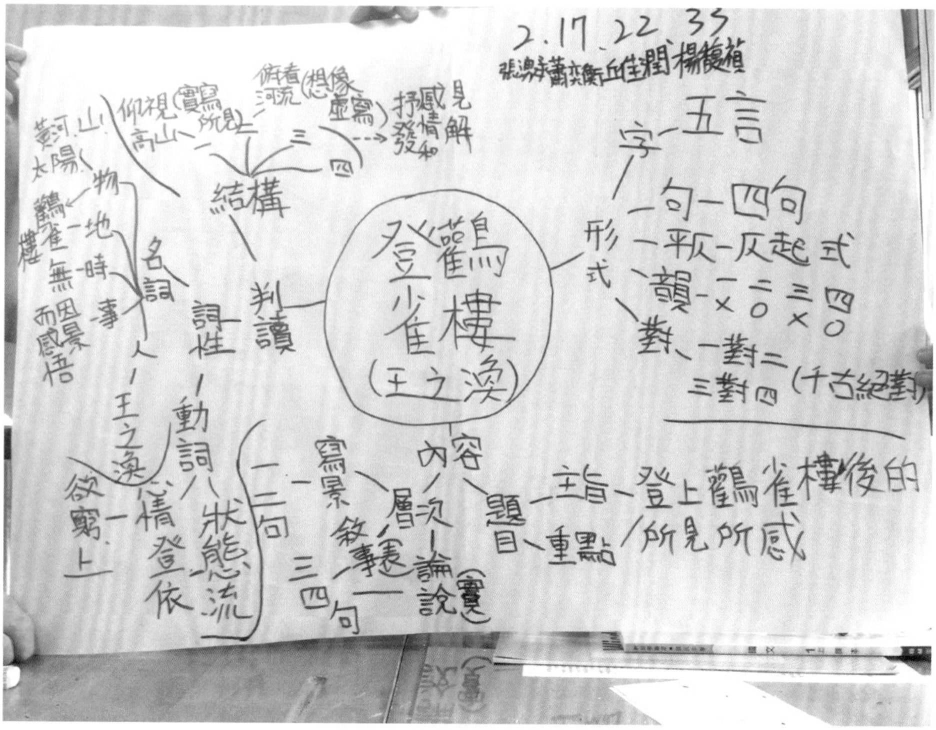

學生繪製的心智圖（〈登鸛雀樓〉）之一。

下。我希望孩子和家長能特別注意到孩子自己表現最好的能力，就像未來，我們希望孩子是引以自豪的，用自己最優勢的那部分發展自己。以下是我對於成績單的態度，同時也是對自己的鼓勵和確認：

各位家長、各位同學：

第一次段考結束了，但我們的學習才真正要開始。為了讓未來的學習更加圓滿，我們要對這一次段考成績有清楚的認識。成績的作用在對於學習能力的重新定位，瞭解自己在這個科目學科知識的學習現況和專長能力，這是我們學習的起點不是終點。

如果成績符合自己的預期，不必沾沾自喜、洋洋得意，因為後面的路還很漫長，要能夠堅持到終點才是真的贏家。如果成績遠遠落在自己的預期之下也不必失落傷心，因為路遙知馬力，未來的挑戰只會愈來愈多，挫折讓我們站穩腳，下一個起步將更加穩健有力。

學習能力需要漫長時間醞釀培養，沒有辦法逼迫，更無法速成，被動的過度練習只會讓學習倒盡胃口，真正需要學習力道的時候反而後繼無力，是我們最不願意見到的狀況。

保持平常心，分析、瞭解自己的優劣能力、強弱科目，充分發揮自己的專長強項，以強帶弱，並以健康心態持續廣

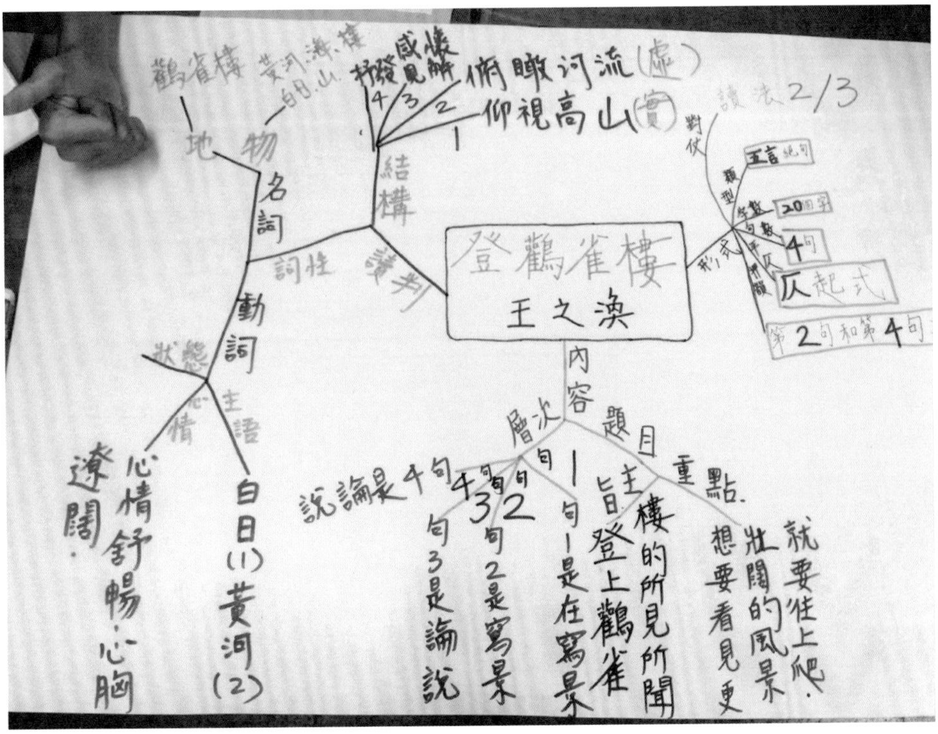

學生繪製的心智圖（〈登鸛雀樓〉）之二。

泛閱讀，才是學習的最佳狀態。

許多的同學提及自己下次一定要提早準備段考，那就是把準備考試跟學習分成了兩件事。老師有幾點自己的學習心得分享：

其實真正的段考準備就是在每一次的段考結束之後，換言之，並沒有所謂的準備考試，而是把每一堂課的學習都當成了考試而認真準備。若真的能這樣認真看待學習，考前不只是非常輕鬆，我的經驗是考前真的完全不用特別「準備」也可以考得非常高分。

要這樣做，對於沒有補習的孩子來講反而是比較容易的，因為他有時間充分預習（閱讀課本或相關知識）跟逐漸架構自己對各個科目的理解，並不是被動接受老師的重點整理或過度的反覆練習（填鴨）。因為感受到自己的不足，願意用充分的時間與心力來確認自己讀懂也聽懂課本所寫、老師所教，並且持續這樣的學習習慣。

所以別以為第一次段考沒考好，就緊張著急參加補習或補救教學。信心的建立不該只是在成績上展現競爭力，成績是重新定位自己的學習能力，為下一階段的學習找到新的起點。學生自己是否有足夠的動機對知識產生好奇，對學習、對生活、對人的瞭解充滿興趣、真誠、善意，這才是更重要的事。

都市地區孩子的問題大部分不是資源不足，他們的問題是沒有足夠的時間、充沛的體力和有餘裕的頭腦，消化呈現在他們眼前的資源，並且想清楚自己到底需要什麼。這是我給他們的嘮叨建議。

十二月課堂實踐心得

二〇一九年擔任七年級導師，任教兩班，在第一次段考結束後，任教班的孩子在課堂上很「開心」地跟我分享他們的國文成績是全年級最後一名。由於孩子表達得天真自然，我就以輕鬆的態度回應，我告訴他們（還是那句老話）：「逐步學習、熟悉，就會進步。」「我們平常沒練習寫坊間的測驗卷，成績表現這樣是很正常的。」（其實我自己心裡還是覺得有點憂慮）然後我又告訴學生：「我們共同的目標就是在每一次的學習裡感受到自己的進步，尤其是閱讀理解上的進步，這就夠了。考試技巧當然重要，但不是最重要，也不是現階段要的重點。」

雖然不停給孩子（還有自己）加油，不過當我走出課堂還是難免想著：這是怎麼回事，我真的有讓孩子在閱讀策略上得到進步嗎？我給他們空間（不考測驗卷），只寫閱讀理解測驗問答題，會不會只是表面上符合了教育趨勢，實際上卻是我給自己怠惰的藉口？但是我明明比以前還用心備課，

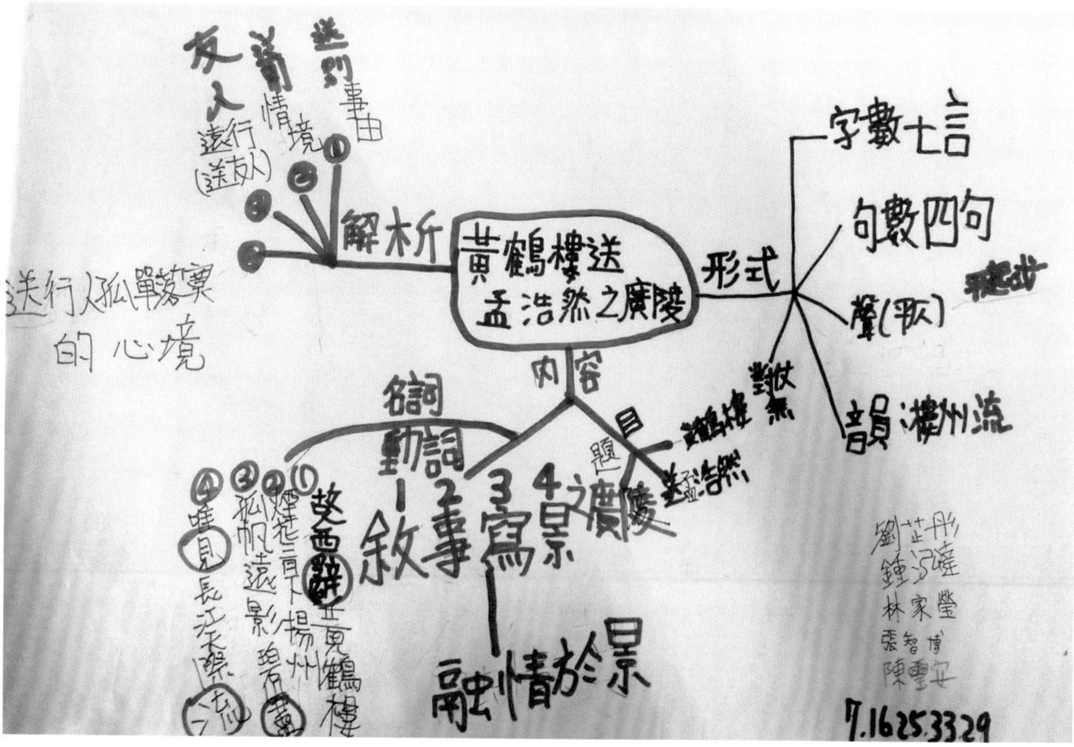

學生繪製的心智圖（〈黃鶴樓送孟浩然之廣陵〉）。

在課堂上講述也愈來愈清楚，為什麼成果是這樣？最糟糕的是，我的兩個任教班在國文這一科的表現，都是敬陪末座。段一和段二都是！雖然全年級的國文總平均在段二進步了三分，兩個任教班當然也一樣，我安慰自己至少他們是進步的，不過我還是該積極思考如何在課堂上幫他們建立起能逐漸進步的學習習慣。

進入第三階段的學習，教材進入〈兒時記趣〉，文言文課文，有了〈論語選〉的經驗，我這次讓他們直接把詞性、注釋標注在課文上，第一段由我講解詞性；第二段讓他們自行討論猜測，我再講解；到了第三段、第四段，直接當場問答，只挑選重要的字詞講解。在每一段遇到省略主語、使用代詞、不用量詞這些文言重要語法，都一次一次的強調再強調。到第四段時，有些學生已經可以回答我主語省略、使用代詞的原則。

每一段上完，都讓每一排推派代表到我面前翻譯，然後各排代表就回到各排當小老師，聆聽每一個同學的翻譯。從第一段「卡卡」的表達，到第四段的逐漸流暢。從第一段到第四段，各排推派的代表都是不同的人選，可以知道「發現自己其實做得到」的人變多了。在上課的過程裡，我會讓學生知道不是單純上這篇課文而已，而是要透過這篇課文，熟悉、掌握文言文句法。所以，我的進度非常慢。進度慢無妨，因為學習讀懂文言文本來就沒辦法速成，我會給學生時間，學生也要願意給自己時間。

第十週開始，我也開始了語文資優班的課程。因為八年級原班安排了第八節的課程，有許多學生無法來上課，只有一個學生堅持留下，是個女孩。在與她的第一節課，我先稍微瞭解之前的老師教了什麼、她學到什麼，之後我問她有沒有特別想學習的方向。她表明想加強閱讀理解的能力。於是我就把我所知道的閱讀理念略作分享後，打開雲端上的Google文件和提問投影片，先讓她閱讀（七年級的課文）〈音樂家與職籃巨星〉，並配合提問思考。女孩在做完完整的基礎提問之後，主動告訴我她從來沒有想過原來這篇課文可以這樣看。（非常好，正中下懷！）

接下來，就從〈張釋之執法〉、〈鳥〉、〈夸父〉、〈柳毅傳書結奇緣〉接手。

十二月實踐心得分享

學生的主要訴求既然是閱讀理解，上課時就不再解釋字音字形、分析詞性和修辭，只偏重在抓取主要架構、次要架構。學生的學習條件，是對語文字詞的掌握有一定的程度，但對於掌握、理解文章仍然有困惑的感覺。受限於上課時間並非完整一學期，只有學期後半，每週兩節，共十二節的課

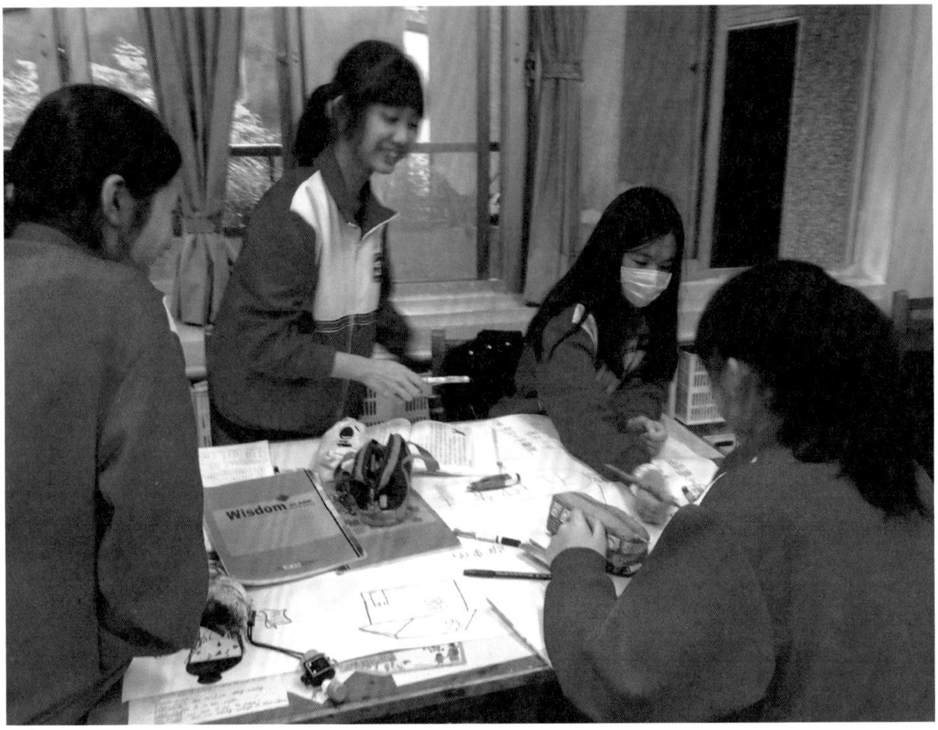

學生熱情、積極的上課態度，是鼓舞老師前進的最大動力。

程，必須要包含教學與成果展現。所以利用前八節，導讀四篇文本，完成四張心智圖；後面四節，進行口頭報告，並完成以口頭報告文稿為主要模式的心得與摘要書寫。

不過因為是一對一教學，師生的問與答可以比較直接而細緻。為了在短時間能讓學生嫻熟於理解策略的操作，針對四篇課文，我重複使用如下模式：

（一）文本的自然段標示、畫句號。

（二）分出並畫出主要架構：

- 你覺得這篇文章主要在說什麼？
- 可以分成幾個部分？

（三）發展並畫出次要架構：

- 你覺得這一段（主題）分成幾個部分？
- 這一段由幾個句子構成？
- 哪一句最重要？

（四）決定架構標題：

- 你為什麼這樣區分？
- 這句話是誰說的？這句是以誰的立場表達？
- 最重要的這句主要在表達什麼？
- 用最簡單的字詞可以怎麼說？

當學生回答了我所提示的問句後，我通常馬上給予肯定，並且要她記錄自己的發現，逐步完成心智圖。完成後不忘讚美她：「是不是非常有成就感呢？整篇文章的架構都清楚呈現出來，而且幾乎都是妳自己完成的。妳回想一下剛才我請妳做了哪些事，哪些過程使妳更清楚地看見文章？這些才是妳要學習的關鍵。」

此時孩子回應我洋溢喜悅而光彩的眼神。

於是，這樣的導讀策略，我也開始運用在大班的課堂。

◆隨手札記

【國中領域】

5

張允蒼／一路走來，那些日子啊……

高雄市立福山國民中學

山中大叔導讀

允蒼老師的 MAPS 課堂實踐歷程紀錄就是一齣細膩曲折的宮廷劇。

細膩，是因為你可以看見一位教學工作者從起心動念到付諸行動的心路歷程，恰恰寫中諸多老師的想說卻不敢說。

曲折，是因為你可以看見一位嘗試改變的老師從鬆動舊思維到建構新樣貌的策略發想與實踐，滿滿提點諸多老師的想做卻不敢做。

文青筆記本進化史、基礎挑戰題雙軌制及口說發表戒依賴，諸如此類的巧思妙策，都是允蒼老師一路走來的那些日子，最動人的沿途風景。

你不一定要蕭規曹隨踏上允蒼的步履，但你絕對可以因為允蒼的先行足跡而忘憂解惑。

◆ 開始改變之前

二〇一四年十月二十日，一場針對校內國文老師的專業研習，是我開始鬆動框架的楔子。

對，只是鬆動而已，改變根深柢固的思維談何容易。我領到的十年服務獎章，表彰的竟是汗顏的僵化思維，更甚是食古不化的教學歷程！

不再汲汲營營地需要湊滿研習時數，反正已經是正式老師了；不用著著急急地輪流擔任召集人員，反正授階成為校內一兵學長了；不須戰戰兢兢地認真備妥課堂資料，反正幾乎是選用固定版本了。學期中遇到親朋，大抵都是這樣問候：「現在的學生很難教吧？」寒暑假遇到好友，必得都是這樣問候：「今年要去哪一國啊？」其實，後面這一句實在令人難堪，普羅大眾如是般看待這個職業，手執教鞭，專業不被關注，關注的卻是休憩享樂，難堪至極。

回到那場專業研習。山中大叔王政忠老師還沒被拍成電影，還沒當成三冠王，也還沒準備敲金鐘，但他仍舊親自宅配到校講述 MAPS 教學法。我很喜歡樹狀圖，考上師資班前，整整一個月時間，每天反覆比較考試重點，再產圖幫助記憶，這方法的確能將所學導入長期記憶。所以毫無疑問地，我與 MAPS 的心智繪圖自然心有靈犀一點通。可撇開那花繁葉茂的圖表，投影布幕上邊邊角角有兩段小短文，後來我知道那是 I Feel / Think，是學生對於文本的個人觀點陳述，或直指文章優劣與否，或人物評價臧否。「這不是我教完之後，最希望看到的學生自我省思嗎？」空谷迴響，嘈嘈切切錯雜彈，彈奏我心震盪不已；大珠小珠落玉盤，盤點自心羞愧未息。

「閱讀上述文章，為何經歷振聾發聵般的研習之後，也僅僅只是稍微鬆動框架的楔子而已？請從文本中找出證據，並說明你的看法。」給你三年時間找出答案，GO！

凡事得先醞釀、躊躇、質疑，觀望也是情有可原。

◆ 重新打造一個我

金星解鎖 強迫洗頭

二〇一七年暑假，剛帶完第三個畢業班的我，選擇毅然轉身、緊皺眉頭地刻意忽略 Facebook 動態——那些滿滿溢出的貼文——同事「們」闔家出國旅遊的魔性誘惑，默默買了一本《我的草根翻轉：MAPS 教學法》，然後窩在咖啡館戮力埋首苦讀，當時真覺得自己周身有聚光燈投射，散發一股「壯士斷腕，捨我其誰」的英雄氣概。爾後回憶此段往事歷程，總笑說其實我的首枚 MAPS 成就勳章，竟非學生帶來的收穫感動，而是我成功解鎖咖啡店金星級資格。然則這盛

〈碧沉西瓜〉心智圖繪製討論中。

夏鎮日的殷勤報到，其結果當然可想而知。

可金卡光環並未庇佑我的實踐之路，而是漸次走進腦袋僵化的荊棘衚衕，因為諸如此類的復刻重制表層操作，最終還是見樹不見林，無法覓路走進核心價值，努力終究枉然。我耽溺於所有的名詞理解：自學及共學、心智圖內容或形式標、大聯盟選秀法……，試圖消化成為我的專屬動詞進行式，甚至為防堵浮濫紅利倍數加分，燒腦後異想天開，希冀導入線上手遊一比十的代幣制度。

嗯！我好棒，猶如朱自清〈背影〉人格附身——那時真是聰明過分。

回到復刻部分，捫心自問，其實還是一知半解，得尋求協助。恰巧這時我的昔日實習夥伴，傳達了南投夢N的研習資訊，但是舉辦時間實在令人焦躁不安：八月二十三日——暑假尾聲、新生訓練，再加上甫開學即上路操作的壓力。我躊躇不已，可頭都剃了，必得走這一遭，宛如箭在弦上，不得不發。

解憂婦嬰藥妝店 Uber Need

研習的過程，當然是爽度破表，全身細胞似有天降甘霖得到充分滋養，舉凡三層次的提問要訣、MAPS系統脈絡的操作法、有意識的文本分析，無一不是衝擊我原本僵化的教學歷程，身在這個變革道路正確的時代真好！我完全信服了這個類直銷洗腦首領的潛意識暗示——讓共備成為日常，回到課堂實踐。

挑戰真不小，說實在的；爆肝變日常，講真話的。

學習單部分，自製講義本就燒腦，另導入提問設計模式，且得熟稔心智圖思維脈絡，本身就得大破大立，強拆框架。小組競賽部分，再覓海螺圖記分法，天曉得我跑了幾家文具行，就是尋不著必備的數字磁鐵，（小聲劇透）最後是婦嬰藥妝店含淚購入。課堂引導部分，怎麼問、怎麼在奇妙的對話中爬梳核對答案，他們的雞同鴨講與我的黑人問號，還有加碼強壓自己不耐情緒炸裂。教具輔材部分，就不細講了，小白板、白板筆、海報、文具等殺紅眼入手不囉唆。

「書到用時方恨少」，明顯感覺自己急就章所導致的困窘，好在求學過程養成的堅毅不屈派上用場，但這次不再是閉咖啡館造車，而是眼見許多貴人逐漸靠攏指引明燈，走出舒適圈，一路上都是有力夥伴：不會提問話術嗎？不妨就來入班觀課吧！「你的回答令我十分好奇，你可以再深入說明一下嗎？」「你的答案很接近核心囉！為你的勇氣加兩分！」不會評點心智圖嗎？神級研習講師透過實作，手把手傳授技巧；不會操作軟體嗎？跨校優秀夥伴願意傾囊相授，隨時Uber Need。

〈張釋之執法〉心智圖繪製實況。

上學期焦頭爛額，在學習單與研習之間交相忙碌，但是從一課十四節的操作，慢慢可以七、八節達標，雖然時間仍舊不足，卻也從此摒除了購買成卷的陋習，專心於探討文本，加諸校內同仁願意在段考考題中嘗試導入問答題，讓我振奮不已。

幸與不幸？蕭規曹隨

國文科何其有幸，更正確來說，國中國文這一塊，非常幸運有山中大叔王政忠老師當領航者，我的日常備課開端即是Facebook社團搜索提問單，線上觀課教學，再來是Xmind自行練習繪製心智圖，最後產出學習單。可看出問題所在了嗎？缺少了自己的文本分析，以為是模仿實則是偷懶取用便利包，乾坤大挪移，不懂提問背後的問題意識，必然搞不懂到底在問什麼，甚至覺得題目怎麼變少了，原來大叔開始拆學習鷹架，但自己卻焦慮無法獨立產題。

我追過數次夢N，每次都會實作基礎及挑戰題，大致清楚出題脈絡及方式，且可以很明顯察覺大叔漸次努力將自己的產題思維以文字或語言表達，例如挑戰題便是涵蓋了「讀寫合一、觀點探究、跨域延展」三面向。實作之後，回到課堂本該嘗試運用所學，但不可諱言地，迫切的時間因素，週週編製講義的壓力讓我只能繼續厚顏撿現成。「邯鄲學步」是我這段時間以來的心得總結，並非自暴自棄摒除證明一無所獲，相反地，相信這一路走來改變及獲得最多是自我本身，可若一味著墨於流程操作而略過文本分析，討論就無法聚焦，對答就流於哈拉，教學成效當然大打折扣。

《易經》：「窮則變，變則通。」當覺得課堂操作卡關，我就開始了自己的折衷調整。由於班級人數為三十四人，所以我分為八組，基礎、挑戰題提問時，大致可以搶答、共同舉牌或使用平板AirDrop功能快速瀏覽各組答案。但在口說發表時，八組可能耗去兩節課時間，必得有所調整。突發奇想地，我設置了兩組「獎勵組」，條件是最先繪製完心智圖海報者擁有上臺自訂報告順序及內容的權利，有了此番鼓勵措施，學生反應熱烈，更見組內分工效率提高；接下來的六組則是歸為「挑戰組」，上臺時「才」由老師「隨機」指定報告部分，且可利用下課十分鐘，請學生至辦公室鐵櫃前，攤開海報，放上磁條，即可開始驗收成果。

甫操作MAPS時，因為考慮王政忠老師是按照心智圖而設計提問，脈絡思維應不可變動，所以我幾乎是照單全收，一題不漏地進行實作，基礎題如此，可挑戰題部分卻是在日後研習中，才知悉原來有些題目的背後動機是為當時班級經營而設計，我一味參照沿用，確如丈二金剛摸不著頭緒，甚至質疑這樣的提問所為何來。

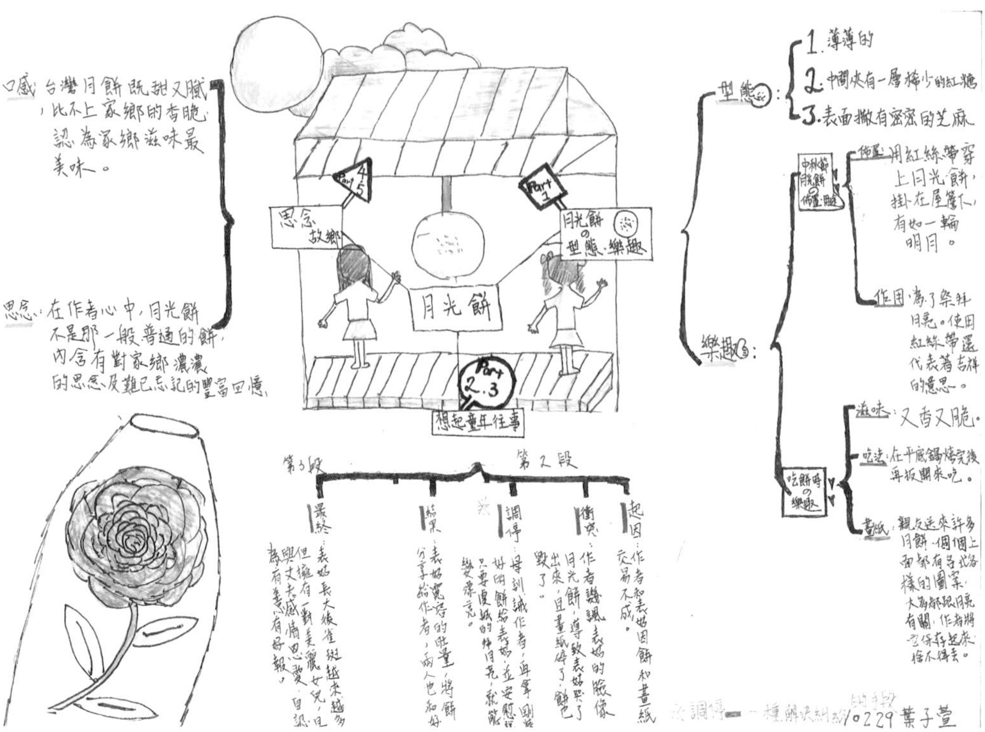

〈月光餅〉心智圖。

言而總之，回顧這一路走來，從MAPS外顯表徵開始，拘執於瞭解操作流程及技巧，固然有其必要性，但無異買櫝還珠，深切反省，幸而益處是自己亦從中建構專屬的紅利計分及獎勵制度。再者，實作提問，習得師生問答技巧，鼓勵話術也是一項值得修煉的功夫，功不可沒。然則，更多的反思是在於文本分析，基礎心法斷不可因循苟且，必得先確認課程的核心價值，再建構心智繪圖，然後鋪展提問，備妥「暖身、基礎、挑戰題」三層次，橫向縱向軸線知識方能兼顧。

◆師生成果分享

「文青筆記本」進化史

實作心得分為兩階段。

前期每課操作完基礎題之後，即發下A4大小的白色影印紙，以利學生完成心智圖及小短文，接著收回進行批改，並掃描與保存作品。優點是掃描便利，放上影印機數秒間即可完成備檔；缺點是學生容易遺失紙張，或者皺摺破損，甚為困擾。後期我改為所有課別統一裝訂成筆記本，A3大小，上下翻頁，上頁附課文，方便學生參照文本，下頁則為空白，作為產圖之用，優點是可以很完整地保留學生學習的歷程。

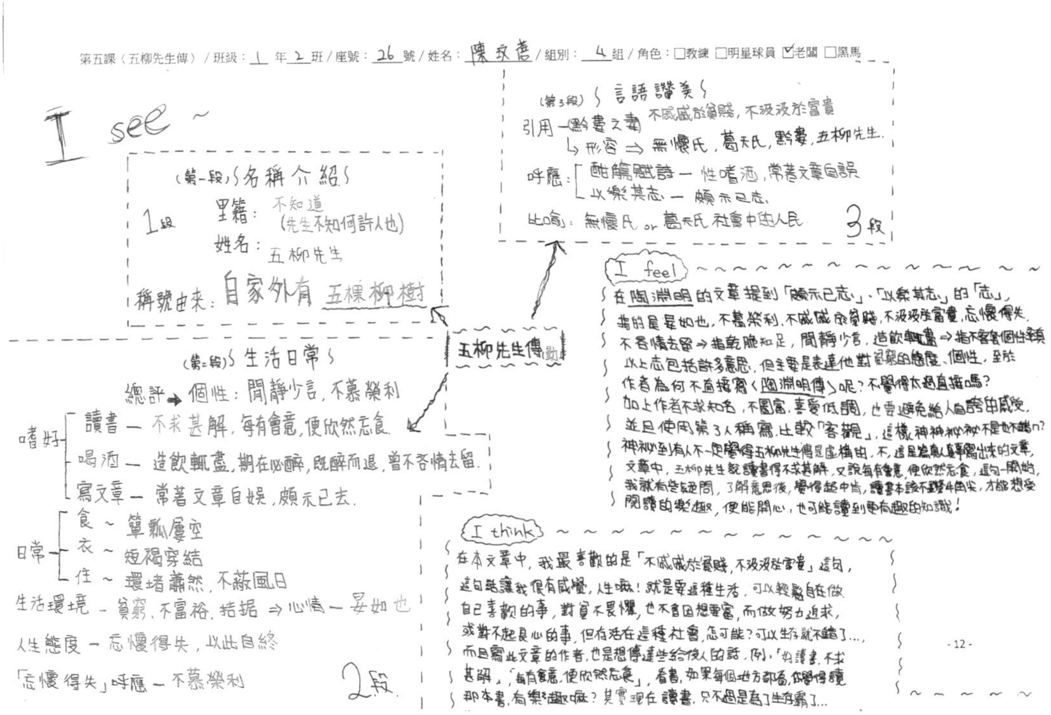

〈五柳先生傳〉心智圖。

而若想再進化筆記本，我想會結合NLP（神經語言程序學）關於視覺感官接收的概念。原本筆記本中會附上課文，但我想如此將容易造成學生與「課本」之間的疏離，怎麼說呢？這個想法起心動念來自於同事，她問自己的孩子，端詳這本厚重自編講義以及沉甸課本，覺得孰輕孰重？其答案令我震驚：「因為不知以何者為重心，所以覺得雙邊都是『輕』的。」是故，補充資料減量及加強與課本連結是我未來想調整的方針，文青筆記本會刪去課文附錄，讓學生產圖時以課本為參照。再者，關於小短文，即為I Feel／Think，先前是直接加註於I See旁邊，我想若能以稿紙方式呈現，透過視覺化不斷刺激，讓學生習慣於格子中創作，相信對其寫作測驗減敏必有助益。

「基礎挑戰題」雙軌制

同事觀課國中數學學思達，其操作方式為雙軌甚至三軌以上，讓課堂呈現多軌進行的樣態，老師可以入組討論，拔尖或扶弱，實現因材施教之可能。可國中國文並不若數學科容易區分程度。於是乎同事將講義的題目調整難易，並將學生區分為高手及一般組，兩組題目不盡相同，當然，這也衍生一些問題待解決，例如共同核對雙組答案時不易操作。而我思索的是，雙軌制似曾相見，與MAPS的「自學、共學」

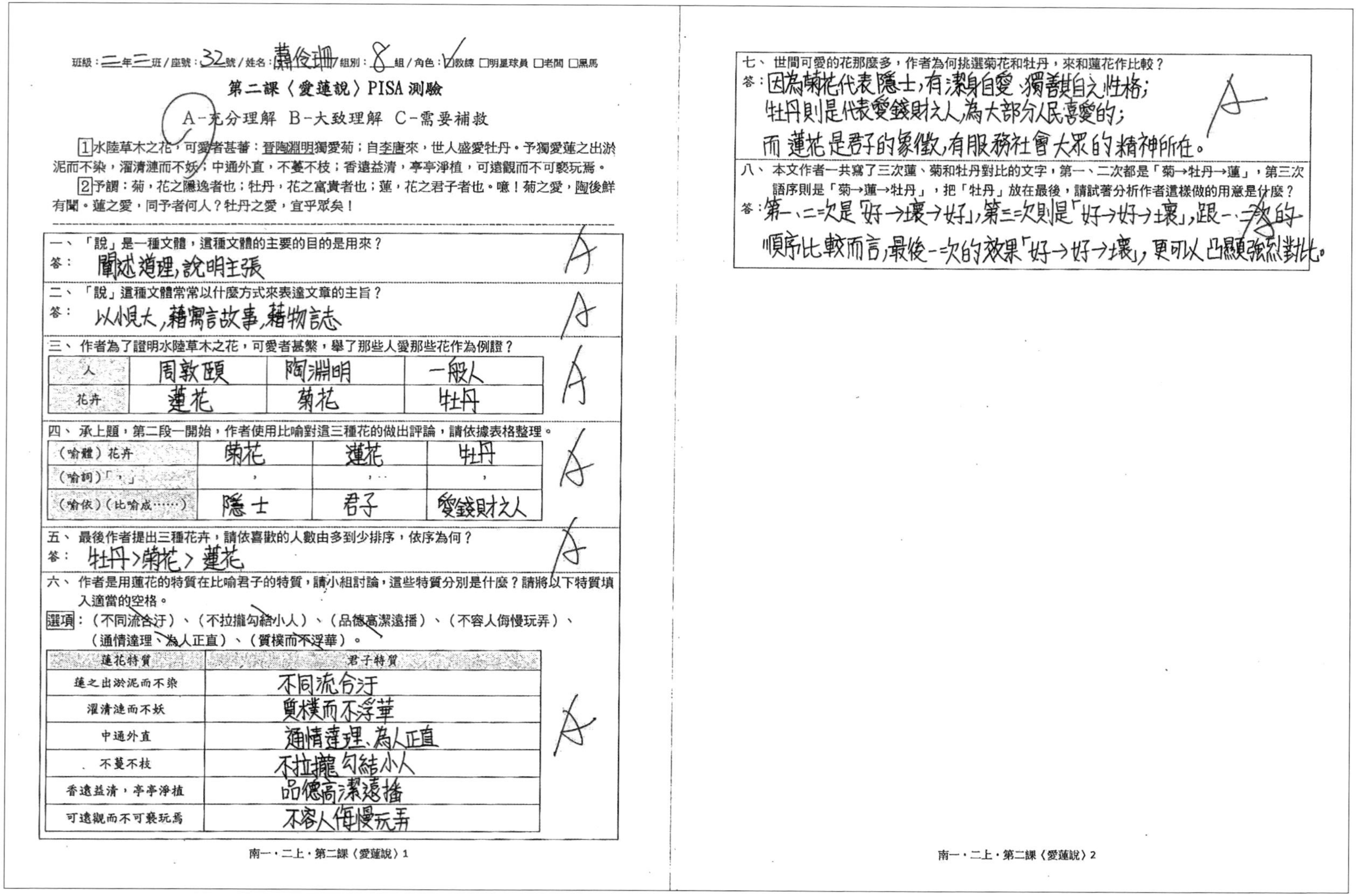

班級：二年三班／座號：32號／姓名：黃俊珈／組別：8組／角色：☑教練 □明星球員 □老闆 □黑馬

第二課〈愛蓮說〉PISA 測驗

A－充分理解　B－大致理解　C－需要補救

1水陸草木之花，可愛者甚蕃：晉陶淵明獨愛菊；自李唐來，世人盛愛牡丹。予獨愛蓮之出淤泥而不染，濯清漣而不妖；中通外直，不蔓不枝；香遠益清，亭亭淨植，可遠觀而不可褻玩焉。

2予謂：菊，花之隱逸者也；牡丹，花之富貴者也；蓮，花之君子者也。噫！菊之愛，陶後鮮有聞。蓮之愛，同予者何人？牡丹之愛，宜乎眾矣！

一、「說」是一種文體，這種文體的主要的目的是用來？

答：闡述道理，說明主張　A

二、「說」這種文體常常以什麼方式來表達文章的主旨？

答：以小見大，藉寓言故事，藉物誌　A

三、作者為了證明水陸草木之花，可愛者甚繁，舉了那些人愛那些花作為例證？　A

人	周敦頤	陶淵明	一般人
花卉	蓮花	菊花	牡丹

四、承上題，第二段一開始，作者使用比喻對這三種花的做出評論，請依據表格整理。　A

（喻體）花卉	菊花	蓮花	牡丹
（喻詞）「，」	，	，..	，
（喻依）（比喻成……）	隱士	君子	愛錢財之人

五、最後作者提出三種花卉，請依喜歡的人數由多到少排序，依序為何？

答：牡丹＞菊花＞蓮花　A

六、作者是用蓮花的特質在比喻君子的特質，請小組討論，這些特質分別是什麼？請將以下特質填入適當的空格。

選項：（不同流合汙）、（不拉攏勾結小人）、（品德高潔遠播）、（不容人侮慢玩弄）、（通情達理、為人正直）、（質樸而不浮華）。

蓮花特質	君子特質
蓮之出淤泥而不染	不同流合汙
濯清漣而不妖	質樸而不浮華
中通外直	通情達理、為人正直
不蔓不枝	不拉攏勾結小人
香遠益清，亭亭淨植	品德高潔遠播
可遠觀而不可褻玩焉	不容人侮慢玩弄

A

南一・二上・第二課〈愛蓮說〉1

七、世間可愛的花那麼多，作者為何挑選菊花和牡丹，來和蓮花作比較？

答：因為菊花代表隱士，有潔身自愛、獨善其身之性格；牡丹則是代表愛錢財之人，為大部分人民喜愛的；而蓮花是君子的象徵，有服務社會大眾的精神所在。　A

八、本文作者一共寫了三次蓮、菊和牡丹對比的文字，第一、二次都是「菊→牡丹→蓮」，第三次語序則是「菊→蓮→牡丹」，把「牡丹」放在最後，請試著分析作者這樣做的用意是什麼？

答：第一、二次是「好→壞→好」，第三次則是「好→好→壞」，跟一、二次的順序比較而言，最後一次的效果「好→好→壞」，更可以凸顯強烈對比。　A

南一・二上・第二課〈愛蓮說〉2

〈愛蓮說〉PISA 測驗。

自學版

十一、基礎題（I See）：

1-10 行

判別／還原 主、受詞	「前身」(　　　　　)是緬甸或雲南的頑石

1. ①根據第一節，緬甸或雲南的頑石經歷哪些過程，才成為有內斂光采的珍貴藝品？請以課文詩句說明之（可用刪節號）。
②而在這樣的過程中，又可以看出哪些人與翠玉白菜有關？請一併填入表格中。

人物	行為	詩句
		被怎樣敏感的巧腕／用怎樣深刻的雕刀／一刀刀，挑筋剔骨／從輝石玉礦的牢裡／解救了出來
		被瑾妃的纖指／愛撫得更加細膩
		被觀眾／豔羨的眼神，燈下聚焦／一代又一代，愈寵愈亮

11-16 行

判別／還原 主、受詞	亦翠亦白，「你」(　　　　　)已不再 僅僅是一塊玉，一棵菜 只為當日，那巧匠接「你」(　　　　　)出來 卻「自己」(　　　　)將精魂耿耿 投生在玉胚的深處 (　　　　)不讓時光緊迫地追捕

2. ①作者說：「亦翠亦白，你已不再／僅僅是一塊玉，一棵菜」，暗示這塊玉與眾不同，請問特別之處是什麼？②請用課本詩句加以佐證。

答：①特點：
②證據：

3. 自學組 難句處理：請問工匠因此可以逃避時間的追捕，為什麼呢？

答：

17-22 行

4. 作者以哪些詩句描寫出翠玉白菜「比真的更真」？（可用刪節號）

答：

5. 作者在詩末藉螽斯的意象隱喻何種意義？

答：

6. 從整首詩來看，請利用表格整理玉匠（人）與翠玉白菜（物）的關係：

玉匠（人）與翠玉白菜（物）			
玉匠的行為	玉匠將(　　　　)雕刻成翠玉白菜	玉匠將(　　　　)投注在翠玉白菜	玉匠轉胎為翠玉白菜上的(　　　　)
人與物的關係			

7. 自學組 請為本詩切分大架構，並為其下簡單而精準的主旨大意（自行畫直線切分）

行數（第□行～第□行）	
主旨大意	

自學版。

共學版

十一、基礎題（I See）：

1-10 行

判別／還原主、受詞	「前身」（　　　　　）是緬甸或雲南的頑石

8. ①根據第一節，緬甸或雲南的頑石經歷哪些過程，才成為有內斂光采的珍貴藝品？請以課文詩句說明之（可用刪節號）。
②而在這樣的過程中，又可以看出哪些人與翠玉白菜有關？請一併填入表格中。

人物	行為	詩句
	雕琢	
	撫摸	
	觀賞	

11-16 行

判別／還原主、受詞	亦翠亦白，「你」（　　　　　）已不再 僅僅是一塊玉，一棵菜 只為當日，那巧匠接「你」（　　　　　）出來 卻「自己」（　　　）將精魂耿耿 投生在玉胚的深處 （　　　）不讓時光緊迫地追捕

9. ①作者說：「亦翠亦白，你已不再／僅僅是一塊玉，一棵菜」，暗示這塊玉與眾不同，請問特別之處是什麼？②請用課本詩句加以佐證。

答：①特點：
②證據：

10. 自學組 難句處理：請問工匠因此可以逃避時間的追捕，為什麼呢？

答：

17-22 行

11. 作者以哪些詩句描寫出翠玉白菜「比真的更真」？（可用刪節號）

答：

12. 作者在詩末藉螽斯的意象隱喻何種意義？

答：

13. 從整首詩來看，請利用表格整理玉匠（人）與翠玉白菜（物）的關係：

玉匠（人）與翠玉白菜（物）			
玉匠的行為	玉匠將（　　　）雕刻成翠玉白菜	玉匠將（　　　）投注在翠玉白菜	玉匠轉胎為翠玉白菜上的（　　　）
人與物的關係	□人入物中 □人物合一 □人、物分立	□人入物中 □人物合一 □人、物分立	□人入物中 □人物合一 □人、物分立

14. 自學組 請為本詩切分大架構，並為其下簡單而精準的主旨大意（自行畫直線切分）

行數（第□行～第□行）	
主旨大意	

共學版。

鵠的如出一轍：P1、P2 階段，透過基礎題引領學生看見作者觀點，並訓練洞察文章架構的上位概念，接著 P3、P4 階段，省略基礎題，由自學組依循先備知識產圖發表，共學組則繼續觀題、討論、發表，然後共同繪圖，朝向自學標的前行，殊途同歸。於我本身，或許因為題目取材一直仰賴大叔，核心問題缺乏「看見」系統化，舉例來說，「論點、論據、論證」寫作技巧於哪一課導入？又於哪一課準備再次幫助學生複習上述知識？最後哪一課進行讀寫合一？事到臨頭才抱佛腳，怎會有全觀的課堂設計理念？國文科課次安排一直不若數理具有階段性，於是「課程地圖」概念才會風起雲湧，引人側目，但新課綱熱騰騰端上的課別安排，又有哪一家能真正輔助學生實現自學理想呢？

言歸正傳。雖然第一輪我的 MAPS 不盡理想，彷彿學生自學能力依舊無法確實建立，所以利用暑輔操作文本時，跟隨同事腳步，亡羊補牢地將基礎題進行題目改造，讓自學組挑戰獨力完成上位概念的統整，共學組則將題目再簡化，提供鷹架輔助學習，希冀能讓自己的課堂出現 MAPS 與學思達的最終理念——自學風景。

「口說發表」戒依賴

承前文所提，操作口說發表的確花費時間，尤其組數多時更加不易，但這裡想聚焦的是，透過這樣的檢核過程，口語表述能力一併牽動中、長期記憶的刻劃，進而遷移新課程。某回我在整理教室數量可觀的心智繪圖時，學生看到自己昔日的作品，竟不加思索地回應其內容，印象之深刻令我詫異，畢竟已時隔一年有餘。當然，憶起「課文內容」不算什麼成就，可學生若對舊經驗有感，教師再引導學習遷移，自學之路不遠矣，不是嗎？

甫操作時，我先讓學生自行分配報告順序，組內「老闆」、「黑馬」因缺乏表達自信，通常負責簡單的部分，一段時間後，發覺低成就的學生，透過共學組織圖像，逐漸能以流暢口語表達知識脈絡，即使在心智圖海報上沒有文本內容，亦能熟記內化，看著他們能夠運用肢體指引，幾個月的前後差異甚大，令人感動。

約莫一年後，我開始嘗試將「教練」或「明星球員」歸為自學組，不再與組內夥伴共同產圖，發覺一旦抽離高成就學生，反而可以讓組內更加有效率，老闆與黑馬較有發展空間，戒除依賴習慣，無論是繪圖或是口說發表皆能完成交付工作，教師再適時透過投影機，發表自學組所構思之心智圖架構，提供共學組參考，如此一來，高成就學生獲得鬆綁機會，低成就學生得到實現自我鼓舞。分組教學必定得由共學走向自學，否則學生容易失去耐心及樂趣，組內討論僅限縮高成就學生對話，其餘同學甚至會淪為傳話筒角色，且，不知所云。

◆課堂上的雙軌風景

夢N一直在進化，先前曾經著墨於提供模組，試圖消除教師對於繪製心智圖的障礙，爾後則是專注於文本分析的概念釐清，我認為這是正確的方向，也符合自我反思歷程。就像剝洋蔥，我從外層仿效開始，雖然不得要領，邯鄲學步，可意外習得提問技巧以及熟稔MAPS教學流程，然後透過操作大叔的題目，逐漸看見三層次提問精髓，亦能開始嘗試自我產題以及重視文本分析。

操作MAPS進入第三年，我的課堂終於有了雙軌的風景，自學與共學並陳。可挑戰難題不斷，例如如何提供自學組加深加廣的題目，以及面臨會考最後一年趕課壓力，能否確實操作亦不可知。即便如此，「入組討論」或許是我很想嘗試的方式，尤其是在教授「複習講義」部分，讓自學組進度超前，不囿於共學組，然後教師入組協助複習單元重點，我認為學習效率能有效提高。

從接觸夢N開始，最後參加MAPS種子教師培訓營，一路走來，遇到的優秀夥伴及講師不計其數。離開舒適圈，雖

〈西北雨〉口說發表。

然多了不斷備課的壓力，卻讓我有更踏實的感覺：耳聞不錯的研習，會搶著報名；得知不錯的教學法，會願意嘗試。未來對自己的期許，希冀能緩下腳步，對於所習得的教學策略，能多多揣摩，實際運用至課堂，否則百花爭妍，爭奇鬥豔，一味追星，只得其表，不得其意，終究浮雲過日，船過水無痕，我想以此自省之。

〈大明湖〉口說發表。

◆隨手札記

【國中領域】

6

余竹郁／苦雖未盡但已回甘

新竹縣立東興國民中學

山中大叔導讀

教與學，像是來來回回的接球與發球。

如果老師是有意識地發球，知道這個發球是為了運動學生的哪塊肌肉，那麼學生的接球，便會是有意義地增能。

如果學生是有意識地發球，知道自己不知道所以發了球，那麼老師的接球便會是有意義地引導。

有意識決定了絕大部分的教與學，教學裡的無意識或許會偶然碰撞出燦爛的火花，但更多時候，有意識的教與學，有意識的教球與發球，更能穩定點亮一顆一顆無邊蒼穹裡的小星星。

穩定了，偶然才有機會常態。

天際，才會經常美麗。

◆改變自己，改變學生

或許是機緣巧合吧，我在一〇二學年度開始進修學位，也因此有機會現場聆聽佐藤學演講「學習共同體」。佐藤學教授在清大的這場演講深深觸動了我。他說學校的老師像馬戲團裡的接球者一樣疲憊，老師在每天的備課、教課、改作業、開會等事務當中疲累不堪，然後政策卻時有變動，教育上級單位一直不停丟球，老師被迫無暇思考地一直接球，最後，受害的會是學生。現在回想起這場演講，我仍記得當時內心的激動，雖然佐藤教授不時以風趣的言談逗得滿場笑語，我卻在滿場笑語中紅了眼眶——是的，他說中了我的疲憊與痛楚。

被啟動開關的我，接連參加了葉丙成教授和張輝誠老師的翻轉教室及學思達教育講座，也陸續在學位進修的課堂裡接觸到許多新的教育風潮。我暗自忖度著要在一〇四學年度返回崗位復職時，嘗試翻轉課堂，並以科技工具融入教學，目標設定在設計一套線上寫作課程，希望能幫助學生提升寫作的興趣與能力，順便完成我的學位論文。

孰料，「代誌絕對毋是憨人所想的按呢」，當我踏入新接手的七年級導師班教室時，我原先設想關於教學翻轉與論文計畫的美夢立馬破碎，而且是粉碎！通常，初到國中報到的新生多半安靜生澀、默默觀望環境，但是，我接下來要相處三年的新學生卻不是如此。我還沒踏進教室，便已傳出各種笑鬧聲，引得我好奇不已，踏進教室的那一瞬間，我有時空錯亂的感覺，彷彿自己穿越到青春校園喜劇的片場，學生笑著、鬧著……。隱約記得，我在一陣慌亂中結束了這場初見面。

簡介了國中國文與國小國語課的區別後，我開始進行課文教學，無奈的是，每當我講解課文、補充筆記時，臺下不是眼神空洞如鴨子聽雷，就是口沫橫飛同步開講，我的教學對學生來說，好像是平行時空，怎樣都打不進學生的世界。我耐著性子說明學習的重要，孩子卻反過來勸我：不要那麼辛苦，這樣太累了，不要太努力，才可以享受輕鬆……。後來我只能挾著老師的威勢壓制全場，但我真的不希望自己成為時常在課堂上爆氣的老師，也不希望孩子一再被填鴨，我得想想辦法。

◆帶領大軍差一點迷路

班上的美術任課老師可能覺察到我的困境（也許她的課堂時光過得跟我一樣艱難），於是邀請我一同參加苗栗場的夢N，同時間校內一位數學老師也眉開眼笑與我分享「數學

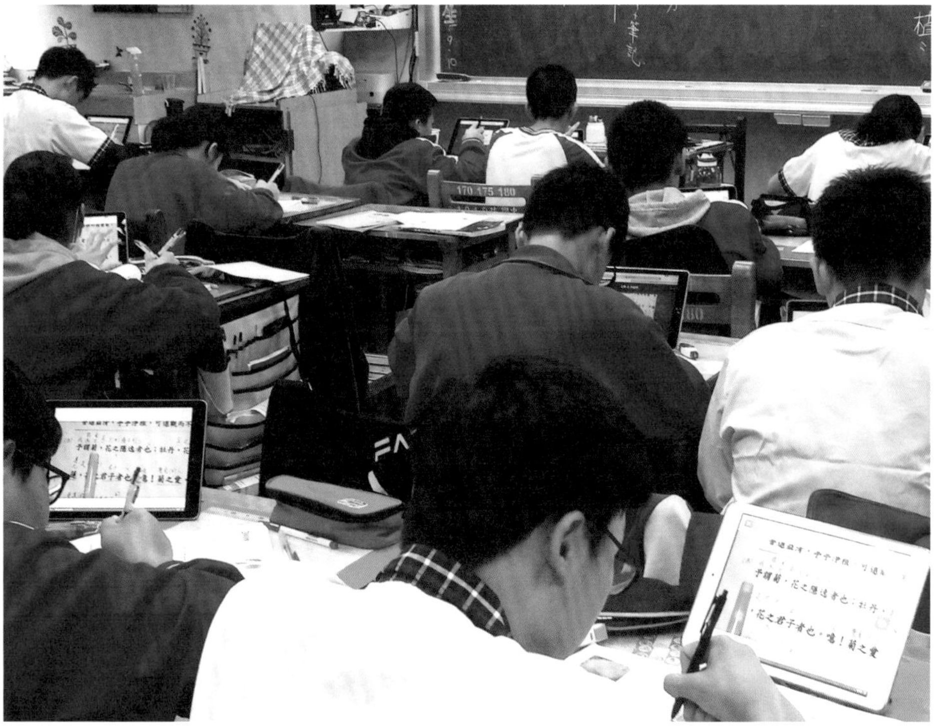
學生使用平板進行教學互動。

咖啡館」的經驗，於是我懷抱無限的希望前往夢N，我以為這會是我與導師班學生的解藥。

歷時兩天的研習，政忠老師親自說明MAPS的理念與操作。臺上的政忠老師一貫幽默談笑風生，MAPS於他已經是自然而然的教學生活，講解起來是那樣輕而易舉；MAPS於我卻是複雜陌生的教學方法，認真筆記仍舊還是吸收不良。偶像級大叔半天的課程講解，好像不太適合我這初級班的學生，我驚慌地筆記著，深怕漏失了任何關鍵線索，卻又好像沒學會什麼。

其他講師的分享，在我聽來也好像是隔著一層膜似的。文本分析的課程，講師的範例分享是那麼深刻細微，臺上的講師彷彿以手術刀剖析範文的紋理，看他游刃有餘手起刀落，原來這篇各家版本都收錄的課文可以這樣被層層解析，可以從這個角度這樣切那樣割，也可以翻到另一個角度這麼拆那麼解。我從來不曾用這些角度去理解與欣賞該篇課文，當時的我除了震撼與驚嘆，更多的是惶恐。

回到教室的我，不知哪來的衝勁，儘管對MAPS教學仍一知半解，卻一股腦兒投入了講義的製作並嘗試翻轉教學。我把出版商所提供的各樣學習單都找出來，東拼西湊地大亂「逗」，將所有我覺得好像重要的都集合在講義裡，變成一道道大雜燴，自認對學生而言應是營養滿分的十全大補。

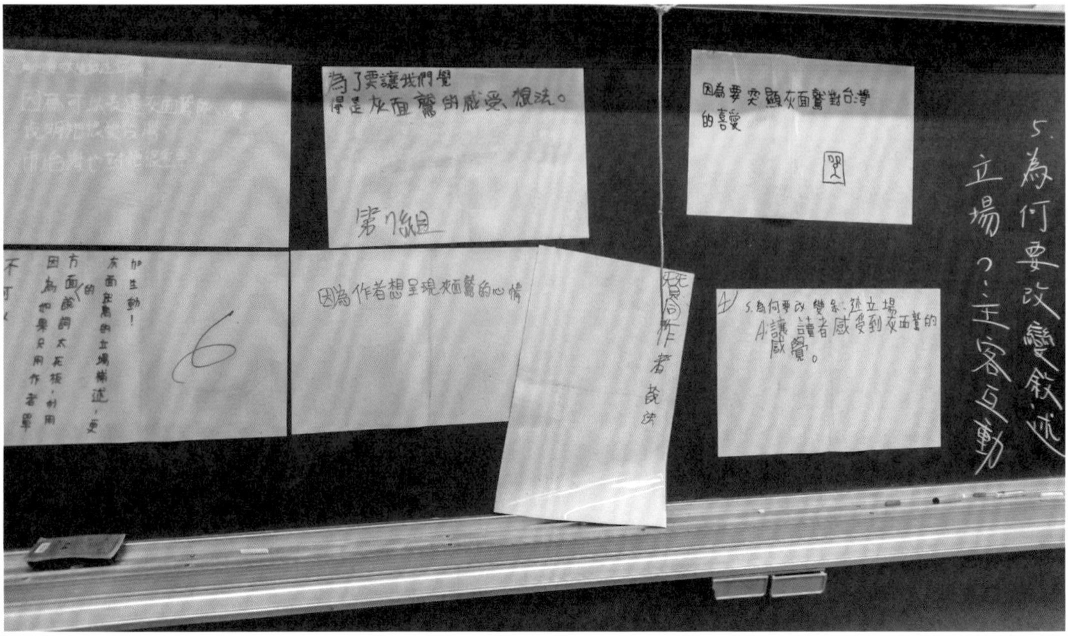

小白板搶答。

誰料，鬥志激昂的我，竟然在嘗試翻轉的第一週就被自己打敗了。失敗的原因並非我可愛的小兵們不願意跟著轉向進攻，失敗的原因是我這個將領把大家帶進了迷魂陣，小兵們緊跟著我東闖西走，卻彷彿陷入了五里霧中。小兵們在我的號令之下衝鋒陷陣，下場卻是「力竭汗喘，殆欲斃然」。此次征戰，徒勞無功，全軍覆沒。

自省此次的慘況，我懊惱於自己毫無教學節奏，原本善於講述法教學的我，自認教學節奏張弛有序的我，完全亂了陣腳。原先以老師講述為主的課堂，只要學生願意專心聽講、認真筆記，我自信可以把課程的教學重點講解清楚，甚至連串場笑話與相關舉例都在精算之中，隨後立即搭配考題演練，學生應該可以在課堂上就掌握了學習重點。我原以為翻轉改變可以提升學生對課程的參與及投入，結果小兵們或許願意跟隨主將投入戰場，卻不料主將帶大家成為迷途的大軍。

這一週的課堂教學進度嚴重落後。每次段考的範圍都是固定的，一週大約要完成一課的教學進度，結果這一週我勉強教完課文，課本與習作的練習題則完全沒有進度，更遑論額外使用的評量練習與其他補充教材了。因為提問講義的出現，學生為了填寫「正確答案」耗費無數課堂時間，儘管老師一再提示答案在課文的哪幾段，甚至連第幾行都明示了，但小組組員們仍常常為了「所以到底要寫什麼」而卡關。每組雖然都有A咖，A咖們多半也能找到答案，但他們深怕寫

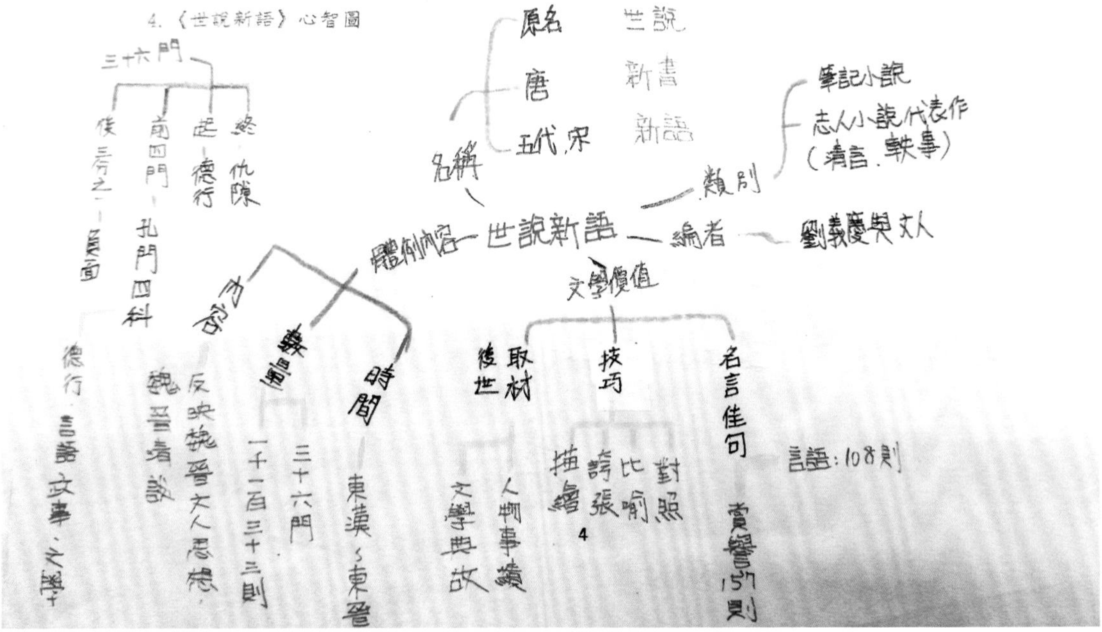

〈世說新語選〉心智圖（自強國中梁立辰）。

得不夠正確會被其他組員責怪，所以都戒慎恐懼，不敢下筆。我為了讓各組都能順利寫完講義，只好自己跳出來講解，於是課堂又回到了原先老師講述的舊路，學生只想等答案而不願自己動腦，反正，抄老師的答案，絕對不會錯。這麼一來，課堂除了原先講述的時間，還要撥出學生抄寫講義答案的時間，難怪進度遠遠落後。

小組發表也很令我為難，主要是很難掌控學生發表的時間長度，雖然我事先設定了小組發表的時間限制，但學生經常拖拖拉拉慢慢上臺，剛開始發表時愛講不講或斷斷續續卡卡，待到他們不緊張、能夠好好分享時，預設的時間已到，為了讓他們能完整地發表，我只好多給他們兩分鐘。再者，學生發表的品質也很令我困擾，學生不太會掌握焦點，總是偏離主題或是隔靴搔癢般無法命中問題的核心；又或者把發表變成嬉鬧，場子可能很熱，但我的內心，很冷。

儘管我在首場戰役落敗，卻並沒有因此怯戰，反而是積極思考如何調整戰略，或許是小兵們的參與支持著我吧！

冥冥之中，天公還是疼憨人啦！我在網路上發現了MAPS教學法種子教師的工作坊，我毫不猶豫填寫了報名表，期待能獲選，參加培訓課程。

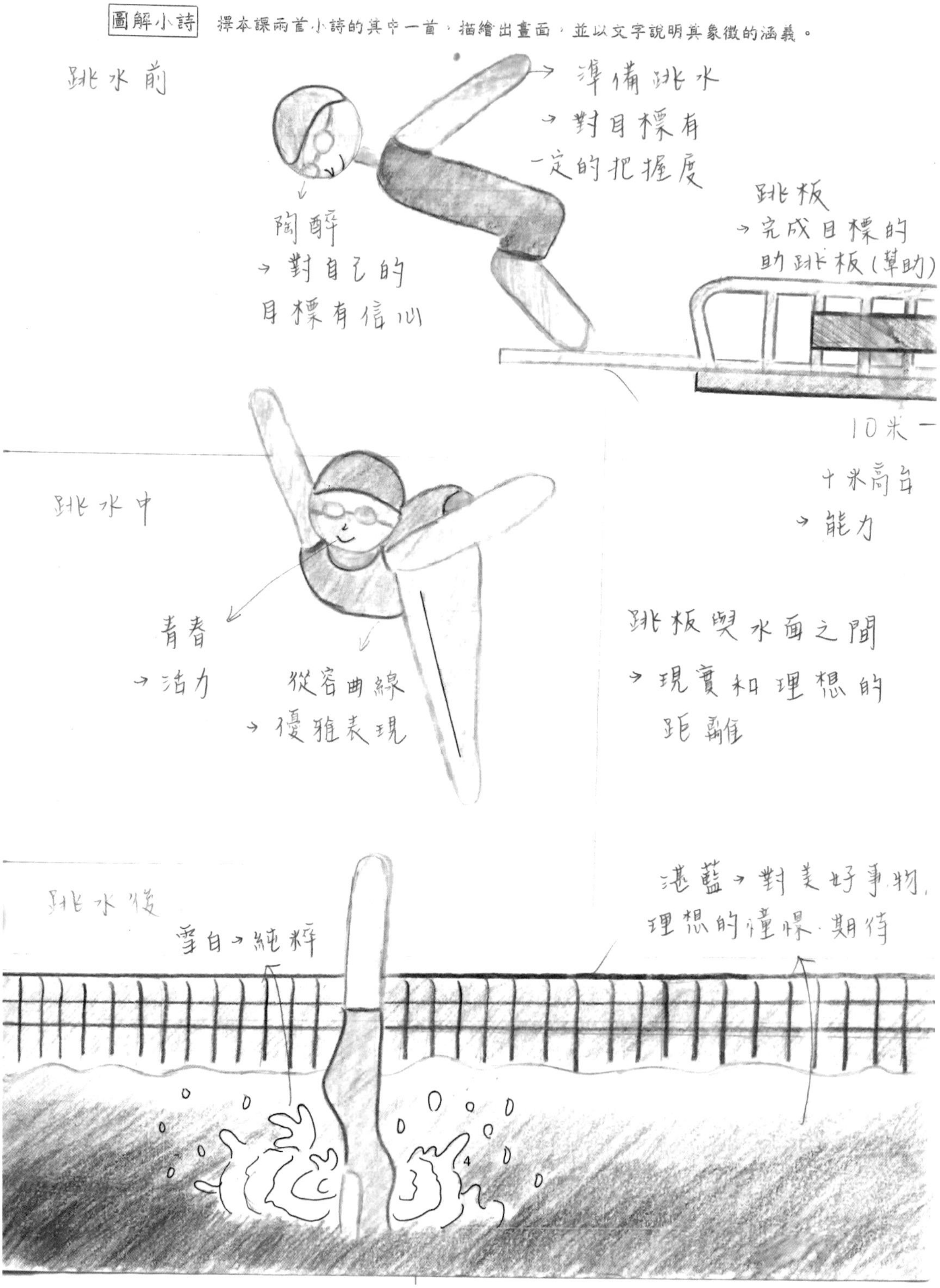
圖解小詩
擇本課兩首小詩的其中一首，描繪出畫面，並以文字說明其象徵的涵義。
跳水前
→準備跳水
→對目標有一定的把握度
陶醉
→對自己的目標有信心
跳板
→完成目標的助跳板(幫助)
10米
十米高台
→能力
跳水中
青春
→活力
從容曲線
→優雅表現
跳板與水面之間
→現實和理想的距離
跳水後
雪白→純粹
湛藍→對美好事物，理想的憧憬、期待
艾青〈跳水〉詩的文轉圖（東興國中羅夏芸）。

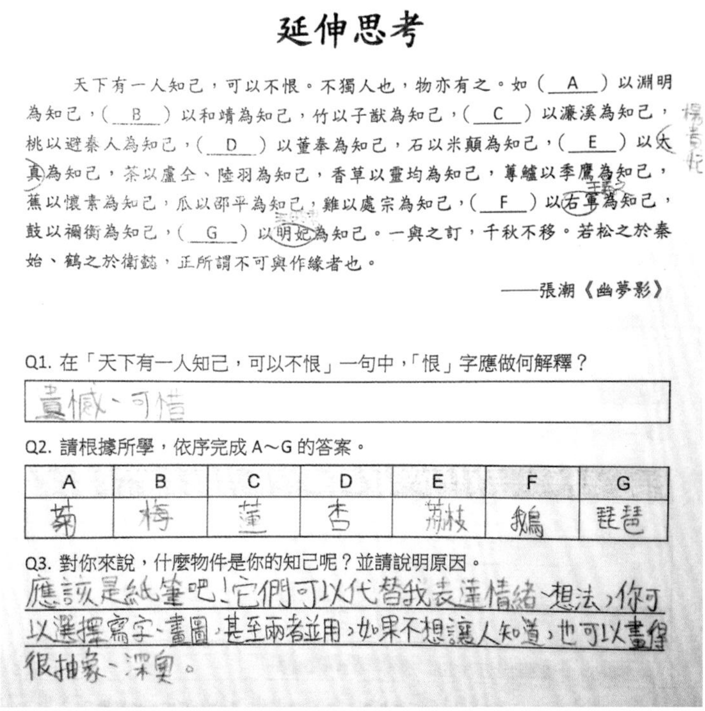

延伸思考

天下有一人知己，可以不恨。不獨人也，物亦有之。如（ A ）以淵明為知己，（ B ）以和靖為知己，竹以子猷為知己，（ C ）以濂溪為知己，桃以避秦人為知己，（ D ）以董奉為知己，石以米顛為知己，（ E ）以太真為知己，茶以盧仝、陸羽為知己，香草以靈均為知己，蓴鱸以季鷹為知己，蕉以懷素為知己，瓜以邵平為知己，雞以處宗為知己，（ F ）以右軍為知己，鼓以禰衡為知己，（ G ）以明妃為知己。一與之訂，千秋不移。若松之於秦始、鶴之於衛懿，正所謂不可與作緣者也。

——張潮《幽夢影》

Q1. 在「天下有一人知己，可以不恨」一句中，「恨」字應做何解釋？

遺憾、可惜

Q2. 請根據所學，依序完成 A～G 的答案。

A	B	C	D	E	F	G
菊	梅	蓮	杏	荔枝	鵝	琵琶

Q3. 對你來說，什麼物件是你的知己呢？並請說明原因。

應該是紙筆吧！它們可以代替我表達情緒、想法，你可以選擇寫字、畫圖，甚至兩者並用，如果不想讓人知道，也可以畫得很抽象、深奧。

挑戰題延伸思考（自強國中何冠達）。

當我站在巨人的肩上

在工作坊，我重新溫習了MAPS的概念，也在政忠老師的帶領下，與夥伴老師們一起設計提問。首先是暖身題的設計，原本我以為暖身題就是隨便問一些問題聊為點綴，目的只在引起學生的學習動機，就算引不起學生的興趣，學生也只能認命配合老師上課。結果截然不同，暖身題是有講究的，好的暖身提問能喚醒舊經驗以連結新的學習經驗，或是針對文章主題與內容產生閱讀的預測與想像。在同組夥伴老師的腦力激盪之下，我們成功完成了暖身題的設計，之後在各組老師的暖身題分享中，政忠老師一一給予回饋及點評，我覺得這次的工作坊，彷彿是醒腦劑，正慢慢澄清了我腦海中的渾沌。

基礎題的設計目的主要在確認學生是否讀懂文本。透過老師的提問，幫助學生擷取重要的訊息，進而能統整出相關訊息的上位概念，形成主題。當文本的各個小主題都提取出來後，便能看出文章的架構與脈絡。基礎題實作中最令我感到意外的是基礎題產出的步驟——老師自己得先產出文本的心智繪圖，然後再依據心智繪圖依序提問基礎題。這是由於基礎題主要聚焦在訊息擷取，所以老師必須先分析文本，繪製自己的心智繪圖，依據心智繪圖設計有助於學生理解文意的題目，因此，基礎題有其順序與層次。MAPS的提問教學法不是一下子提問關於生活經驗的暖身題，一下子又問到關於情意與賞析的挑戰題，沒有層次安排的胡亂提問，無法一步步帶領學生有層次地進行學習。一課的基礎題不必太多，盡量在十題以內問完，甚至我記得政忠老師曾經不發基礎題的提問單，反而讓學生自行設計基礎題。（當然，必須等到學生具備一定的閱讀理解能力後才能如此操作。）

隨著時間推移，進展到了挑戰題的部分，我原以為挑戰題不外乎就是形式賞析、語文常識、國學常識這類題目，卻不曾想過，挑戰題可以放入讀寫合一的題目，甚至是連結一○八課綱，進行觀點探究導向的閱讀，並開展跨域延展的設計。至此，我真的大開眼界，也在工作坊的小組分享中，見識到夥伴老師們的用心與創意。

三天扎扎實實的工作坊，課程內容真的安排得很硬，完全沒有讓我頭腦放空的機會，整整三天都是不斷充電增能，組內的夥伴老師們一起燒腦，一起產出我們的提問設計。政忠老師更是一直陪伴在各組學員的身邊，隨時參與討論，立即解答大家的疑惑，分享他實施MAPS教學多年來的經驗與建議。這三天，從MAPS的理念出發，依循暖身、基礎、挑戰的順序實作，最後的成果與測試是自選一篇課文，設計出返回各自教室後立即可用的提問講義。這場工作坊真的是我

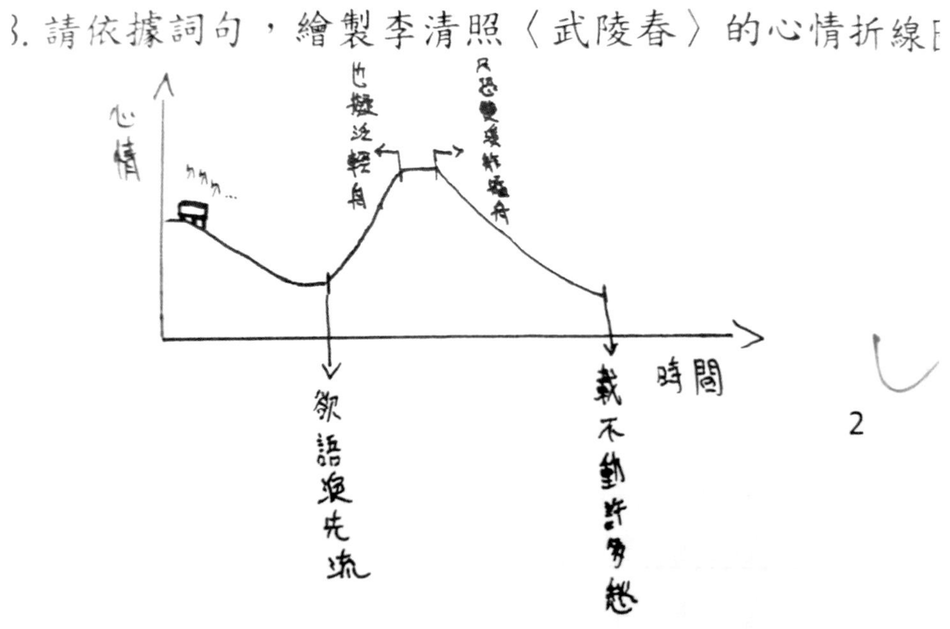

〈武陵春〉心情折線圖。

投身教職將近二十年以來，最推薦的增能課程了！我不僅學到了MAPS教學法，也因此結交到有共同想望的夥伴老師們，更感染到許多熱血老師對教育的熱誠與付出。

經過三天的修煉，我帶著清楚的藍圖回到我的教室。這一次，我不再滿把抓地下載出版社的講義、學習單，我能自己獨立完成提問單的設計，當我卡關時，我可以詢問在工作坊中結識的課堂實踐家，可以在「MAPS-教學與提問設計」Facebook社團搜尋相關資料，甚至是直接觀摩政忠老師的上課影片。我站在巨人的肩上，所以能比以前看得更遠、想得更深、做得更好。

我將MAPS教學法移植到我的教室，因為瞭解我的學生，我能為他們量身訂做最適合的國文課。

我採異質分組，但沒有答題的積分，因為我會忘記計分，最後反而害學生為分數爭執。幸好孩子很能享受答題的趣味、喜悅與榮耀，所以課堂上的提問與發表始終很順利進行。我用心設計了暖身題與很多的基礎題，因為我的學生需要透過大量的基礎提問，才能對文本內容有比較完整的理解；相對地，我設計少少的挑戰題，並且多半是較為封閉的語文常識、國學常識等主題，因為我的孩子目前比較需要這些，只偶爾嘗試一下讀寫合一的練習，以及跨領域的探索。

至於心智圖的繪製則是從一開始的給圖給題就進行嘗

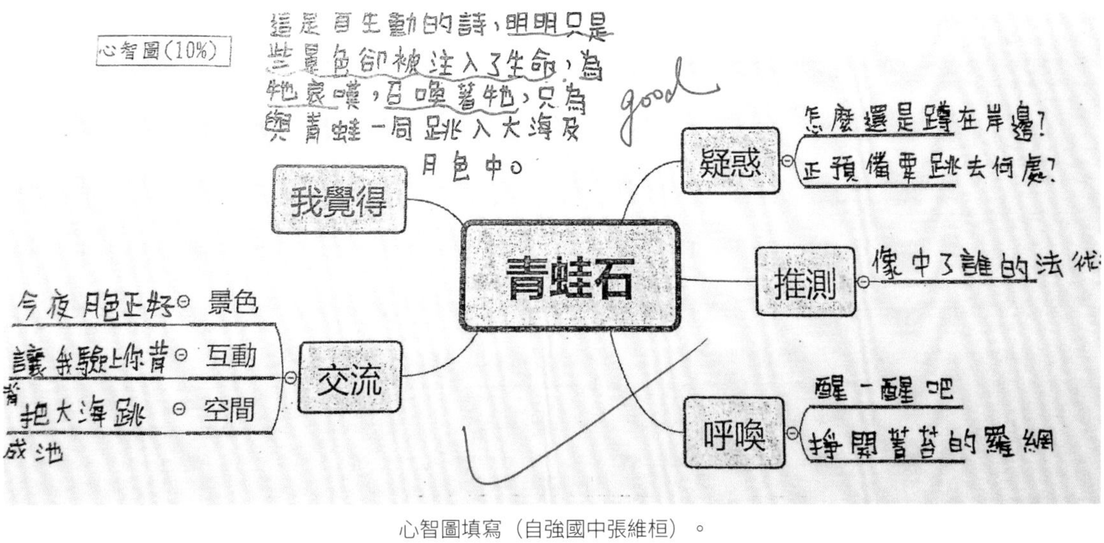

心智圖填寫（自強國中張維桓）。

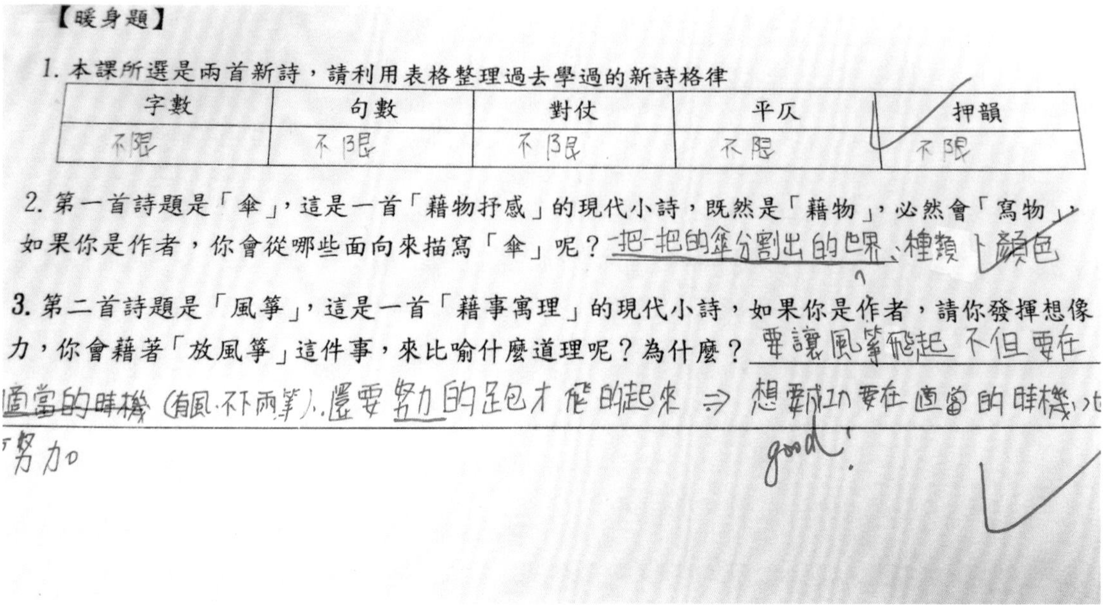
【暖身題】

1. 本課所選是兩首新詩，請利用表格整理過去學過的新詩格律

字數	句數	對仗	平仄	押韻
不限	不限	不限	不限	不限

2. 第一首詩題是「傘」，這是一首「藉物抒感」的現代小詩，既然是「藉物」，必然會「寫物」，如果你是作者，你會從哪些面向來描寫「傘」呢？一把一把的傘分割出的世界、種類、顏色

3. 第二首詩題是「風箏」，這是一首「藉事寓理」的現代小詩，如果你是作者，請你發揮想像力，你會藉著「放風箏」這件事，來比喻什麼道理呢？為什麼？要讓風箏飛起 不但要在適當的時機（有風、不下雨等），還要努力的跑才能飛起來 ⇒ 想成功要在適當的時機以及努力

good!

暖身題作品。

試，我提供自己的心智圖架構，慢慢帶領孩子將基礎題的答案填入心智圖的框架與空格。經歷一次段考後，我改為給題不給圖，他們都能在小組內畫出自己的心智圖作品並且進行發表，不只是我，孩子也感受到自己有所學習、有所進步。學生很喜歡發表心智圖，他們樂於向同儕展示小組匠心獨運的作品。

這幾年翻轉教學的摸索，可能苦還未盡，但隱約已有些回甘。

◆這不是業配文

回首這幾年來的教學改變歷程，從自己胡亂摸索嘗試翻轉的暈頭轉向，到參加MAPS教學法工作坊逐漸澄清了我的教學路徑。我很明白自己嘗試翻轉不是為了趕流行——或許一剛開始參加夢N很像是去參加一場大團拜，去見識山中大叔的魅力，但在深度理解後，我發覺MAPS教學法能因應自己與孩子的需要，是適合我的高效教學模式。

有別於以往帶著粉筆與課本走進課堂，再根據備課用書提供學生筆記與補充，我發覺MAPS的備課模式更是精實。依著暖身題與基礎題，我不僅能有條理地提供資料，更能有層次地進行補充與講解，所以使用了MAPS提問講義後，我

自覺教學更聚焦，自己和學生都能享受高效率的教與學。

我也不得不提到挑戰題是我個人目前想要鑽研精進的部分。搭配挑戰題（我通常只會設定兩題），若這一課適合進行比較閱讀，我就讓學生進行類文的分析與比較；若那一課適合跨域能力或文創開發，我就和學生一起跨域、一起文創。我感覺自己現在的教學除了在課文解析比以往更具深度之外，在廣度上也慢慢開始延伸出了觸角。

以前，學生會跟我抱怨國文這一科，他們覺得除了考試的比序占第一優先位置之外，國文課可以說是沒什麼用處的學科，當時的我常為之氣結，但好像也說不出什麼理來令學生信服。現在，若有學生抱怨國文科缺乏實際用處時，我可以告訴他們：

> 國文是在現實生活中非常有用的學科，我們每天都要與人進行溝通、表達自我，如果你能用精準的語詞表達深切的道理，又能用委婉懇切的字詞及語氣進行陳述，相信你的意見將更容易為他人所理解。身處在資訊爆發的時代，若你具備正確解讀文本的能力，且能快速掌握其重點，進而加以統整、比較、評價，你的能力將擴充得比別人還快。孩子，國文是不是現實生活中相當實用的科目呢？

而提升語文的閱讀、理解、溝通、表達，正是MAPS教學法所培養的面向。

我現在是MAPS的愛用者，雖然每一課的提問單設計總是耗費我許多時間與心力，還要搭配提問單製作上課用的投影片，但是我的客戶群（學生）對MAPS教學法持肯定的態度，於是我只好繼續「liau、」下去。本文不是業配文，內容純為個人使用心得，在此真心推薦給有興趣想試一試的你。

◆隨手札記

【國小領域】

1

郭富華／語文的旋律：MAPS的翻滾人生

新竹市東區新竹國民小學

山中大叔導讀

最喜歡富華老師的這一句：「我，就是勇氣。」

富華老師這一篇實踐歷程紀錄，儼然就是一次具體而微的行動研究。

從科學化的診斷分析、系統化的實踐步驟、結構化的課程解構與建構、立體化的足跡記錄再到視覺化的歸納與盤點。我看見將教學拉高到全觀視野，但又放低到微觀現場的教學工作者，是如何鉅細靡遺又能逐漸懂得取捨地將教學推展到好還要更好的境界。

而這一切，都來自於這一句：「我，就是勇氣。」

風為了搖曳樹枝而勇敢向前，水為了激盪浪花而勇敢向前，老師，也應該為了成就更多孩子而勇敢向前。

◆ 跨越瓶頸的契機

我，就是勇氣

我的第一份工作是出版社編輯，從小編輯做到叢書主編、企編，就這樣活了四年多，熱忱卻漸漸失去。作家張曼娟曾說過：「一個人如果不能做自己，不管擁有多少別人羨慕的東西，不管爬到多高的地位，都不會快樂。」是的，回首編輯工作，我並不快樂。

於是，我決定放逐自己找回勇氣，勇敢辭去工作到學校代課。這個勇敢的決定，讓我發現自己更適合這樣的環境。當時的「教甄零缺」沒有讓我裹足不前，反倒讓我更努力考上，不停改變與嘗試，勇敢迎向更多的挑戰。

教學路上，一路翻滾前進

「學，知不足；教，知困。知不足能自反，知困能自強。」教與學的過程中，學生的眼神與反應，讓我知道自己的不足，為了努力使自己的教學更加精進，讓教學目標和教學活動更加精彩，我不斷研習、不停讀書。研習，是自我精進最快的路徑，我希望將研習所學結合自己的想法實踐於課堂上。

「任何教學設計都要以學生為主體。」這句話深深影響著我。由於自己是屬於圖像思考的學習者，所以在教學現場上，我積極帶著學生操作圖像思考，繪製心智圖，引導學生抓重點，讓學生「很燒腦」「很忙碌」地進行討論，教室出現了師生角色互換，學生小組提問後當起老師，向全班同學問問題。

但，在教學進度和學校活動的壓力下，我的教學活動時常有一搭沒一搭的，這一課努力引導學生操作圖像思考，下一課帶著學生設計提問，每一課玩不同的花招，課堂翻轉讓學生很 High，老師也累得翻車。

認真時，全世界都會幫你

一路翻滾，深深覺得教學花招很精彩，但似乎少了一些連貫系統，如何在教學翻轉的同時，讓學生確實學到策略又能夠自學，似乎需要再加強。有此想法卻遍尋不著合適方式，遇到瓶頸遲遲無法突破的我，終於，等到幸福來敲門，等到了一場難得的研習——MAPS 種子教師研習，天呀！當下立馬準備資料，報名去。

只是那時候我還不確定 MAPS 到底是什麼，只有聽說過 MAPS 心智圖很厲害，不過我相信這是可以讓我跨越瓶頸的契機。

（五上）心智圖挖空，進行全班引導。

◆打掉重練，專屬的 MAPS

MAPS 離我這麼近

面對五年級這一批孩子，我以自己寫的「閱讀理解策略學習單」介入教學，從文本共學出發，由下而上帶著學生進行斷句理解，知道每一段自然段的段意，歸納出意義段，以大綱說出這一課的大意，當學生可以歸納出意義段時，我才開始引導圖像思考。五上時，全班合作完成挖空的心智圖，小組以T圖表整理〈角力士糞金龜〉的訊息，以心情起伏圖呈現〈一萬五千元的學生證〉中女高中生的心情改變；五下後，正式進行小組心智圖教學，及小組提問設計。

一路走來，學生學會了文本的理解，學習單從共學走向自學，可以歸納出意義段，可以說出大意，可以利用圖像呈現出所屬小組對文本的理解，小組成員也可以害羞地說出課文在說什麼以及自己的想法。

當踏上MAPS種子教師研習場地，經過大叔手把手教導，我發現——原來，一條不經意的 MAPS 線，早已出現在我的教室課堂中。

調整教與學，讓不經意的 MAPS 線更精進

那年暑假，我在精進後沉澱下來，瞭解到自己的不

（五上）兩人一組進行學習單提問共學。

足——不太會畫心智圖，提問設計不具可閱讀性；學會了如何從自己的心智圖設計出可以讓學生理解的提問設計，知道如何進行暖身、基礎、挑戰三層次設計。

「離開，才是開始。」沒錯，踏出研習會場後，我開始著手修正學習單的提問，練習三層次提問設計，讓提問更具有可閱讀性。這些自我的調整與修正都是容易的事，困難的部分是如何銜接五年級所教並慢慢微調。

我問自己：當初對五年級設定的目標是什麼？是以文本和理解策略學習單為基礎，由下而上帶著學生靜下來理解文本，再由上而下進行組織統整，進而繪製心智圖。

又問問自己：為什麼研習完MAPS後想要調整與改變？雖然自己亂搞出來的教學元素，MAPS都有，但MAPS完整且系統性的教學脈絡，是我想要的課堂風景；引導學生共學到自學，是我想要給學生的學習方向；心智圖循序漸進的引導，正是我在找尋的。

再問問自己：調整時感到最困難的是什麼？答案就是我的心智圖，因為與五年級鋪下的學習脈絡不同。我當初設想心智圖，中心主軸擺的是主旨，由中心點向外發散，依序為「主旨—意義段—自然段—更細訊息」；至於如何從文本訊息出發帶著學生繪製心智圖，我還需要繼續摸索。

有許多理念與初衷，我想繼續延伸，但也有很多地方需

（五上）小組上臺分享自己的心智圖想法。

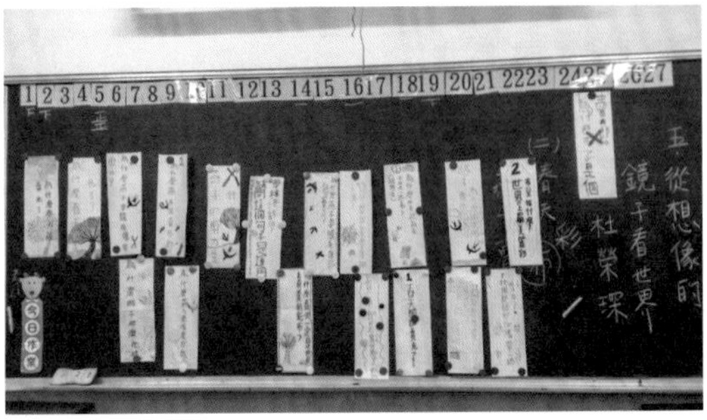

（五下）小組練習文本提問與分享。

（五下）到其他組別進行口說，分享彼此對問題的想法。

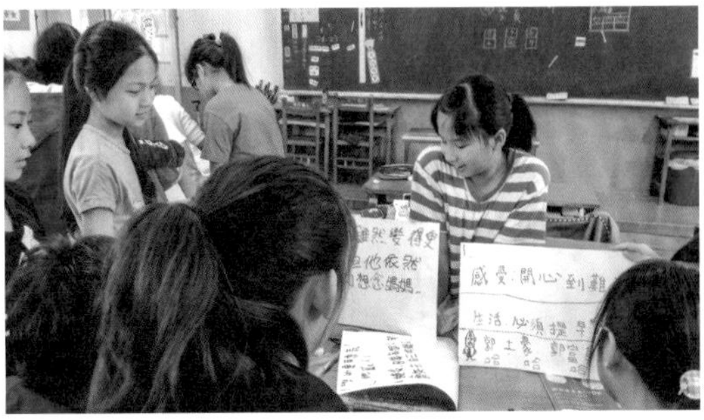

（五下）到其他組別進行口說，分享彼此對問題的想法。

要微調，因此，我立刻啟動微調，寫下進程再依學生學習狀況做調整。

沉澱、分析與規劃，讓進程變事實

自我沉澱，分析學生先備經驗與自己的理念後，我開始著手規劃。首先要思考的是：五年級這一批學生已經擁有什麼？學會了什麼？需要再加強什麼？

接著，預先設定六年級學生的教學進程，針對教學簡報、基礎題、自然段意義段主旨（以下簡稱段意主旨）和心智圖進行微調，並以甘梯圖呈現進程。

引導和微調心智圖是我感到最困難的部分，但基於自己由下而上文本引導的鋪陳與理念，決定試著走出自己班級的方式，再引導學生主動發現，希望他們能知道：「喔！原來心智圖的關鍵詞都在提問的題幹和自己的答案中。」「耶～原來段意主旨的活動跟心智圖有關，可以進行文轉圖！」

因為不確定是否會成功，不知道過程中會擦出什麼火花，難免有所憂慮。但我不退縮，因為「課堂，就是教學的實驗室」，我是勇於挑戰的實驗家，試過才知道，微調與修正是實驗家必備的勇氣。

我持續採用異質分組，學生只有「會」和「不會」兩種，小組成員彼此進行「教」與「被教」，在班上一起進行共學，

五年級習得之經驗	待解決問題
✓ 多數學生能靜下來理解文本。	
✓ 多數學生對於學習單的提問可以自學。	
✓ 小組能歸納出意義段，並說出理由。	意義段意寫太長。
✓ 小組能以大綱說出大意及想法。	
可以說出課文主旨。	尚未做到。
✓ 小組合作進行圖像思考的產出。	
小組心智圖準確呈現想法。	訊息多且雜亂。
✓ 部分學生可以說出自己的想法與感受。	需要繼續努力

五年級時學生已習得的經驗。

微調	六上	六下	備註／說明
教學簡報呈現暖身、基礎、挑戰題，與學習單的預測、意義段、綜合全文結合。			學習單雖已印製成冊，但期間三層次提問仍繼續滾動，隨時增刪加入教學簡報中。
基礎題給學生時間在學校自學。			①未完成者帶回家繼續完成。 ②在學校自學時間慢慢減少。
基礎題回家自學。			基礎題讓全班完全回家自學。
段意主旨架構表(文) (共學自學 I)			此活動延續五年級所學。 (重點放在引導主旨)
段意主旨架構表(文) (共學自學 II)			重點放在：①縮短段意字數。 ②抓取關鍵詞，進行文轉圖。
段意主旨架構表(文) (自學)			完全回家自學。
心智圖重新引導 I (共學自學)			從文本出發，給意義段和自然段關鍵詞，教學生從文本抓取關鍵訊息，進行組織統整。
心智圖重新引導 II (文轉圖一，共學自學)			從文本出發，給意義段，教自然段抓關鍵詞，放入心智圖。
心智圖重新引導 III (文轉圖二，自學)			①心智圖架構圖。 ②連結段意主旨(文)，進行轉成心智圖(圖)。

預設六年級學生的教學進程。

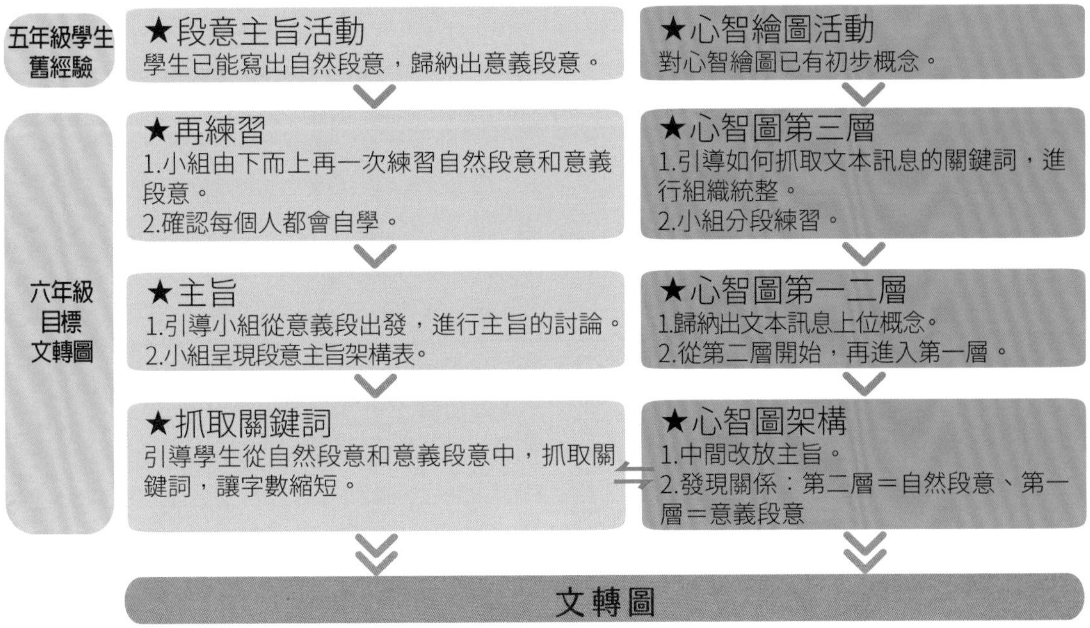
五年級學生舊經驗
★段意主旨活動
學生已能寫出自然段意，歸納出意義段意。
★心智繪圖活動
對心智繪圖已有初步概念。
六年級目標文轉圖
★再練習
1.小組由下而上再一次練習自然段意和意義段意。
2.確認每個人都會自學。
★心智圖第三層
1.引導如何抓取文本訊息的關鍵詞，進行組織統整。
2.小組分段練習。
★主旨
1.引導小組從意義段出發，進行主旨的討論。
2.小組呈現段意主旨架構表。
★心智圖第一二層
1.歸納出文本訊息上位概念。
2.從第二層開始，再進入第一層。
★抓取關鍵詞
引導學生從自然段意和意義段意中，抓取關鍵詞，讓字數縮短。
★心智圖架構
1.中間改放主旨。
2.發現關係：第二層＝自然段意、第一層＝意義段意
文轉圖

預設文轉圖進程。

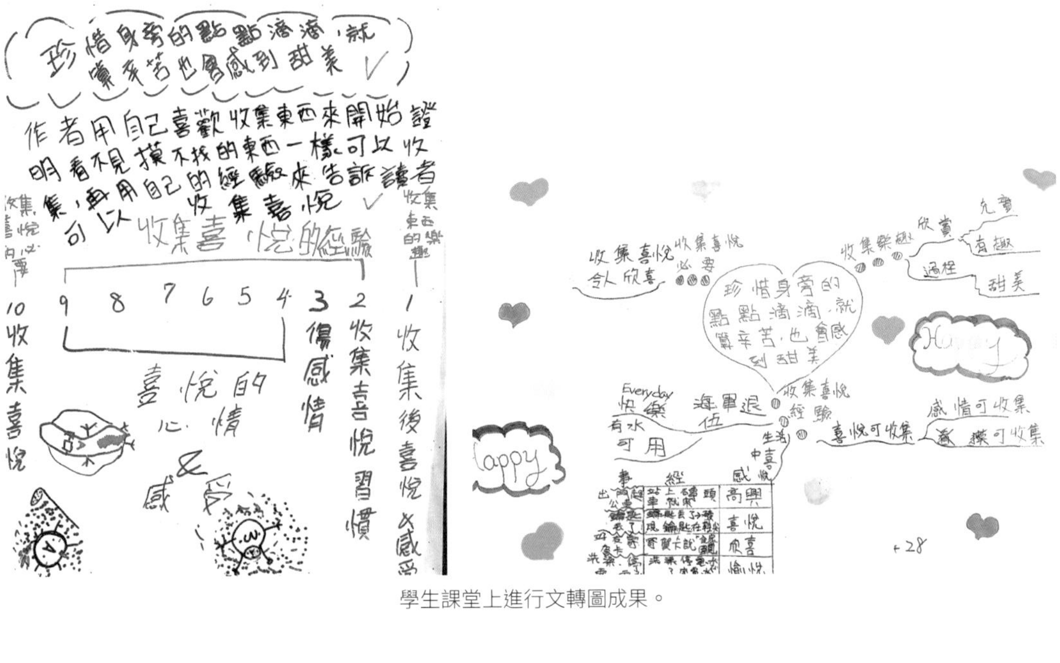

學生課堂上進行文轉圖成果。

在家自己試著自學。小組成員每個月重新組合一次，主要目標有兩個：一個是期待每位學生都可以和任何同學合作、協調與溝通，一個是在小組內透過會的人去帶不會的人，不會的人總有一天變成會的人，就可以去帶比他更不會的人。不斷重組，讓會的人數逐漸增多，一起走向共好。

打掉重練，啟動教學實驗室

延續五年級的教學，從六年級開始，我的教學引導主力放在「段意主旨」和「心智繪圖」兩個大活動，循序漸進，嘗試帶著學生進行「文轉圖」。

這兩個活動進行到第四課，過程中發現各組心智繪圖抓不到段落的關鍵字詞，段落訊息的組織統整出現問題，因此決定在第五課時試著用「放聲思考」的方式重新引導，讓學生知道老師的思考歷程，之後再讓學生兩人一組依循老師的思考步驟，進行任務操作。茲以下述〈滿修女採訪記〉一課為例說明：

使用顏色區分文本關鍵訊息，讓學生知道讀懂文本後，第一步驟是圈選出關鍵的訊息。然後藉由圈選出來的關鍵訊息，進行放聲思考，把這一小段的意思說出來。

透過說出來，明確知道這一段在說滿修女是臺灣重殘兒童守護天使，並指出她來自哪裡、現在在哪裡，又是如何對待院生。

接著對這些關鍵的訊息進行組織與統整，思考先後順序如何安排。最後就是試著把訊息組織起來，畫成心智圖。

我示範完第一段文本後，給出其他段落的第一層和第二層關鍵詞，讓學生兩兩一組討論第三層的訊息並畫出支線。因為時間有限，也為了減輕學生初次練習的壓力，將剩下的文本內容依段落分組進行實作，實作完最重要的是分享成果與老師歸納。

讓學生練習討論和寫出第三層訊息，重複做了三課（五－七課）後，開始挖空第二層，這個層次除了讓學生找出第三層的上位概念外，最重要的是引導學生發現這個上位概念，其實就是自然段的段落大意，只是心智圖裡放入段落大意的關鍵詞即可。

一樣的方式練習三課（八－十課）後，接著挖空第一層，這一層的重點擺在引導學生發現上位概念是意義段的段意關鍵詞。

到此，從文本出發繪製心智圖的引導已經告一段落，六上的課程也來到了第十三課，進度似乎緩慢，距離所預設的文轉圖還有一大段路要走。

打掉重練的過程中，師生也不斷重複撞牆，但我相信「只有堅持與等待，才能看到希望」。

文本

一位來自異國的修女，如何成為臺灣重殘兒童的守護天使？我藉著在嘉義縣東石鄉聖心教養院的訪談過程，認識了這位疼愛每個院生，如同疼愛自己孩子一般的滿詠萱修女。

關鍵訊息

一位來自**異國**的**修女**，如何成為臺灣**重殘兒童**的**守護天使**？我藉著在嘉義縣東石鄉**聖心教養院**的訪談過程，認識了這位**疼愛每個院生，如同疼愛自己孩子**一般的滿詠萱修女。

思考 組織 歸納

一位來自**異國**的**修女**，如何成為臺灣重殘兒童的守護天使？我藉著在嘉義縣東石鄉**聖心教養院**的訪談過程，認識了這位**疼愛每個院生，如同疼愛自己孩子**一般的滿詠萱修女。

整理後 畫出 心智圖

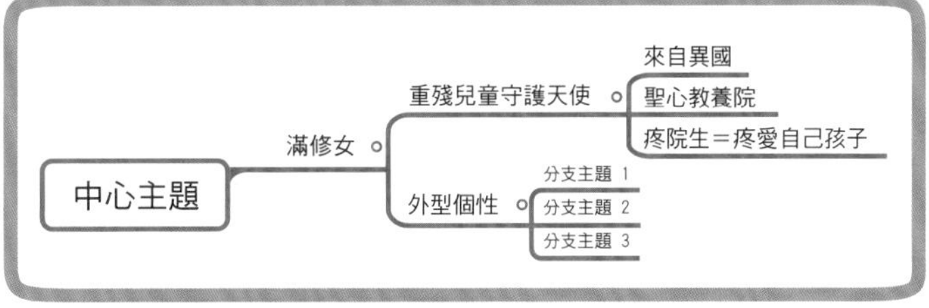

〈滿修女採訪記〉課例說明。

專屬的 MAPS 模式誕生

六下，給自己和班上預設目標，就是人人都會進行文轉圖。為了達成這個目標，我還是從小組共學開始。

首先第一步，是喚起學生上學期心智圖打掉重練的撞牆記憶，及心智圖只寫出關鍵的字詞即可，所以小組要一起把自然段的段落大意字數縮短。「縮短」兩個字很簡單，但要意思不變且字數縮短到六、七個字，對許多孩子來說是難事，為了達到老師給的「縮短」怪任務，各組學生碰撞出許多有趣的事，白板上也跑出了英文、圖畫、符號和箭頭等各式創意。

進行三課縮短任務後，接下來是加入「文轉圖」的引導，小組練習將「段意主旨」的文轉成「心智圖」，讓所有學生都更清楚心智圖的「中心－第一層－第二層－第三層」與段意主旨的「主旨－意義段－自然段」的關係，也讓學生瞭解在進行轉換時可以對文本內容再次理解，且不斷修正。

走過六上的撞牆期後，意想不到的是六下「文轉圖」竟快速翻轉。在學生「哦～原來……」的聲音出現後，一切撞牆的傷口都癒合了，此時學生對於心智圖的層次更清楚，能搭配文本的段意主旨架構表，直接進入文轉圖，縮短了小組共學的時間，人人都可以進行文轉圖自學，呈現出自己思考模式的圖像。

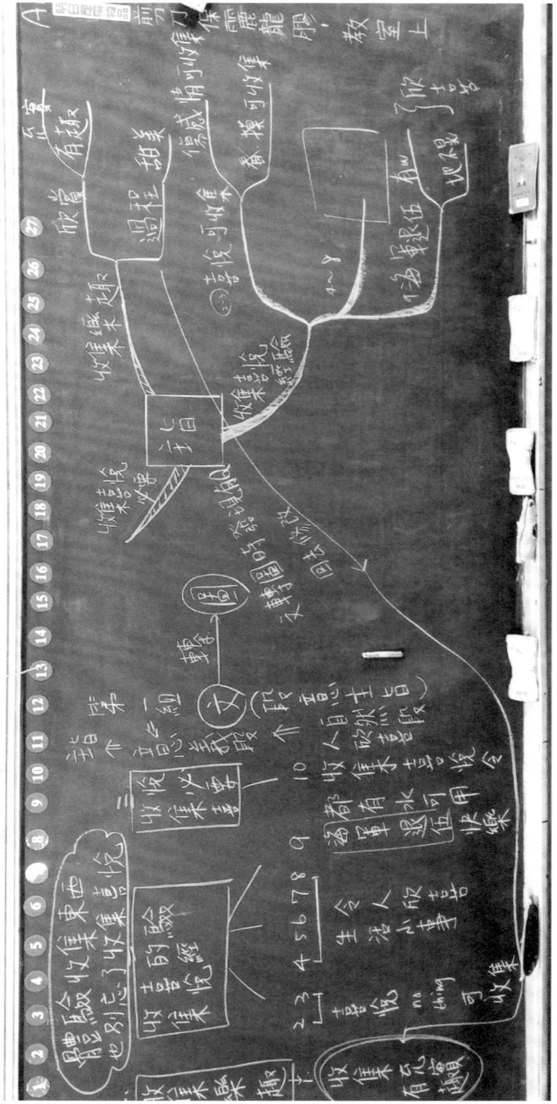

課堂進行文轉圖引導。

調整，是讓教學成效更提升；打掉重練，是讓學生有更好的根基。因此，我的 MAPS 翻滾之路，就在調整、撞牆、再調整中不停滾動，就在鼓起勇氣打掉重練下慢慢鋪展開來，最終滾出屬於自己班上特色的 MAPS。

延續五年級不經意的 MAPS 線，鋪陳六年級精進後的 MAPS 階梯，形成了富華高年級 MAPS 的教學進程。

◆實踐後的省思與成長

提問設計打掉重練，全新出發

到六年級時，我發現學生很會「填空」，但有些文本內容還不是很能理解，在完整表述語句時會出現許多片段語詞，句子顯得不連貫。

看到這些問題，我想當初設想讓學生好找答案的方向是不對的，應該從一開始就讓學生習慣問答表述。所以接下來的新學年，我的學習單提問格式全新改版，除了提問扣緊心智圖及理解策略外，還輔以心智圖引導，依程度慢慢挖空，循序漸進讓學生從共學走向自學。

踏著經驗，讓自己更進步

引導圖像思考時，因為五年級學生學習經驗的關係，不

	五上	五下	六上	六下
閱讀前	學習單 共讀共學	暖身題	暖身題	暖身題
		學習單共讀	學習單自學	學習單自學
閱讀中	段意主旨	段意主旨	段意主旨	段意主旨
	學習單引導	學習單引導	自學繪圖	自學繪圖
	繪圖共學	心智繪圖	口說發表	口說發表
	口說發表	口說發表	澄清與檢測	澄清與檢測
閱讀後	挑戰題 讀寫合一	挑戰題	挑戰題	挑戰題
		讀寫合一	讀寫合一	讀寫合一
	總結後測	總結後測	總結後測	總結後測

郭富華高年級 MAPS 的教學進程。

想全盤打掉重練，所以繼續從文本出發，硬著頭皮嘗試我所謂很難引導的心智圖，再帶著學生回過頭去發現原來提問中都有提示，從文本出發寫出段意主旨架構圖，也是可以在沒有老師引導下獨自完成理解與心智圖。

這一路坎坷不好走，但是走過後讓我更清楚知道如何調整對學生的學習會更好。

接下來的新學年，我再一次重新修改提問設計，讓三層次提問更扣緊心智圖，課堂上從文本理解出發，帶入 MAPS 教學進程。再一次預設這個班級的 MAPS 教學進程，依學生狀況不斷滾動修正，漸進落實。

相信踏著調整過的經驗，未來自己班上的 MAPS 教學會更進步、更具特色。

滿足與收穫

一年的調整與實踐過程中，我最大的收穫就是教學更有系統脈絡。因為脈絡出現了，一切的教學引導慢慢就出現系統化，學生依循系統學到的就會很扎實。其次是我更擅長使用 XMind 畫心智圖了，而且重複練習所產出的提問設計，也愈來愈能扣緊 MAPS 的三層次提問及閱讀理解層次。

其中最大的成就，莫過於學生的成長與蛻變。

不僅是學生的閱讀理解、圖像思考及口說能力快速成

學生文轉圖自學。

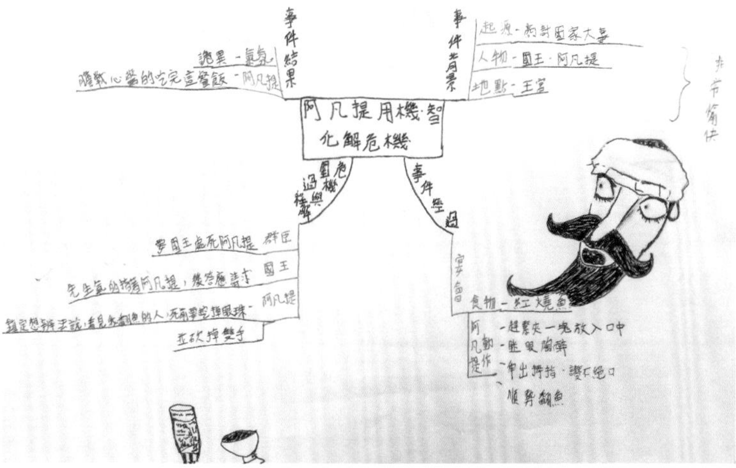

〈不可以翻魚〉學生心智圖。

挑戰題之讀寫合一學生作品（仿寫）。

挑戰題之讀寫合一學生作品（仿寫）。

長，還包含全班學生的所有表現都有了很大的成長：遇到問題，同學間會互相協調，主動承擔，一直到順利解決；小組內同學互助教導，相互鼓勵打氣，下課時間也不間斷，就是決心想把同學教會。這些情形完完全全是在沒有任何獎勵制度的情況下發生的，讓身為導師的我感到無比自信，「教與被教，一起走向共好。」這才是比學習更重要的學習呀！

最後，我期許自己秉持MAPS的經驗，再完整走一輪，用兩年的進程重新調整與滾動，相信接下來的實務操作和學生表現，一定更加精彩。

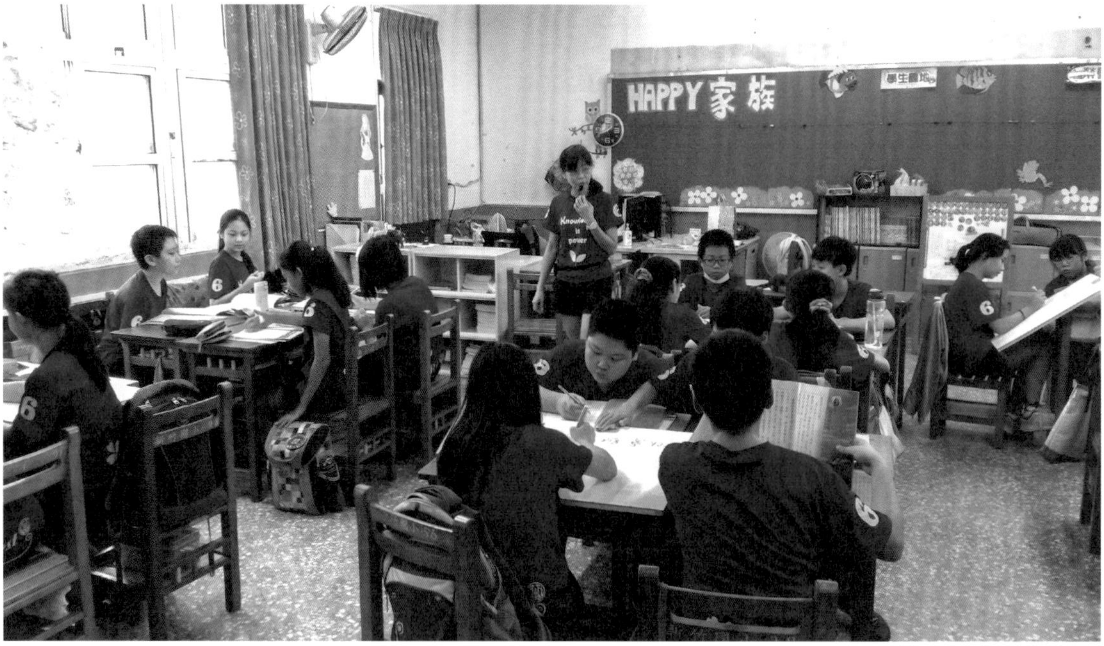

課堂上小組合作共學共好的日常。

【國小領域】

2

邱子葳／讓教學變成一種享受

臺北市中山區永安國民小學

山中大叔導讀

「準備得再周全，仍讓我在推行 MAPS 的前兩個月內，常常產生自我懷疑。」

教學從來沒有準備好的一天，但我們從來沒有停止準備。MAPS 的三層次提問必須具有動態修正思維，上課前盡可能顧及學生學習的各種難點疑點以進行提問設計，課堂中不斷因著師生對話調整提問節奏與增修提問模式，課堂後與社群夥伴討論提問設計的技術及反思班上學生目前的學習狀態，這些都是再出發的素材。

懷疑是好的，因為教學是動態的，學生是活的，準備是持續的，修正是健康的，這樣，MAPS 才會是你的。

◆ 老天的考驗

「山裡的風有你的孤單，一個人承擔無止盡的承擔。……」二〇一七年宜蘭夢N的開幕曲歌詞一打上螢幕，我就忍不住紅了眼眶，我懂，我真的懂啊！面對寂寞和無助，確實需要夥伴相伴才能走過呀！那場在國語A的研習開啟了我的學習之路，認識了大叔這號人物，也相信只要上路了，路上都是夥伴。

七年前，我離開臺北市某私立小學，考上新北市的偏鄉小校，第一個考驗就是接下教務組長的位子。知道職務的當下彷彿被潑了一桶冷水，懷抱的教師夢突然離得好遠好遠啊！原本想著可以回到像任教第一年在所謂的教育優先區當代理導師那樣，竭盡所能教付所有，沒意料到現實與夢想竟有如此大的差距。沒有任何行政經驗的我，懵懵懂懂開始探索各項業務，開車到天涯海角去研習、開會，讀著看不懂的公文，努力成就各項成果。我只能當成是老天爺給我的考驗，要看看我到底有多喜歡教學！

轉個身走進教室，把排山倒海的行政事務擋在外頭，我努力從學生發亮的眼睛裡找回投身老師這個身分的初衷。後來任導師職，伴著懷孕、生產和小校的滿滿活動，雖然一個班才三個學生，時間卻常不夠用，甚至常覺得鬱悶，我不明白自己究竟想要些什麼，看不清自己在職場的價值。

調校後，無可避免地擔任了教學組長一職，我試著放下那些不安，也一樣試著在走進教室後轉換心境，享受片刻當老師的美好。接著再次調校，在育嬰假後重回職場，似乎充飽了電，格外珍惜學校讓我當導師的機會，想努力抓住些什麼。

我的職涯時間不長，十年內任職六間學校，不停的轉換以致自信低落，雖然幾乎每個年級都有接觸過，但下的功夫都不夠扎實。那些為了教學以外事務的掙扎讓我幾乎窒息，日復一日的生活讓我似乎失去了靈魂，但不想再給自己藉口去阻擋學習的欲望，很想有人與我對話，告訴我該怎麼做。升格為兩個孩子的母親後，我更想成為女兒的好榜樣，用身教告訴她們要勇敢、要對新事物充滿熱情，希望不只是過日子，而是把日子過好。

重返導師行列，對於任職於高年級的角色戰戰兢兢，我不斷向資深同事請教，查閱網路分享資料，就這樣自己摸索了一年，接著看到了MAPS工作坊的資訊，毅然決然拉著好夥伴倩伃一起報名了，希望可以找到更有效、更有組織的方式來幫助自己授課，也讓學生獲得更多。

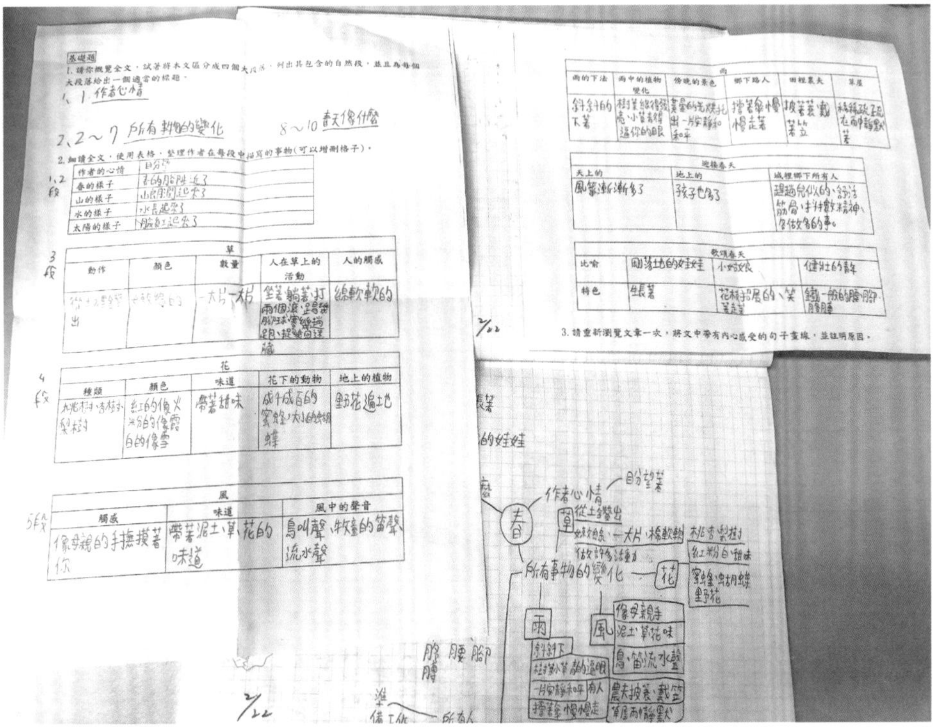

六下第二課基礎題——利用表格讓學生較易摘取訊息進行文轉圖。

◆不夠好，但會更好

預習單張張都是災難？

上完工作坊後，幾個同版本、同年級的夥伴組成了線上共備團體，大家打鐵趁熱，迅速分配任務，每人一學期只要出兩課的提問單即可，也有夥伴做好了前測題目、形音貼貼，大大消弭了我的焦慮。我和永和國小的翠宜老師分工完成預習單，採用了大補帖中學習單的部分內容，也參考蔡志豪老師之前的預習單格式。

看起來似乎萬事俱備，只要按著步驟操作提問設計，在班級進行討論，然後讓學生書寫答案即可完成教學，沒想到自以為簡單，定位是MAPS上臺前開胃小菜的「預習單」，還沒開始正式進入課堂就釀成第一場災難。

考量到初次書寫，我帶領學生一題一題閱讀和作答，然而學生見題目太多心生畏懼，上課氣氛頓時非常凝重，過往沒有如此大量的讀題經驗，書寫時漏題情形非常嚴重，即使有帶著讀題，結果還是非常悽慘。而除了讓學生直接在預習單上書寫外，有些題目僅要求學生在課本內找到答案並畫線，但檢查課本時還是發現學生草草了事，不是沒做記號就是根本空白，連有畫線的學生也十分敷衍（例如找修辭，多

107 六上國語南一版 第三課 甜蜜如漿烤番薯 作者：張曼娟

本課寫作重點：飲食文學的布局（生命故事+食物摹寫）

6 年 6 班 姓名：黃品瑜

預習任務 1、三次閱讀①讀印象： 為什麼寫甜蜜如漿。因為甜甜的又很黏。

1-1 你對標題哪個部分感到好奇？烤番薯為什麼「甜蜜如漿」？「烤番薯」還可以寫什麼內容？ 為什麼喜歡吃烤番薯。

1-2 讀一過課文，圈出 。；！？ 並在課文標出自然段，有 5 段。

1-3 形式初探：這是一篇記敘文，作者回憶童年菜市場和推車的蕃薯料理在第 1 ~ 2 段；長大後和母親、朋友共享的蕃薯料理是 3 ~ 4 段；今年作者回味蕃薯是第 5 段。

1-4 大意粗想：作者描述吃過的 蜜番薯、烤番薯、地瓜稀飯、地瓜湯，吃這些番薯料理都和不同的人產生連結，其中最令她迷戀的料理是 烤番薯 的 甜蜜如漿 滋味。

預習任務 2、三次閱讀②讀語詞：2-1 辨識生難詞(在課本生字旁寫出部首)

寫至少五個你覺得最容易錯的字，並圈出要注意的部件	甕	窯	扯	蒲	烹		
寫至少五個你覺得最容易錯的注音，並圈起來（以上不限生字）	慎	糯	烤	蒲	喋		

2-2 語詞解釋 圍攏：從四周朝某點集合、慎重其事：謹慎決定事情、不值：很不值得

（先圈出語詞再練習）糯爛：軟爛、壯烈成仁：為保護什麼事物而失去性命、寒意刺骨：冷到骨頭裡去了

預習任務 3、三次閱讀③讀特色：(不用回答，但在課文中用紅筆畫線並依序標題號)

3-1 內容要點：A. 出現哪些蕃薯料理 what？B. 這些料理和誰一起享用 who？C. 吃番薯料理的時候發生了哪些事 how？D. 作者最迷戀哪一道蕃薯料理的什麼滋味 what？

請依序將文中出現人物的順序重新排列：（寫代號）4,5,1,3,2

(1)母親、(2)小店的老闆娘、(3)一起泡溫泉的朋友、(4)小時候的大人、(5)賣烤番薯的老人家

3-2 特色手法：螢光筆畫 3 句生動的句子。用了哪些修辭或句型？視覺、觸覺、嗅覺摹寫

3-3 朗讀練習：找一段你最喜歡的段落，標★號。朗讀給家人聽並簽名：

你最喜歡這一段的原因是 因為作者把地瓜稀飯形容的出神入化。

預習任務 4、詞語暖身

喋喋　熬煮　壯烈成仁　空無一人　瀰漫開來　扯開嗓子

1. 姊姊一進家門，就聞到廚房飄來媽媽（熬煮）雞湯的香氣。
2. 他一回頭，沒看見孩子，趕緊（扯開嗓子）大喊：「小益，你在哪裡啊？」。
3. 好幾位消防員在這場大火裡（壯烈成仁）了。
4. 日正當中，大家都到室內避暑去了，公園裡（空無一人）。
5. 那位老闆很健談，跟每位客人都能（喋喋）的說個不停。

9,

六上第三課預習單——滿滿題目的預習單曾讓多數學生心生畏懼。

半只標示出類疊），讓人看了無名火上身。此外，預習單請家長檢核背誦的部分幾乎都是空白，即使家長簽了名，學生在檢核下仍是不知所云，顯然寫在紙上的簽名只是應付老師，滿足完成作業的需求而已。這些表現反映預習單的設計沒有到位，反而增加了許多批改的壓力和核對的麻煩，老師愈認真，塞給自己的業務量愈大，學生相對壓力也提升。

在繳交每月 MAPS 作業時，政忠主任針對預習單曾提出建議，希望盡量不要抹煞學生對於閱讀的興趣。和夥伴討論後，我們認為小學階段還是有預習的必要，因此簡化了預習單的內容，著重在詞語、字音字形，最後再加上課文內容的順序排列或結構區分等簡答題，希望讓孩子對掌握課文更有信心。

提問單題題都是壓力？

第二場戰爭的火苗延燒到「提問單」。上第一課時因為學生還不熟悉提問單格式與答題要求，我便帶著全班逐題討論作答，接著才讓學生有更多小組讀題、交流的機會。為了避免學生放空或不參與討論，我上課時不停來回巡視，提醒若不投入則要獨自完成任務，也規定提問單在課堂結束後會成為回家作業，要求每個人都要專注。但因為文字訊息量過大，學生尚未閱讀就直觀認為困難，也花費許多時間在書寫，導致討論進度緩慢，答題時學生興趣低落、缺乏信心。

操作了幾課，覺得自己太貪心，應該縮減提問量、牢記麗雲老師說的「一課一重點」。原本學生書寫提問單速度很慢，讀題也不完全，在縮減題目操作幾課後，雖仍有書寫不完整的情況，但整體漸有進步，速度也快了許多，配合每天的日記書寫，學生已習慣在討論時做筆記。在題目的設計上，我會使用較多的表格來整理課文內容，避免學生漏讀題目，也有助於尋找文章中的訊息。整體而言，學生對於表格的完成興趣較大，討論也更有效率。

我同時發現圖像學習對學生而言十分重要。每次討論完提問單，接著要進行心智圖繪製時，學生就像活過來一般，非常興奮。上臺發表後，我再用紅色白板筆稍微修正和提點，部分學生已迫不及待偷偷在提問單背後或空白處畫上自己的心智圖。有些挑戰題需要用圖表來呈現情境、畫面、步驟，學生完成的作品雖不算盡善盡美，但其中的用心常讓我驚豔不已。

為了增加學習的動機，我試著慢下腳步，多花一些時間讓學生彼此交流作品，也讀讀提問單上精彩的回應給全班聽，發現他們很喜歡這樣的分享。待習慣書寫提問單後，班上學生大多能跟上討論速度，願意發表想法，於是我開始把重點擺在要求回答句子的完整度，同時逐步聚焦提問單的內容，配合習作的設計，刪除類似的提問，增加課堂的挑戰題活動。

批改提問單時我沒有打分數，只是依回答完整與否蓋上班級經營用的獎章，並挑選書寫優秀的作品跟全班分享。或許水到渠成，他們對於完成提問單已習以為常，書寫速度變快了，程度不好的學生也能有基本水準的表現，偶有學生創意萌發，更是讓我如獲至寶、開心雀躍。

提問單適度搭配心智圖繪製與發表，熱絡了上課氣氛，此時課程活動的操作安插十分重要，不同形式的討論與發表也會成為課堂上的亮點。我會提醒學生在別組發表時，可用不同顏色的筆將不同的意見註記在提問單上，也有學生善用便利貼，讓提問單上的內容更整齊、一目了然。

此外，剛開始實施 MAPS 時，我並沒有購買文青筆記本，而是讓學生將某些提問單的挑戰題目黏貼、書寫在日記裡，然而日記與提問單尺寸不符，若將回答全書寫在提問單上，沒有足夠空間，反而不利閱讀；但若是把提問單收納在資料夾裡，則又會使題目和答案分開，造成複習不便。下學期為了解決這個兩難問題，我便將筆記本設定為標準配備。

不要疑惑，要勇敢前進

很幸運地，在開學實施 MAPS 不久後，再度參加臺北場

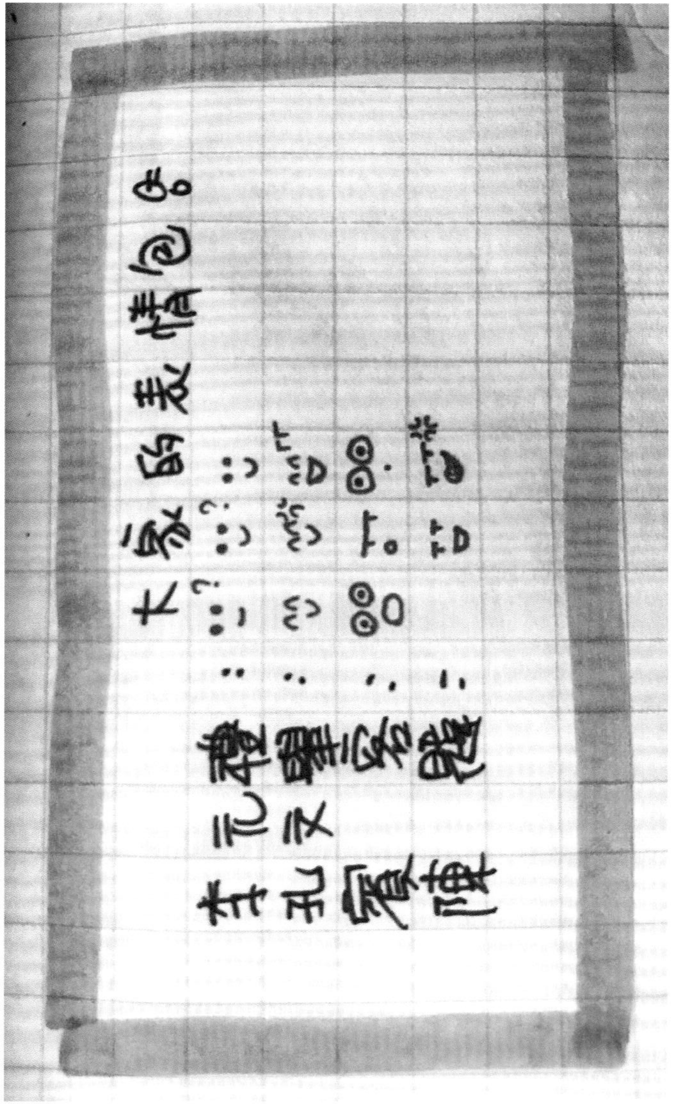

六下第五課〈小時了了〉──憑藉對課文的理解，學生自由發揮，依故事的進展，將文中每個角色的心情畫成表情包。

夢N的MAPS場次，接受大師們的指引，更清楚如何具體操作，讓我對未來滿懷希望。網路真的是很棒的發明，可以隨時閱覽不同教學者的亮點，也能進行共備，除了資源共享的共備夥伴，還有同版本賴建光老師的教學分享可以追蹤，降低了備課上的許多焦慮。

準備得再周全，實際上戰場後面對學生的停滯與置身事外，仍讓我在推行MAPS的前兩個月內，常常產生自我懷疑：究竟這樣做是否是有效教學？學生真能提升能力？自己是否做對了方向？每每打開Facebook看到前輩分享令人驚奇的教學案例，好生佩服之餘，也會有望塵莫及的自卑感。後來，看到雅惠老師在社群上分享了以前挫折的經歷，我把這句話牢記在心裡：「你不用很厲害才開始，要開始了才會很厲害。」翠宜老師也跟我分享了另一種角度的思維：「不用一直想著要如何提升學生能力，就當是讓自己更扎實的備課。」這樣一想，壓力似乎就沒這麼大了，反正，做，就對了！

落實MAPS的第一個學期中，父親突然在國外過世，在匆忙奔喪與治喪期間斷斷續續請喪假，許多課程由代課老師銜接，心智圖也在課堂討論提問單後讓學生帶回家自己完成，無心插柳下心智圖順勢成了自學作業。心力交瘁的我，原本已想放棄MAPS了，沒想到學生竟然出乎意料完成了自學作業，雖然有的關鍵詞語不夠精簡，但多數已能歸納文章

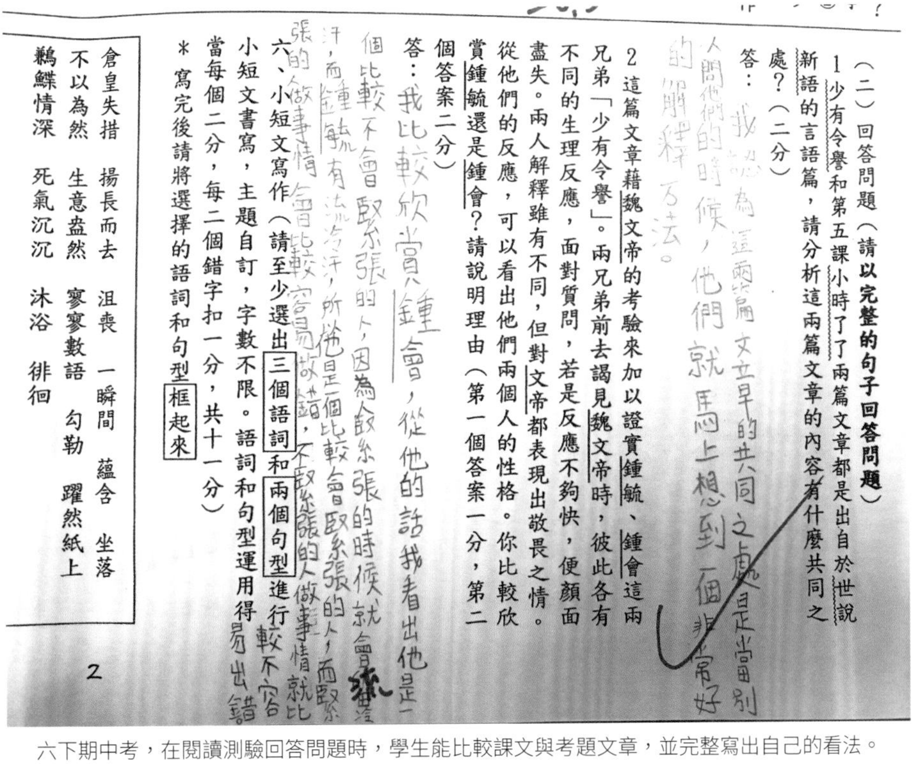

（二）回答問題（請以完整的句子回答問題）

1 少有令譽和第五課小時了了兩篇文章都是出自於世說新語的言語篇，請分析這兩篇文章的內容有什麼共同之處？（二分）

答：我認為這兩篇文章的共同之處是當別人問他們的時候，他們就馬上想到一個非常好的解釋方法。

2 這篇文章藉魏文帝的考驗來加以證實鍾毓、鍾會這兩兄弟「少有令譽」。兩兄弟前去謁見魏文帝時，彼此各有不同的生理反應，面對質問，若是反應不夠快，便顏面盡失。兩人解釋雖有不同，但對文帝都表現出敬畏之情。從他們的反應，可以看出他們兩個人的性格。你比較欣賞鍾毓還是鍾會？請說明理由（第一個答案一分，第二個答案二分）

答：我比較欣賞鍾會，從他的話我看出他是一個比較不會緊張的人，因為緊張的時候，就會流冷汗，而鍾毓有流冷汗，所他是一個比較會緊張的人，而緊張的人做事情會比較容易故錯，不緊張的人做事情就比較不容易出錯

六、小短文寫作（請至少選出三個語詞和兩個句型進行小短文書寫，主題自訂，字數不限。語詞和句型運用得當每個二分，每二個錯字扣一分，共十一分）

＊寫完後請將選擇的語詞和句型框起來

倉皇失措	揚長而去	沮喪	一瞬間	蘊含	坐落
不以為然	生意盎然	寥寥數語	勾勒	躍然紙上	
鶼鰈情深	死氣沉沉	沐浴	徘徊		

2

六下期中考，在閱讀測驗回答問題時，學生能比較課文與考題文章，並完整寫出自己的看法。

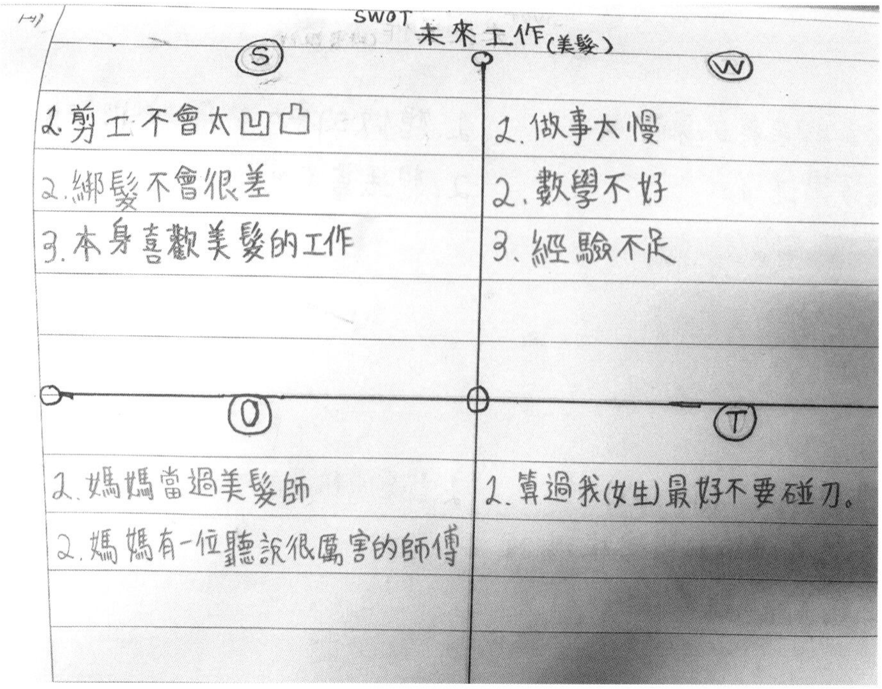

六上閱讀列車挑戰題──參考賴建光老師使用 SWOT 分析〈黃蓉智退霍都〉課文主角的處境後，請學生選擇一個困境進行分析。

架構和重點。而只要我沒請假，到校上課的那天，學生彷彿像參加限量大拍賣般把握機會，極其認真聽課和討論，點滴暖心的表現讓我有了繼續前進的勇氣。

經過一學期，學生已熟悉 MAPS 的進程，大量的討論與合作讓大夥習慣了分享與互助，會相互提醒與彼此教導，和諧活絡的氣氛使我愈來愈喜歡上國語課。因為加分比重的關係，他們習慣訓練能力較差的同學上臺發表與回答，孩子站在臺上的次數多了，音量逐漸變大，也對自己多了幾分自信。為了準備小組共同上臺發表，他們得促使自己在規定時間內瞭解任務內容，熟悉文章結構。有了筆記本後，我要求學生按照預習單、暖身題、基礎題、心智圖、挑戰題的順序黏貼與書寫，希望能留下些學習的歷程，增加學生的成就感。有些學生非常珍惜自己努力完成的內容，字也變得整齊許多，更有學生大膽在筆記本上書寫具有創意的點子和圖表，看了會心一笑的我都會拿到課堂上與全班分享，引發共鳴的心流，這也成為上課時最大的樂趣。

跌跌撞撞行走了一年，雖然我的 MAPS 還不夠沉穩，對於細節操作、帶領學生理解的過程還需要重整，但至少我跨出了一步，不夠好，但會更好！

◆經營親師生關係的利器

一開始我覺得自己的心智圖引導做得非常差，學生討論了半天還是不懂要抓哪個關鍵詞，小組產出的成果常讓我萬念俱灰，只好不斷告訴自己耐住性子、不急躁，先鼓勵引導發言，思考自然就會湧現。

後來，我會要學生在週末時選擇《國語日報》的文章回家完成心智圖，慢慢地，多數學生開始能找到重點繪圖，雖未臻完美，但看著他們呈現思考、歸納的歷程就讓人欣慰。

經過大量書寫練習，學生面對提問多能用完整的句子回應，也對課文內容、形音義有一定程度的熟悉，定期評量的成績穩定進步。例如上學期期末考題中，有一題組規定必須以完整句子回答問題，孩子的答題敘述流暢許多；而串詞成文的寫作題，全班只有一個人無法完成，其他人大都能寫出結構完整的微小說。有了如此書寫能力的提升，在教與學的 MAPS 路途上，學生和老師都更有自信前行。甚至到了下學期的定期評量，原本程度差的學生居然能在閱讀測驗回答問題中完整陳述自己的意見，不僅在時間內完成小短文，同時言之有物。批改時回顧他們成長的點滴，讓我著實感到驕傲。

學生習慣書寫這件事不僅讓我在教學上鬆了一口氣，更成為每天批閱作業的精神食糧，他們除了在筆記本裡面分享自己的心事和祕密，也會在每天的日記上表達自己的看法，文字交流成了師生連結重要的一環。畢業前，有學生寫了感謝信給我，提到我教他們國語課的歷程，也訴說著自己的進步，讓我知道學生對這些付出其實都放在心上，也同步在齊心努力著。家長日時，也有家長表示贊同老師的教學理念與設計，告訴自己的孩子要好好珍惜這樣的學習機會，沒想到 MAPS 也成了親師關係經營的利器。

為了準備 MAPS 的課堂，大量投入備課心力的同時，也助長了我教學的熱忱。為了更瞭解作者，我買書來看，體會節錄書中內容作為課文的用意，也與學生分享精彩內容和閱讀心得，有時還借書給他們看，或者朗讀未刪改的原文，比較一下兩者間的不同，我們成為了共讀的夥伴。因此，我更喜歡閱讀了，我的世界也變得更寬廣。

為了知道別人如何教，我加入許多 Facebook 社團，觀摩各種教學案例和創意，覺得不錯、可行的就融入課堂使用，這些實驗造就了我的膽量。尤其感謝同版本賴建光老師大方分享教學，讓我可以透過不同的角度來看文章，進行更精密的解析，帶給孩子更深的體會。這些閱讀和思考讓我站上臺更有自信，讓學生更信服，教學變成享受，或許是後效強化的作用，有了意願再繼續投入。

因著準備 MAPS 課堂，我擁有了一群共備、討論的夥伴，我們成就了更好的課堂和自己，誠懇交心的日子倍覺溫暖，那些多勇敢一點點的嘗試變成美好的回憶，也督促著自己要繼續前進。有形無形的能力和情感交流，讓忙碌的這一年深刻動人，感謝能有機會體會這樣的淬鍊和純粹的喜歡。

◆鋪出了自己的路

MAPS的行進需要夥伴同心協力，也需要穩定自己的心。在參加 MAPS 工作坊的同時，我也參加了同是 MOXA 辦理的兩年期心靈導師工作坊，使用阿德勒（Adler）的正向心理學經營班級，恰好幫助了我穩住 MAPS 的行進。

以前我常質疑像自己這樣看起來不兇、兇起來不可怕的老師要如何帶好班級，在學習 MAPS 之後，我找到了引領自己精進課堂教學的方法；在曾端真教授和講師群的阿德勒精神帶領下，我進一步換位思考，推敲學生行為背後的原因，試著與學生有更多的交流。

在感到失落、覺得自己不如網路上神人老師的時候，我會試著把眼光拉回教室，找回互動的美好。MAPS 大量的對話與討論，讓教室內的人更像一家人，我們更有話題，也更瞭解彼此，那些情感的回饋幫助我繼續走下去。我檢視自己和學生進步的地方，肯定彼此的成長，找方法建構基礎能力

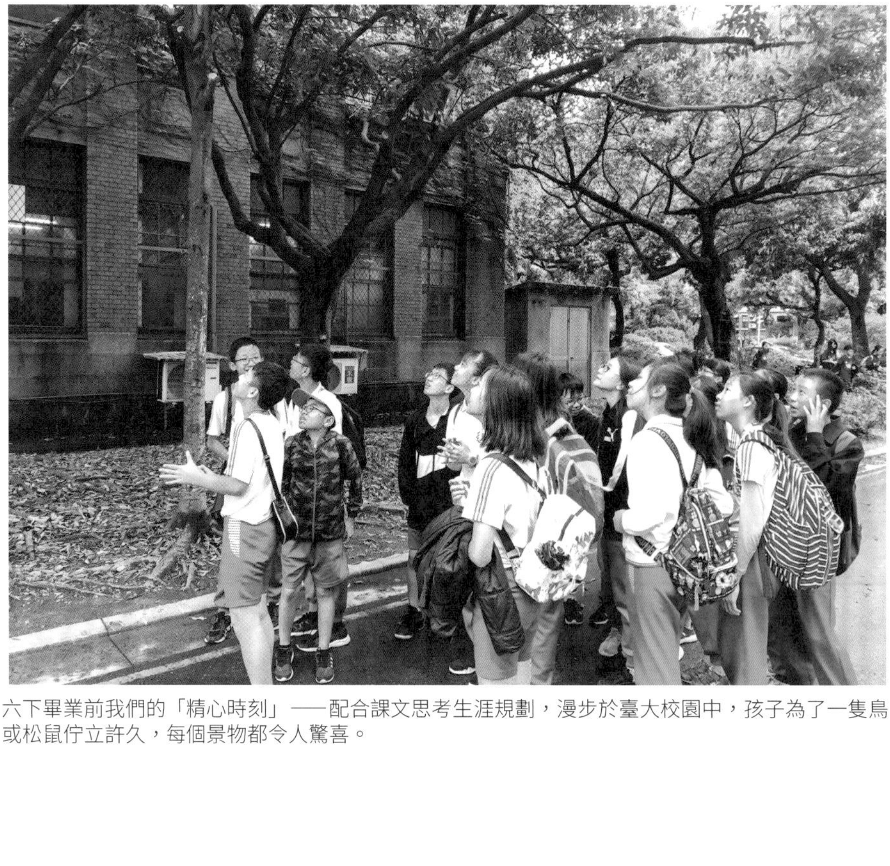

六下畢業前我們的「精心時刻」──配合課文思考生涯規劃，漫步於臺大校園中，孩子為了一隻鳥或松鼠佇立許久，每個景物都令人驚喜。

來支持 MAPS 的進行，例如用甲乙本串詞成文增進學生的書寫功力，學習了一舉數得的教學小技巧。

透過挑戰題的跨域延展，我試著抓住學生的心。使用黃柏嘉心理諮商師的「精心時刻」作為最有效的獎勵制度，配合課文主題辦理校外教學或烹飪課等班級活動，那些只有「我們」的時刻有無數歡笑，我看到了學生在課業表現以外不同的樣貌，無形中也凝聚了班級向心力。

另外，我也使用張珮瑜老師的「民主討論」，將在 MAPS 課堂中發生的爭執、作業不認真書寫或代寫抄襲的問題帶到綜合課上討論，讓全班一起來面對共同的課題，想辦法解決。

針對學生上課的反應和作業的書寫，我試著去思考造就這些行為的原因，勇敢面對自己在課堂上的不足，力求減低學生的壓力、多給一些楷模的示範，也對他們坦承我的心情與期待。此外，我更努力從學生的書寫和發表找亮點，在進入正課前與大家分享，也和學生一起自我探索，並加入時事或生活經驗的省思，將課堂知識類化到個體經驗，讓學生在學與用之間有所連結。

透過這些歷程，我可以更瞭解學生，走進他們的內心世界，不是只有認識課堂上的他們。原來，好的教學法可以成就師生更親密的關係，除了培養能力，還滋養了更多的情感。

而無數一起「隔空」備課、討論班經、練習在夢N發表的夥伴成為了我穩定的力量，讓我鼓起勇氣追求更多的夢想，也大膽調了校，介聘到離家更近的學校服務。走 MAPS 的路時，我也鋪出了自己的路，我知道可以勇敢築夢，因為夥伴一直都會在。

二〇一九年臺南場的夢N，政忠主任說：「別走在我前面，我不一定跟隨；別走在我後面，我不一定帶領；請走在我身邊，成為我的夥伴。」並肩的感覺真好，真心相信一定會有更多同行者。

希望我可以找到更屬於自己的教學節奏，不疾不徐地在有限的課堂中涵養學生對語文學習的樂趣，自己也浸淫其中，樂此不疲。

◆ 隨手札記

【國小領域】

3

林倩伃／用MAPS描繪的課堂含苞待放

新北市新莊區中港國民小學

山中大叔導讀

該怎麼說倩伃老師這一路走來的行板如歌旋律呢？

師者總是要在心絃被觸動的時候，才明白自己的教師靈魂還是活著的；師者總是要在期待被撞擊的時候，才清楚自己的教師專業還是有空間的。

素胚勾勒的教學現場往往容易碎了一地的自以為是，打撈起散落的師生嘆息，進窯火燒，種子教師培訓如高溫，漸漸鍛鍊出有型有骨有曲線的大器終成。

於是可以上遣詞用字的釉，染循序漸進的彩，在溫柔的課堂裡，等你，等孩子，一起同賞天青或煙雨的文學天光雲影。

該怎麼說倩伃老師這一路走來的行板如歌旋律呢？

踏出夢的第一步

二〇一八年某個仲春的夜晚，「叮咚！叮咚！」手機裡傳來陣陣清脆響亮的訊息聲，是來自一位積極進取的夥伴所發出的熱情邀約，內容是一則研習資訊的連結。點進網頁一探究竟，「MAPS教學法推廣計畫」幾個大字映入眼簾，MAPS是什麼？地圖教學嗎？一團迷霧層層升起，籠罩包圍；緊接著看到「講師介紹——王政忠」、「南投縣立爽文國中主任」，突然頓悟明白，「他」，不就是真人實事改編成電影《老師，你會不會回來？》裡的「王老師」嗎？影片裡中寮鄉的學生從一開始學習無動機、無動力、無動靜，到後來體會到課堂的樂趣與成就而被撼動、試行動、深感動，在這一連串的轉變中穿針引線的關鍵法門是什麼，一直讓我無限好奇。劇中有幾幕上課場景深印在腦海裡，像是：

座位的安排由面向黑板的獨座，改為四人一組併桌圍坐。還有依學生程度的相異給予不同的加分機制，高能力者回答得十分，低能力者回答得四十分。學習場域不一定在教室裡，可以在走廊邊、在花圃旁，不受他組干擾，小組聚集專心交談，共同完成任務單。利用學習護照記錄點數，強烈增強學生的學習動能，於是不管是背誦英文單字、國文課文、化學元素週期表，都可以見到孩子利用課餘時間不斷主動爭取。而期末舉辦的點數換獎品拍賣會，更是掀起高潮，這個活動讓累積的點數有如實際持有的籌碼一般，點數多者可兌換到最心儀的物品。

這個老師究竟擁有什麼魔法，使得偏鄉小校、文化不利的學習環境有這番蛻變？在片中王老師說：「一乘以一等於一，但只要多了〇．一，乘七次也會大於二；就算是〇．〇一，乘七十次也會大於二。只要我們多付出一點，哪怕只是改變一個學生，也值得。」同樣身為教師的我，或許只需選擇勇敢踏出〇．〇一的第一步，那不過是一點點裡頭的一點點，也能讓平凡而千篇一律的教學現場更有效能與樂趣。

與良友伴，不覺路遠

簾外芭蕉惹驟雨，門環惹銅綠，而我在研習路上惹了妳。

好一陣子了，我知道心底渴望改變課堂這鍋湯，但就是缺了點什麼祕方，熬了好久，沒滋沒味，學生嘗了有的點頭稱是，有的默不作聲，好像也還過得去。打從二〇一七年盛夏，我們倆踏上宜蘭夢N之路開始，這趟奇幻旅程彷彿沒有終點，沿途跟隨夢N的指標，把懵懵懂懂的方向逐漸摸清。其中一站，二〇一八年梅雨季來臨前，走到了新北夢N，在〈莫忘初衷〉的歌聲中，瞥見牆邊的一句話：「一個人走得

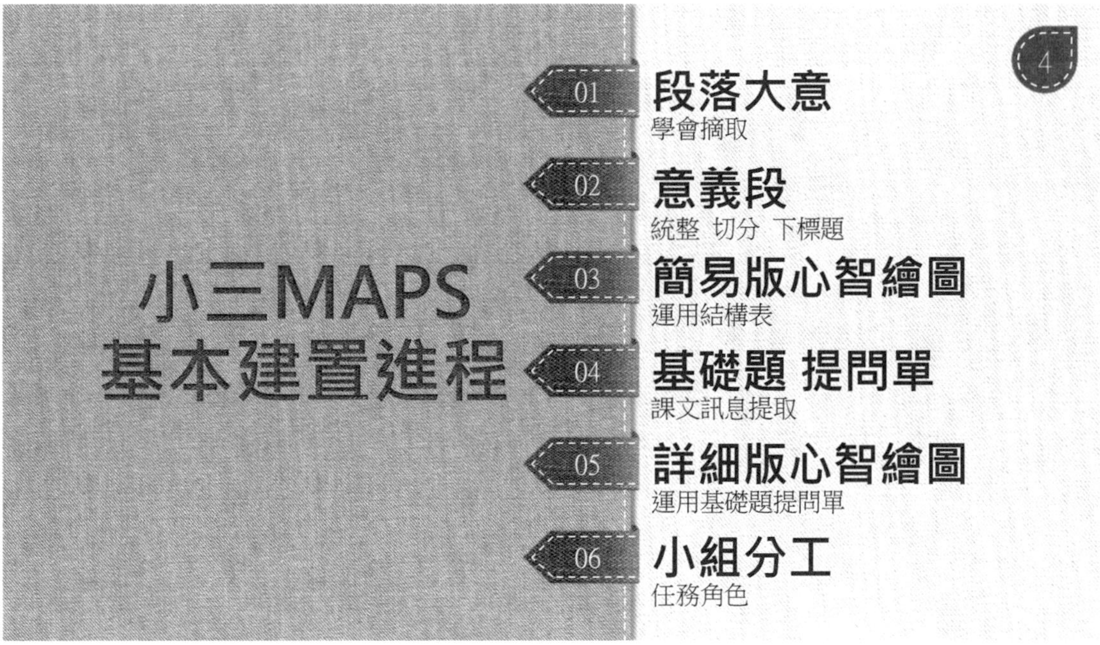
4
小三MAPS
基本建置進程
01
段落大意
學會摘取
02
意義段
統整 切分 下標題
03
簡易版心智繪圖
運用結構表
04
基礎題 提問單
課文訊息提取
05
詳細版心智繪圖
運用基礎題提問單
06
小組分工
任務角色

小三 MAPS 進程。

快，一群人走得遠。」頃刻間懂了什麼，那個祕方應該是夥伴，應該是勇氣。我短少的，就是「一起」！一起精進，一起備課，一起發現問題，一起尋求方法，一起檢視省思，一起勉勵承擔，然後，一起動身繼續。

很幸運的是，夥伴一直在身邊，我們只缺導航，還有把車大膽駛出去！就算迷路了，一起翻查地圖，一起開口問路，相信再怎麼遠、再怎麼難的路途，都會在到達之後感到成就欣喜。更幸運的是，我們一起被錄取了！記得錄取通知上寫著：「這是為期一年的進修實踐計畫，請慎重考慮並許下承諾。」然後，沒怎麼猶豫地，一起許下承諾，一起挑戰自我。

◆素胚勾勒出 MAPS

是的，我上路了，帶著些許希望期待，些許戒慎恐懼。

從暑假的三天工作坊培訓課程完成，到暑假期間的自我反芻，直至開學了，油然而生的使命感愈發強烈——這個新的班級就是新的開始！

我深感設計提問單工程浩大，甚至覺得要問出好的問題，切中要點，引出關鍵，根本就是考驗教學者的閱讀功力，所以都還沒來得及考慮到我那群二升三的天生萌學生是否能吸收，就惴惴不安於自己到底生不生得出來三層次提問單。

然後，拚了一點老命，熬了一點深夜，耗了每天一點一點的零碎之光陰，還真的生出來了！簡直就像要把課文剖開來剁碎再分類似的，自然段的訊息提取、事實摘要，意義段的相同事件或情緒之主題統整，得先做一張課文「結構表」，自己才能了然於胸。

大叔說：「錯誤的答案就是最好的下一題！」我說：「有瑕疵的提問單就是邁向完美提問單的前一張！」

要引導學生踏入「心智繪圖」這個階段，前置作業是必須由「文章結構表」轉化而來。所以上第一課及第二課時，學生就像盲人摸象一樣順著我畫的大象一路摸過去，我深感到他們緊緊依賴著我，跟著我做和說，彷彿我停止了他們就全部不會了。

到了第三課，我正式讓提問單上場！想盡辦法讓學生逐漸明白基礎題與心智繪圖的對應關係，可是成效不彰，我在思考是不是基礎題的提問內容不夠簡明易懂？還是學生仍沒把基礎題消化成為所知，腦袋才無法來回對應？所以我的提示語好多好多，有時候幾乎是我在講、我在畫，他們很專心動筆寫。

大叔曾提到：「先由老師逐題發問，各小組逐題討論，得到最佳解答；再引導各組學生參考上述答案，共學畫出心智繪圖結構。」我想是該成立小組討論機制了，前提得先教

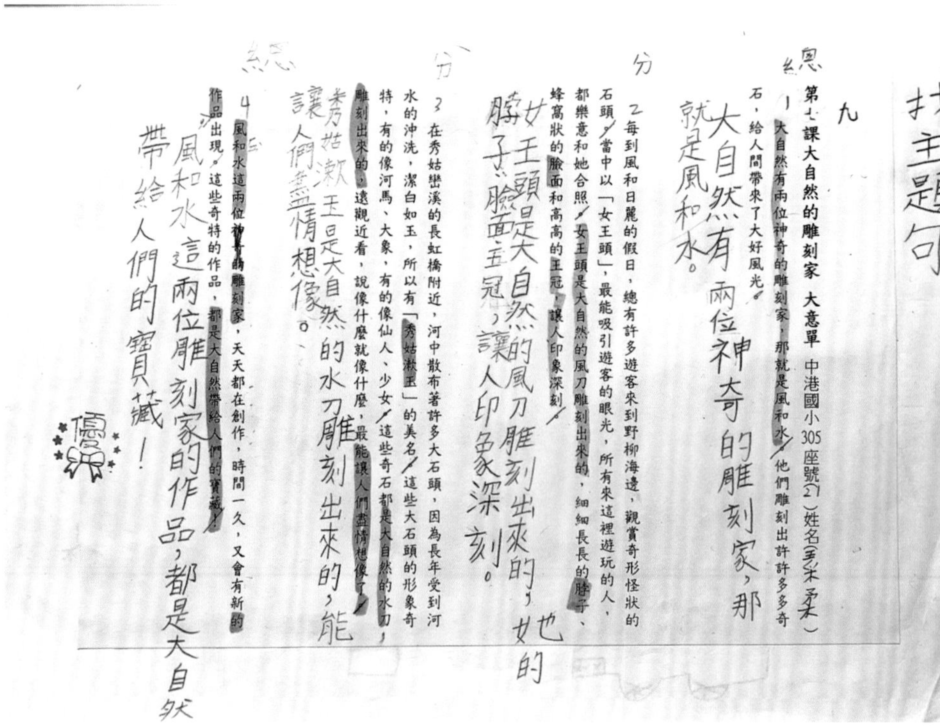
找主題句

九

第七課大自然的雕刻家 大意單 中港國小305

總 1 大自然有兩位神奇的雕刻家，那就是風和水，他們雕刻出許多多奇石，給人間帶來了大好風光。

大自然有兩位神奇的雕刻家，那就是風和水。

分 2 每到風和日麗的假日，總有許多遊客來到野柳海邊，觀賞奇形怪狀的石頭，當中以「女王頭」，最能吸引遊客的眼光，所有來這裡遊玩的人，都樂意和她合照，女王頭是大自然的風刀雕刻出來的，細細長長的脖子、蜂窩狀的臉面和高高的王冠，讓人印象深刻。

女王頭是大自然的風刀雕刻出來的，她的脖子、臉面、王冠，讓人印象深刻。

分 3 在秀姑巒溪的長虹橋附近，河中散布著許多大石頭，因為長年受到河水的沖洗，潔白如玉，所以有「秀姑漱玉」的美名，這些大石頭的形象奇特，有的像河馬、大象，有的像仙人、少女，這些奇石都是大自然的水刀雕刻出來的，遠觀近看，說像什麼就像什麼，最能讓人們盡情想像了。

秀姑漱玉是大自然的水刀雕刻出來的，能讓人們盡情想像。

總 4 風和水這兩位神奇的雕刻家，天天都在創作，時間一久，又會有新的作品出現，這些奇特的作品，都是大自然帶給人們的寶藏。

風和水這兩位雕刻家的作品，都是大自然帶給人們的寶藏！

優

找出主題句整理出段落大意。

會他們「如何討論共學」。

隱藏在窯燒裡無言的祕密

#是搞砸了嗎？

曾在進行某張暖身＋基礎提問單時，發生一段插曲，搖晃了我心中的教學世界。一個學習能力相對弱勢的男孩突然在課堂上哭了，還把提問單揉成一個「球」，真是驚嚇到我了！這是十一年教學生涯以來第一次遇到的情況，一旁同學皆驚訝，老師我也目瞪口呆。

下課時間找來仔細盤問，他終於紅著眼眶、結結巴巴地說出：「因為它看起來很難。」我沒有責罵，但是怒火是肯定有的，我決定下午再告訴他處置是什麼。後來，我忖度了一整個半天的時間，竟想不到頭緒……。雖氣憤他不尊重這張講義，但更同情他能力不及，需要人拉一把。

在剛開學的第二個月，我的 MAPS 還缺乏「同儕鷹架」和小組「口說發表」，我想，同儕鷹架對他來說應該很重要，但是現階段我就是全班的鷹架，他們每一個都還緊緊依附著我。還有，究竟是我的提問單太複雜？還是他看到一堆字就懶得思考？我需要時間再去測試。

#細節裡的魔鬼

為了讓自己更瞭解國小版 MAPS 如何操作，和夥伴一起

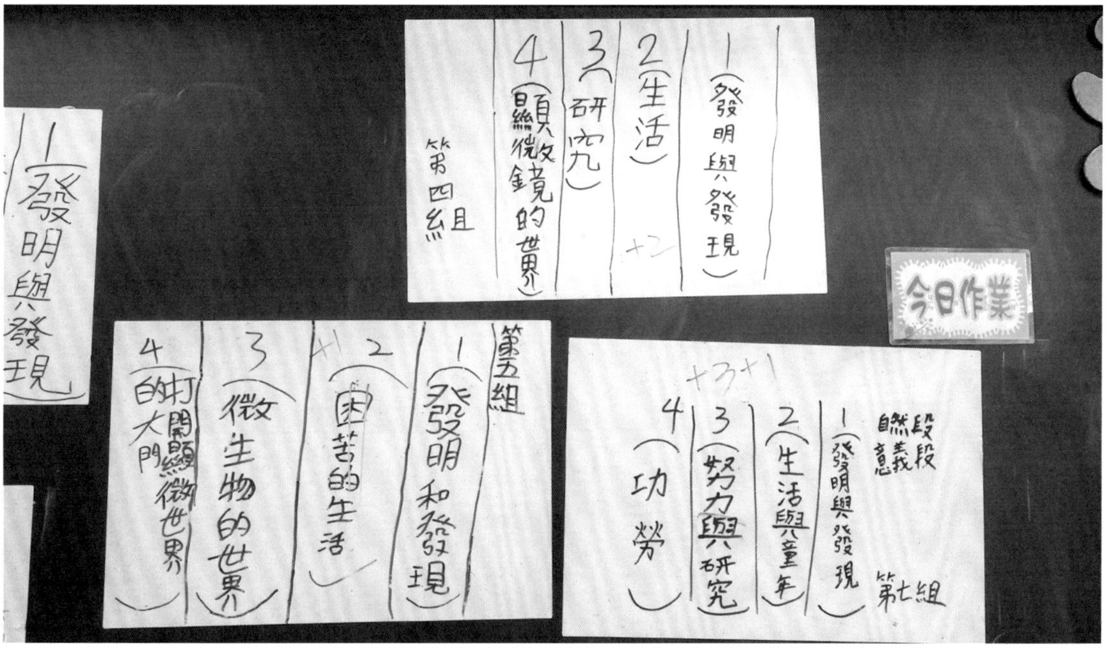

小組討論切分意義段並下標。

心智圖本。

報名了十月分兩天的「夢N臺北場國小國語MAPS」。胖胖威老師在講述「什麼是心智繪圖」的時候，特別提到了「關鍵字（詞）」這個重點，他強調呈現在心智繪圖上的文字都必須很「關鍵」！然後還利用了〈花童〉這一課帶大家抓取「主要關鍵詞」及「次要關鍵詞」，並藉此組成段落大意。這個方法我認為很實用，除了可以簡潔呈現心智繪圖，還能處理段落大意。反觀我在這一課已進行的心智繪圖，第三層分支出去的文字敘述落落長，不夠「關鍵」，這是下一次帶心智繪圖時必須積極挑揀摒除的魔鬼。

雅惠老師上課時，為了讓大家明白心智繪圖在未來工作會議中的重要性，播放了YouTube上關於「圖像記錄師」的影片，這個從來沒聽過的工作深深震撼了我。原來MAPS課堂中帶給孩子的心智繪圖訓練，是培養他們有系統且群組化、階層化的思考能力，使其易於看清主題關係和掌握細節缺漏，而透過視覺記憶更有助於腦力激盪去解決問題。我決定將影片《我是未來人：圖像記錄師》播給學生看，並在指導心智繪圖，強化抓取關鍵詞的要求之餘，也將目光轉向插圖繪製上，希望讓愛畫畫的他們對這件事情更燃起動機。

#只要上路，身旁都是夥伴

曾經在課堂實踐紀錄裡，我寫道：「挑戰題的提問設計對我而言，比基礎題要簡單得多……。」沒想到大話說得太

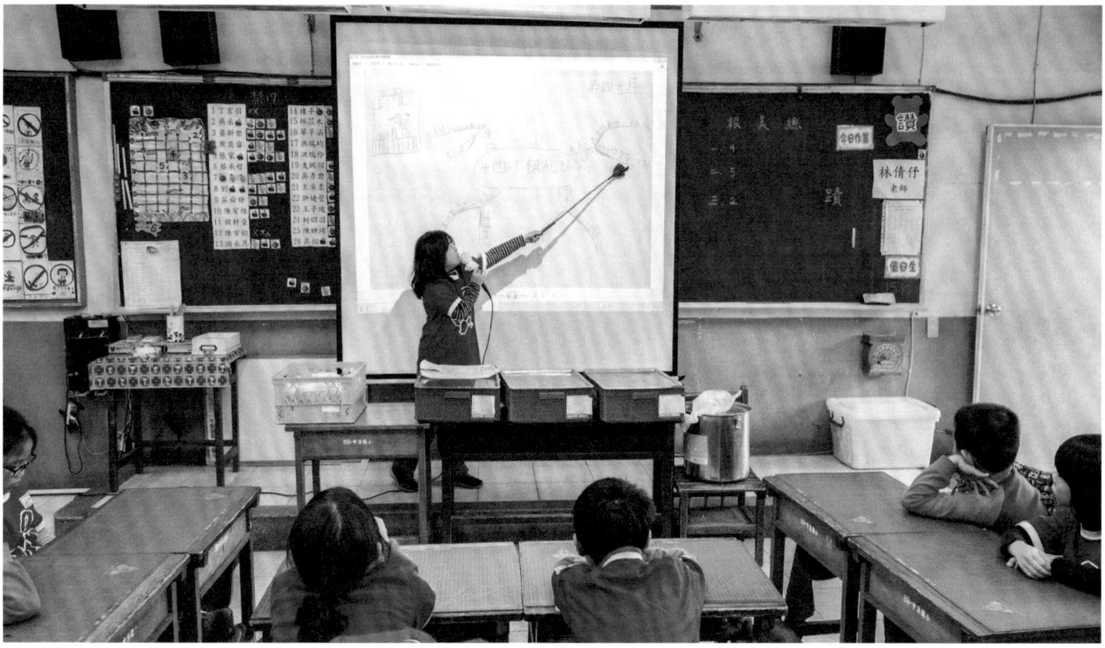

口說心智繪圖。

滿，第六課〈老榕樹〉的挑戰題設計讓我傷透腦筋。想起在網路上閱讀過的文章——〈蘋果樹〉，一樣是一棵樹，只是〈老榕樹〉裡的大家懂得心懷感恩，而〈蘋果樹〉裡唯一的主角卻予取予求，不知感恩。於是我企圖很大地想帶孩子進行類文閱讀，做做分析比較。

有了這個構想，我刻不容緩打開 WORD 想化 idea 為實體提問單，卻在比較相同點之處卡關。草稿完成之後，鼓起勇氣傳到學年群組，想從資深前輩口中得到一點建議與肯定，否則這張教下去，真不知道會帶學生走到哪裡去了。一開始學年主任認為這篇文章與課文無從比較起，因為我們判定的主旨相異。於是改向 MAPS 同梯討救兵，她建議表格再具體化、細項化，學生比較有方向。修修改改，學年主任比較認同了，她說想利用這份提問單，再設計改寫結局的寫作教學……。學年主任的學習單讓這份挑戰題變得更完整。啊！我不孤單，身旁漸有夥伴。

天青色等煙雨，而我在溫柔等你

「成功不必在我們手上，提問是我們最溫柔的陪伴，而不是拿來展現閱讀優勢者的奇思妙想（我在說我們自己），別讓閱讀優勢成為教室內的知識霸凌。那將會驅使需要協助的孩子，從教室中逃走。」——節錄大叔在 Facebook 上發文，二〇一八年十一月初。

#讓提問單變溫柔

從一開始實施 MAPS 教學，我就把目標（包含學生該表現出的理想模樣）訂得太高：提問單要每一題都能讓人思考回答，可以參看提問單就畫出心智繪圖。但我沒有想到應該針對三年級學生的學習狀態，適度調整書寫作答的比例；也沒有放慢步調，利用各種方法（如螢光筆標示、框框標示），將提問單與心智繪圖做「文／圖思考串聯」。所以，提問單對孩子來說變得好艱難，要時時依靠著老師。到了第八課和第十課，我修改了提問單的模式，讓它親民了一點，我也勇敢放手了一點，此時學生的反應是：「哦～心智圖是這樣畫出來的啊！」那一聲「哦～」，是我努力讓提問單變得溫柔而獲得的回饋。

#分組任務角色不一樣

有別於大叔的「教練（A咖）、明星球員（B咖）、老闆（C咖）、黑馬（D咖）」組內角色，我採取的是自己一直以來慣用的異質分組及組內自願／協調任務角色來進行小組討論，目的是讓學生發揮專才，並引起仿效作用。等日後小組討論模式逐漸成熟後，就會每過一段時間更換學生任務角色，讓各個孩子都有機會嘗試不同的工作任務。

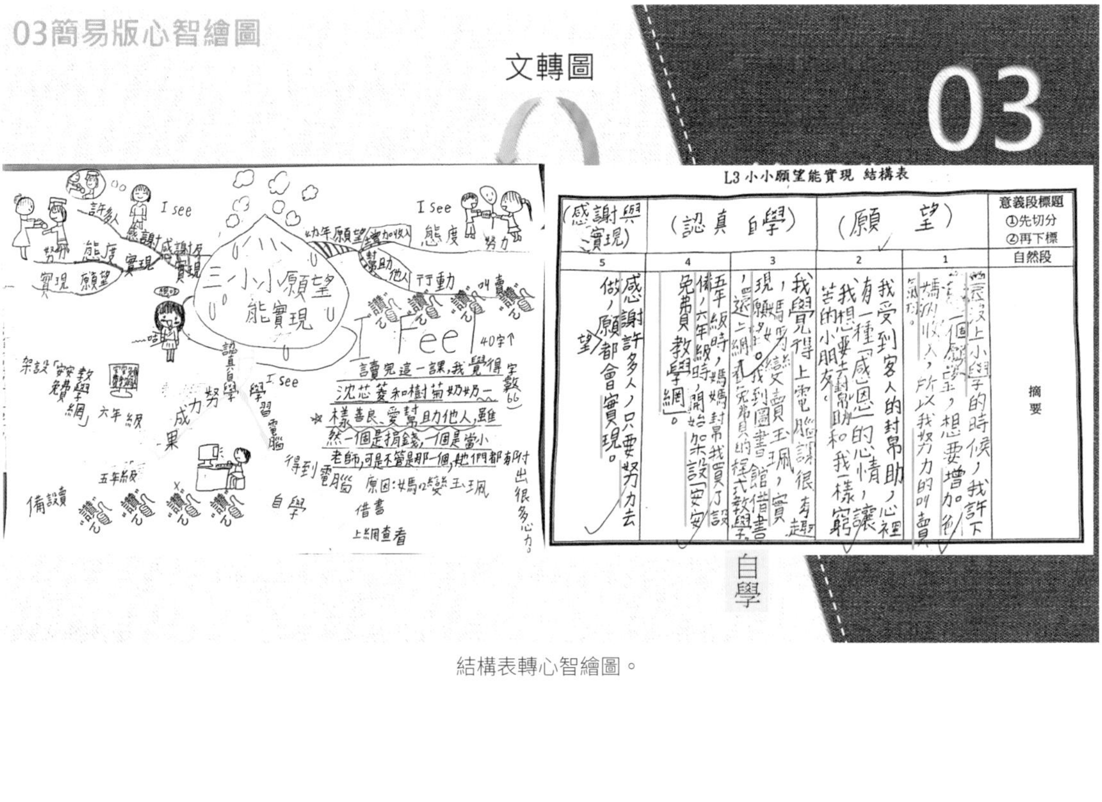

結構表轉心智繪圖。

#同學說得比老師說得還動聽

前半學期，我的目標是帶領學生認識課文結構，師生以問答方式討論出心智繪圖，每個學生都在自己的心智圖本上記錄過程。期中考過後，各組發言人第一次上臺報告，總共七組報告了七次，我發現臺下的人極為專注聽著臺上同學的說明，發言人彷彿比老師說得還動聽、還吸引人注意。

◆思維被不同打撈起，暈開了別致結局

已經走了快一個學期的MAPS課堂，「亂無章法」是我給自己的總評語。整理那些荒煙蔓草的下自成蹊，耗盡了我的洪荒之力，但步步足跡也緩緩成為可摸索依循的點點軌跡，好像在深不見底的茫茫大海中，撈起了某些先後順序。

如果可以重來，我會從三年級上學期，先帶著學生認識自然段，並學會摘取段落大意。摘取方式可以五花八門，有的是依文體搜尋出現在一段裡總起或小結的主題句，有的是框出段中的關鍵詞或關鍵句再加以串接；如果是寫人或記事類的課文，要關注每段裡提到人、事、時、地、物及結果；也可以是基本縮句能力的鍛鍊，如刪除法，剔除掉形容詞、修辭、細節、數量、舉例等；或歸納法，將同一類的名詞、動詞、短語、句子收編命名。這些浩大的建置工程，需要老師在開學前透過文本分析，選擇五、六課適當的文本，提供

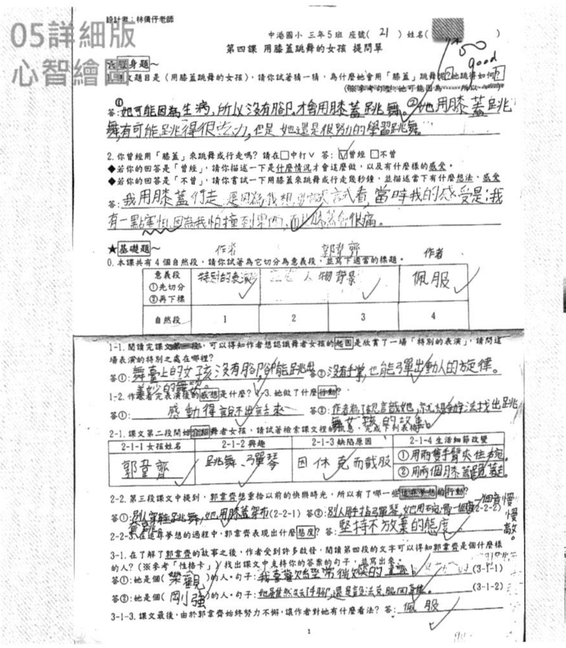

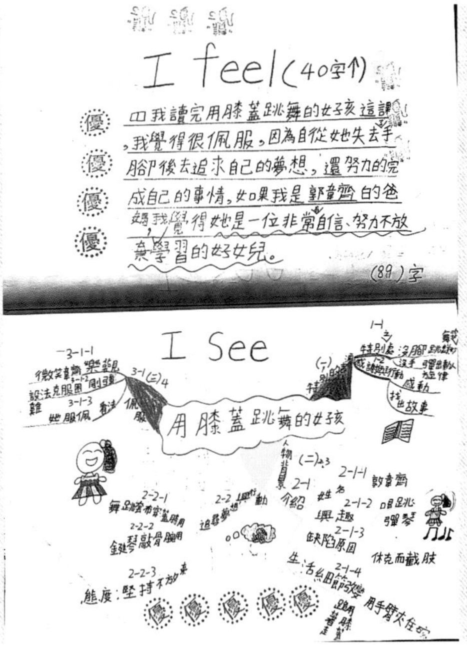

基礎題轉心智繪圖。

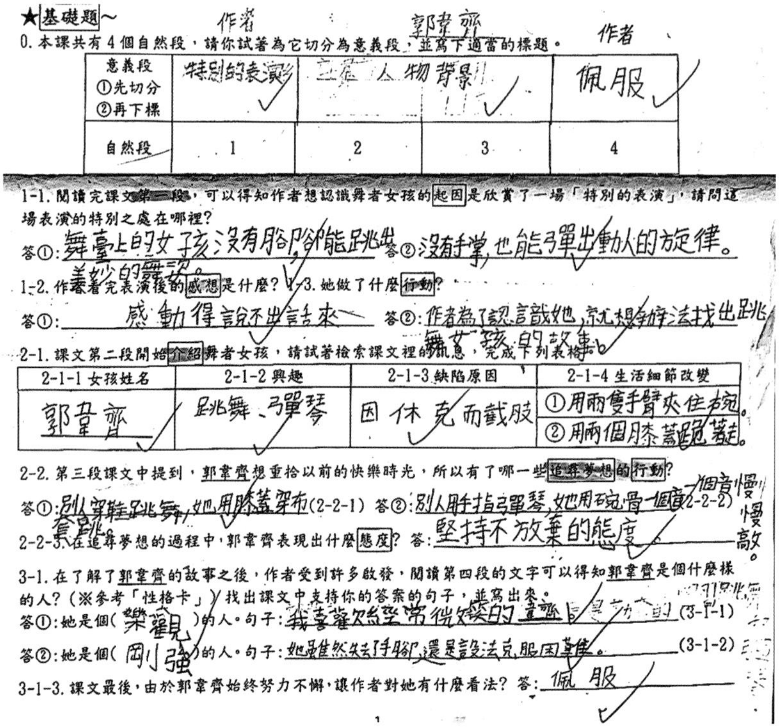

★基礎題～　作者　郭韋齊　作者

0. 本課共有4個自然段，請你試著為它切分為意義段，並寫下適當的標題。

意義段 ①先切分 ②再下標	特別的表演	主角人物背景		佩服
自然段	1	2	3	4

1-1. 閱讀完課文第一段，可以得知作者想認識舞者女孩的起因是欣賞了一場「特別的表演」，請問這場表演的特別之處在哪裡？

答①：舞臺上的女孩沒有腳卻能跳出美妙的舞蹈　答②：沒有手掌也能彈出動人的旋律。

1-2. 作者看完表演後的感想是什麼？ 1-3. 她做了什麼行動？

答①：感動得說不出話來　答②：作者為了認識她，就想辦法找出跳舞女孩的故事。

2-1. 課文第二段開始介紹舞者女孩，請試著檢索課文裡的訊息，完成下列表格。

2-1-1 女孩姓名	2-1-2 興趣	2-1-3 缺陷原因	2-1-4 生活細節改變
郭韋齊	跳舞、彈琴	因休克而截肢	①用兩隻手臂夾住碗。②用兩個膝蓋跪著走。

2-2. 第三段課文中提到，郭韋齊想重拾以前的快樂時光，所以有了哪一些追尋夢想的行動？

答①：別人穿鞋跳舞，她用膝蓋穿布套跳(2-2-1)　答②：別人用手指彈琴，她用碗骨一個一個音慢慢敲。(2-2-2)

2-2-3. 在追尋夢想的過程中，郭韋齊表現出什麼態度？ 答：堅持不放棄的態度

3-1. 在了解了郭韋齊的故事之後，作者受到許多啟發，閱讀第四段的文字可以得知郭韋齊是個什麼樣的人？(※參考「性格卡」)找出課文中支持你的答案的句子，並寫出來。

答①：她是個(樂觀)的人。句子：[illegible] (3-1-1)

答②：她是個(剛強)的人。句子：她雖然失去手腳，還是設法克服困難。(3-1-2)

3-1-3. 課文最後，由於郭韋齊始終努力不懈，讓作者對她有什麼看法？ 答：佩服

L4 基礎題。

給學生足夠的練習機會。

具備摘取段落大意的能力之後，再引薦意義段的概念給學生，目的是希望他們學會「統整各自然段的主題」，並「切分出意義段」，進而幫各意義段「下標題」。為了更精準集結這三個學習步驟，參考政忠主任《我的草根翻轉：MAPS教學法》裡的「結構表」當成記錄工具，讓小組進行討論時有表達依據，也可以當成個人回家作業的重複檢核利器。待練習較為純熟後，結構表中再加入「寫作架構辨識」欄位，除了可以在往後畫心智圖第一層主結構的命名時多了選擇，也可成為螺旋式鋪墊寫作布局時的規劃根基。

當「結構表」已然在學生心中架起整篇課文，接著就能夠推出「心智繪圖」大菜，由老師帶著一起烹煮。結構表轉化為心智繪圖—See的過程並不容易，如同嬰兒學步般，必須手拉著手，老師指出結構表內容並畫一條分支於黑板，學生文圖對照模仿也畫一條於心智圖本。沒錯！就是這樣亦步亦趨的緊密追隨，步調既遲又緩，師生大概透過半學期的時間來共做琢磨，讓「心智繪圖know-how」在學生腦中堆疊成型。這漫長的等待，就當作是為了遇見各異其趣之獨自心智圖所埋下的伏筆吧！

猶記二〇一九年六月於中興大學MAPS種子教師分享實踐論壇中，陳欣希教授陳述：「課程設計要以一個完整年段

二年為期。」於是想起三上初探MAPS時，就強渡「提問單」入境，那個耐不住性子、心急如焚的我，有多麼擔心提問單降落了但怎麼心智圖過境不停，儘管老師對它向來情深，奈何學生與它如此緣淺……。幾經嘗試闖關，才醒悟是缺了基本能力簽證。當前置繁雜手續辦妥，三年級下學期再端出提問單，毫無疑問地就從基礎題著手，師生共同爬梳課文細節、思考表意與內涵，逐題發問、逐題討論、逐題作答，一起定架構、找訊息，最後才遷移到全班共畫心智圖。此時的提問單心智圖，與之前的結構表心智圖相比，涵蓋範圍更全面詳細，層層分明。呼，終於！海關釋出善意，允許放行。

這些學習脈絡在師生心中逐漸清晰，不是老師一個人泥中奮戰的成果，而是這一班學生與我一起參與這場混戰，企圖翻轉課堂而堅定抗戰的所得。在一月分進階回流課程中，大叔提到MAPS的上課模式不該每一堂課都固定，有些題目可以課堂共學，有些可以派給學生回家自學，有些可以挑學生回答（像是正確的、錯誤的、有意思的答案等），有些在課文中用螢光筆畫出句子的作答可以抽籤檢核……。切換不同的教學模式，變化各種排列組合的學習樣貌，老師才不會「乏了」，學生也才不會「乏了」（笑）。這提醒了我，脈絡已獲，但要懂得靈活運籌，才能決勝千里，讓路走得長、走得遠。

在MAPS山水畫裡，我從墨色深處被隱去

未竟之渡航行至今已一年了，還沒有個完成，也還沒有個停止。曾經放手讓那群不繫之舟自行漂流，演繹屬於自己的心智圖，只是迷糊的迷途，打量的打轉。但頁頁很有誠意的圖，可以看出他們內心的篤實，談不上百花盛開，至少也有野花小草蓬勃生長，自顧自地美麗。大部分時候，他們眼帶笑意，我便用盈盈笑臉欣賞；少部分時候，他們的美一縷飄散，去到我去不了的地方，我便明來暗往地扯篷拉縴，使彼此靠近。

MAPS教學法完整架構有P1～P4四個進程，目前班級推展到P1跨P2的區域，一學期十四篇課文當中，我會選擇文章結構較為簡明扼要的兩篇，給予學生小組共學討論畫心智圖。就比例上來看，學生小組脫離牽引指導，獨立練習操作繪圖的分量太低，我想，這跟老師的心有一道牆極其相關。偶爾，學生興致勃勃發現一扇窗，透出一絲絲超現實微光，他們竭力攀上窗檯想要盛放，在此魔幻時刻，老師是不是應該要不畏怯他們搞砸或走偏，不懼怕事後花更多堂課去收拾爛攤子（誤）及瘋狂趕課？甚至鼓瑟吹笙激勵他們勇於跳脫提問單，用小組的主張來開展心智圖？答案不言而喻，我要求自己必須經常做到。

所嚮往的是，在短促有限的課堂時間內，創造緩慢凝視的學習基調並滾動；在浩繁無限的文本世界中，掌握一瞬抽離的速度迷醉並理解。米蘭．昆德拉說：「緩慢的程度與記憶的濃淡成正比，速度的高低與遺忘的快慢成正比。」師生要把心慢下來，在風馳電掣中穩行，才能將學習意義刻鏤進時間的渦流裡。

已踏出夢的第一步，夢未央之際，那玻璃瓶裡還盛裝了許多大大小小的許願星星，等待被擦亮。眾所周知，MAPS教學系統的精髓是有意識的三層次提問設計，我希望，接下來能夠於最根本的「提問設計」再多下點功夫，雖然現今網路雲端、備課平臺等已有先行者前輩（神人）上傳分享許多提問單資源，讓後繼者新手（菜鳥）可以容易搜尋取得範例，但教師本身對課文分析的熟稔度及提問設計的敏感度，是需要經過一次次實際思考並產出，方能使解讀詮釋文本的功力提升：在雕琢提問上，讓題幹更具有可閱讀性，增加題目文字敘述的引導功能；在標靶提問上，要先hold住挑戰題，於暖身題與基礎題的歷程中，耐心發現學生的不足缺漏，不厭其煩彈性動態修正題目。

我也希望，我的挑戰題設計可以再豐富多元開闊一點，經過一年的初步實作，一直將重點放在讀寫合一，如果多一些觀點探究，甚至是新穎有趣的跨域延展，將會更吸引住學生的學習之心。

我還希望，接下來可以更多關照於學生的「同儕鷹架」與「口說發表」這二部分，畢竟一個班級內學生語文程度並不齊一，且在新學期新班級開始著手進行MAPS時，滿腔熱血、興高采烈地導入這個學習模式，常盲目專注於提問單與心智圖的成果表現，導致教師插手援救過多，忘卻了該漸漸移轉學習責任，忘卻了該有計畫地鼓勵學生對他組的發表進行評論。以學習者為中心，強調培養自學的基礎能力，必須搭完鷹架再漸撤鷹架，老師便能默默地從MAPS墨色深處淡出、隱去，樂見其成！扶弱、拔尖都含苞待放。

寫到最後，是給自己和想這麼義無反顧去做MAPS的你，一點點後援與接濟的心靈小語。太魯閣九曲洞岩壁上的題字是這樣：「如腸之迴，如河之曲。人定勝天，開此奇局。」說明事在人為，經年累月，必開奇局！實施MAPS之後一定會順風順水、立竿見影、馬到成功嗎？Oh No! 做到疲倦困頓的時候，不妨將自己隔離成一座永續的山林吧！待地力回復再讓成長產生意義，永不嫌遲。做一個沉靜內斂、續航力強的擺渡人，此岸芸芸眾生一屆又一屆，航程很長，以真心實意送往迎來，助他們抵達屬於自己的圓滿彼岸。

【國小領域】

4

蔡佳玲 /
我要撐起孩子的一片天

桃園市八德區大忠國民小學

山中大叔導讀

「花若盛開，蝴蝶自來。」佳玲老師給了這一趟 MAPS 課堂實踐歷程最好的註解。

MAPS 教學法在爽文國中發展的歷程是這樣：先是在教室裡獨自解決問題，接著吸引同領域教師好奇與關注，然後校內分享播種，最後校外開枝散葉。

佳玲老師也走過了這麼一趟路，在這趟旅程中重新定義自己，發現自己，肯定自己，增值自己，繼而利益同儕，共好夥伴。

當然，最終都會回到孩子的身上──自己的孩子，別人的孩子，更多的孩子。

教師透過教學改變追求自我實現的初衷，不就是如此？

開出多元的教學之花，吸引並滋養更多翩翩飛舞的蝶。

◆當你真心渴望某件事

二〇一四年，翻來轉去的翻轉浪潮湧至，我卻請假在家臥床安胎，幾度驚險進出急診室，只為了保住腹中兩位心肝小寶貝，無暇關注這場教育變革。產後我成了新手媽媽，在面對照顧雙寶的手忙腳亂高度挑戰外，回到教室竟彷若隔世，發現孩子的專注力不足和閱讀力下滑的情況超出想像，我開始反思該做出適度的改變，踏出原先的舒適圈。就如《牧羊少年奇幻之旅》裡說：「當你真心渴望某件事，整個宇宙都會聯合起來幫助你完成。」改變的大門一開，我與許多翻轉教學的研習相遇，在不同教法相融交織下，課堂有了不一樣的風景。在這些研習之中，遇見「夢」的遍地開花研習在桃園最為重要。

初認識「夢」，就像磁鐵N極和S極相遇，產生極大吸引力，吸引我展開追夢之旅。在半日作坊、一日工作坊、看書和觀看影片的學習基礎下，不斷探索MAPS的奧妙，熟稔MAPS的操作，一步步拼出自己的MAPS教學地圖。二〇一八年暑假，我又參加MAPS種子教師研習，讓MAPS的世界更加開闊。

◆MAPS的課堂實踐

二〇一六年十月，首度遇見「夢」後，我開始檢視自己的課堂。當時學生已是四年級，在中年級最後幾個月，我把自己每一課的教學流程與MAPS教學法對照並加以微調。二〇一七年，接三年級新班，全面實施MAPS教學。二〇一八年，參加MAPS種子教師研習，繼續精緻深化自己的MAPS教學。

分組的部分，原先有編排黑馬、教練、明星球員、經理等角色，但學生仍習慣老師原先班級經營裡的小組角色，考量身為導師要教許多科目，各科的組別就不因不同科目而變動。組內角色的安排是依據班級需要，例如學生於低年級時並未分組，只有選排長，於是我的編排是每組五位成員，組內編號一—五，分別是組長(一)、組員一(二)、組員二(三)、副組長一(四)、副組長二(五)，依據能力、表現、個性等賦予不同任務。

加分制度的方面，如同王政忠主任所言：「一開始點數走在行為之前，一段時間後點數放在行為之後，最終目標是建立態度、撤掉點數。」一開始我也會給代幣籌碼，依據不同角色給予倍率不同。除了個人點數，也鼓勵小組共同回答以增加倍率，希望組內合作、組間競爭。從為了籌碼而回答、

學生將自己或和他人討論好的答案張貼到黑板上。

幫組員得籌碼，到後來直接和我說不用籌碼，不知不覺中，學習從外在動機轉向內在動機，學會的成就感重於一切的外在物質給予。

四年級的成功經驗讓我以為一切會順利進行，卻忽略四年級是因為有三年級奠下的基礎，彼此才能有良好默契與互動，新接的班級則需先安頓好學生的狀態，才談學習。他們剛從低年級升上來，浮躁如沸騰的水，完全無法定心，更遑論學習，必須先建立常規。三年級的整天天數增多，動能過多而無法排出的不定時炸彈因子隨時會四起燃起烽火，可以說是對於我的 MAPS 之路到底怎麼走下去的最大考驗。

MAPS 種子教師研習第一屆初階、進階研習成了我希望的曙光。

從收到種子教師報名簡章，該報名嗎？在我腦海中不斷運轉，心想反正也不見得錄取，便寄出報名表一試。「妳錄取了！」該不該去？又讓我蹲地畫圈圈無法抉擇，最終在學校的 MAPS 夥伴的鼓勵下，我決定繼續我的 MAPS 冒險旅程，並且參加種子教師的培訓。

MAPS 種子教師培訓完畢，吸收滿滿的 MAPS 精髓能量，我立即著手備課，包含文本分析、教師版心智圖繪製和提問設計。培訓完首度掌舵，尚不知道自己航行得如何，便在研習中請王政忠主任於 Facebook 社群中給予回饋。政忠主任回應：「酷，好嚴謹的分析及提問。很能抓住該問的，很能捨棄不需要問的瑣碎細節。我喜歡妳的精準，更喜歡妳的取捨。基於妳的基礎題的準確性，不妨試著放給孩子自學基礎題試試。」這番話如久旱的甘霖，振奮我心。

反覆咀嚼主任和夥伴的回饋後，我不斷反思和修正自己的 MAPS 教學，改將形音義的講義放入功課，讓學生在課堂前一日完成作為預習。課堂進入三次閱讀後，先處理語詞／語句不懂的部分，設計小組討論的題目，讓孩子練習在不查字典的狀況下運用策略來推測意思。接著要孩子將每個生字寫一次，進行生字測驗，寫錯的孩子另外於黑板練習。再來是分意義段，要學生將自己或和他人討論好的答案寫在小白板，我巡視時看到不同的分法就請孩子貼在黑板上，並發表如此劃分的原因，再統整歸納每組的答案。最後進入基礎題自學，而共學階段的四位學生，則和老師圍成一桌討論。

畫不出心智圖

萬事起頭難，從第一步繪製教師版心智圖，才發現原來我連畫心智圖都不會，更精確地說，是我不會畫國語課文的心智圖。於是我大量閱讀王政忠老師的學生作品，搜尋網路資料，逐課繪製心智圖於教師手冊內，雖稱不上專家，但也漸漸駕輕就熟。我想凡事只有做或不做，先不要考慮做不到、做不好的問題。

學生初次接觸心智圖，完全沒有概念，得要從觀察與模仿開始。我先進行放聲思考，第一段先示範怎麼畫心智圖，第二、三段師生共做完成，第四段讓學生小組討論來完成。在學生對於心智圖沒有形成系統概念前，我都會示範整個大架構，再進入師生共做、小組討論。待搭配標明線索的提問單，學生都能繪製出心智圖後，就換成進階版的提問單，開始不給線索，學生要找出問題中隱藏的主題（二－四字為宜），並從答案中擷取出重要的訊息（七字內為宜）。

慢慢要撤去鷹架，原先是寫完提問單後圈關鍵詞，改為從課本抓上位概念和關鍵詞的方法（學習老師如何整理訊息並抓出主題），孩子再筆記於自己的課本；接著就要自己看著課本畫心智圖（大部分孩子是自學組，少部分是共學），這是最後的階段。最後階段不用操之過急，依據我的經驗，閱讀量高的孩子容易達成目標，所以平日的閱讀推動真的不可少。

三層次提問是MAPS教學的精髓，暖身題服膺猜測想像、連結舊經驗。先判斷學生的舊經驗起始點，設計更貼近他們生活、讓孩子墊腳尖或往上跳就可以觸碰到的高度，鼓勵他們可以自由發揮書寫答案。學生極愛暖身題，超乎我的想像，因為反應過於熱絡，還從各組分角色搶答改為全班都作答，

回答暖身題時圖文並茂。

人人專注於書寫答案，完成圖文並茂的賞心版面。我邊巡視邊找好答案，請學生立即分享。原先下課收回後會拍攝記錄一些學生的作品，後來人人都想被記錄，便改為全班自拍上傳作業區，好的作品會暫時貼於作品分享區供大家觀摩學習。

搭起鷹架與口說發表

初次各組上臺發表心智圖時，學生互推不想報告，甚至有人抱著柱子不敢站在講臺上，即使上了臺，音量幾不可聞、回答偏離主題、完全背臺不見人臉等問題層出不窮，我馬上明白未將學生訓練好就推上舞臺相當殘忍。

於是我開始為學生搭鷹架，第一階段先讓學生兩兩進行口說心智圖發表，須找不同的同學互相進行演練。我一旁巡視和傾聽學生演練的情形，邀請幾位可以當其他人仿效的楷模上臺講一次。再來就讓組對組進行口說心智圖發表，A組的成員分別講給B組所有成員聽，B組成員依據評分標準舉牌給分（一－五分）。接著再互相調換身分，換B組的成員分別講給A組所有成員聽。我會訂定獎勵制度，依據組距給每個人蓋獎勵章，邀請得分較低的學生上臺講一次。

後來因為學校預計購買平板電腦，於是我開始思考如何E化口說發表。我利用空檔時間排定學生找我錄音，先教會學生如何錄音，也讓學生在錄製完畢後自己聽一次，反問自己是否滿意，不滿意就再錄一次。透過幾課的錄音練習後，開始發放平板，三人一組輪流錄音，利用午餐時刻播放每人的錄音檔。後來人手一臺 Flyer 平板，直接利用在校空檔或回家完成，就不再需要利用課堂時間。

第七課〈遊廬山有感〉是四年級的學生第一次學近體詩，當時讓我傷透腦筋，MAPS 技術愈是專精愈是惶恐。在 MAPS 社群中搜尋講義、觀看政忠主任在國中端如何操作第一次近體詩教學，再請益雅惠老師於高年級如何繪製近體詩心智圖，慢慢地勾勒出我的教學流程：寫下唸出的詩句（個人）↓排列句子的順序（小組討論）↓翻開課本訂正↓圈出不懂的語詞意思↓判斷每一句主詞為何↓將詩翻譯為白話文（小組、個人錄音）。

「橫看成嶺側成峰，遠近高低各不同。」這句話是說從不同視角來看廬山，會看到不同的風貌。「不識廬山真面目，只緣身在此山中。」意謂最後自己深陷其中，無法看清事物的面貌。這首詩讓學生有畫面感，瞭解詩意後，就讓他們玩「畫中有詩」的四格漫畫活動。（C、D咖也能畫得很好呢！）

跨域可以怎麼玩

我也試著將教學結合節日，例如第二課〈大海的旋律〉使用大量摹寫修辭，則搭配中秋節設計跨域課程，以挑戰題練習將聽海的情景和感受加以描寫出來，有些孩子用摹寫寫出親水的感受，有些則是描寫對大自然的感受，但整體而言對孩子有些難度。於是我又另外設計，請學生回家練習中秋乘風賞月的摹寫，若月亮藏起來不相見，就寫烏雲藏月的景象；若雨水來攪局，則可以來段對雨的摹寫練習。此外，還在學校先進行吃月餅的五感摹寫練習，孩子扎扎實實寫完摹寫練習短文後才能品嘗月餅，也結合藝文課畫柚子、綜合課品嘗柚子、戴柚帽的趣味課程，在學生的笑容裡看見快樂，也看見學會之後的驕傲。

又例如為了參加閱讀教案設計比賽，我們決定以國語第二單元「生活體驗」進行多文本式的閱讀教學，並讓閱讀從課內延伸到課外，從知識運用到生活，使學習與生活結合，希望學生能更仔細觀察、體會自己的日常生活，進而體悟處處留心皆感動：第五課從課文為家人讀報的經驗，延伸到為家人做一件家事的讀寫教學。第六課根據作者和爸爸為家人做蛋炒飯的經驗，再到綜合課搜尋自己想和家人共做的料理，完成「我的食譜」學習單，並於週末與家人共做一道料理，完成寫作。第七課則結合綜合課，動手做蜜糖吐司給家

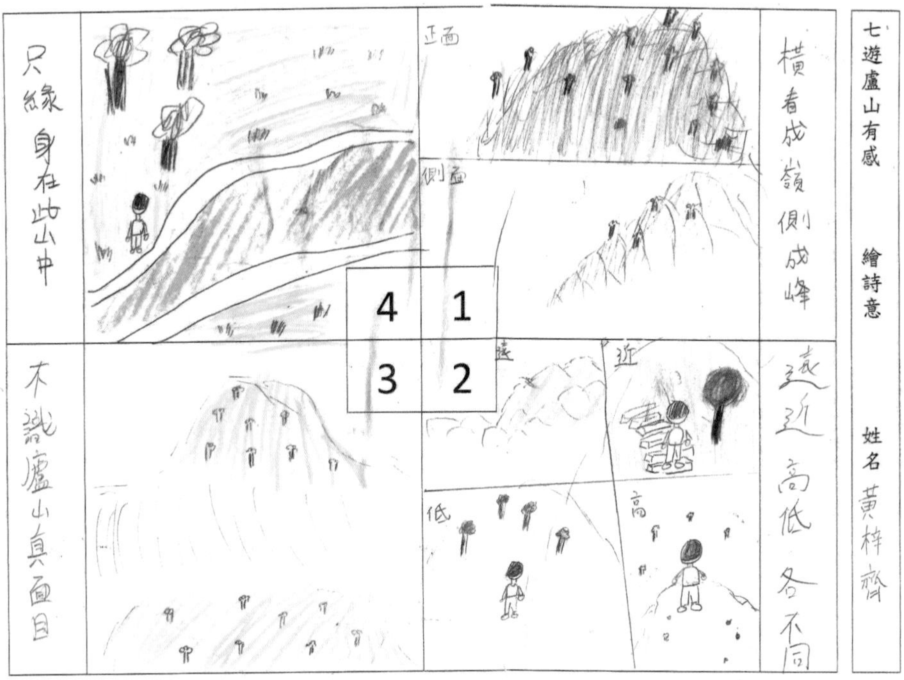

「畫中有詩」四格漫畫學生作品（一）。

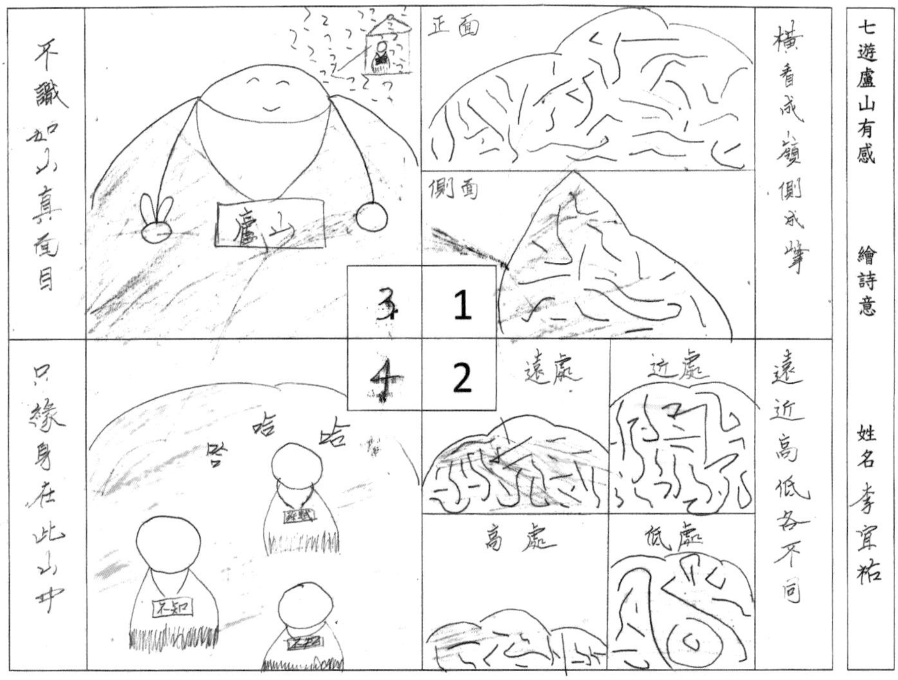

「畫中有詩」四格漫畫學生作品（二）。

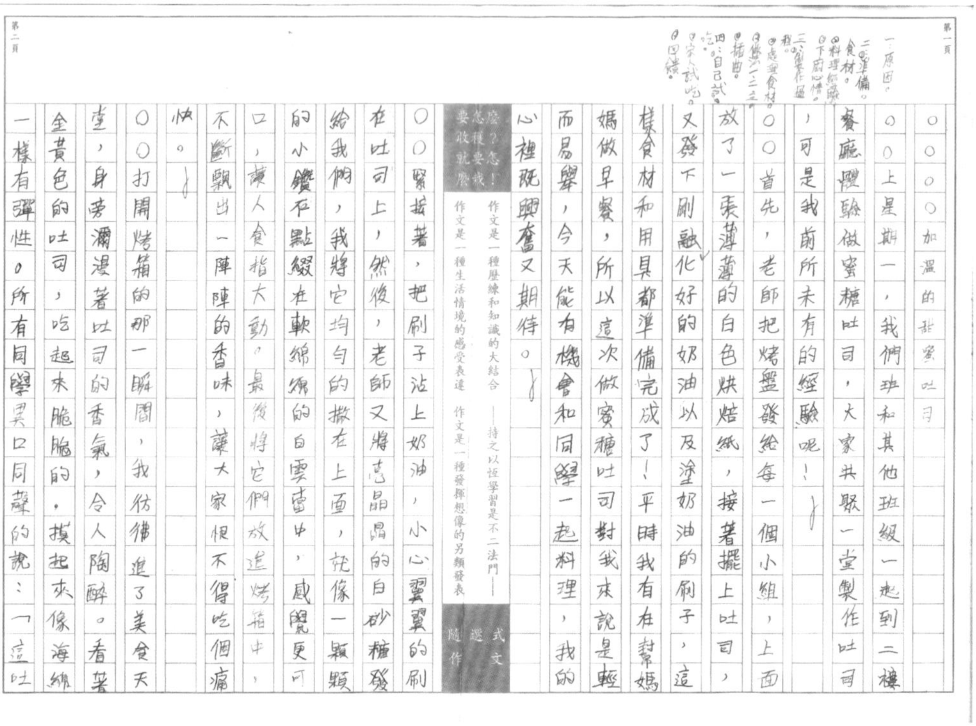

第一頁

一：原因。二：準備。食材。料理經驗。下廚心情。三：創作過程。處理食材。做法一二三。插曲。四：自己試吃。家人試吃。回饋。

○○○○加溫的甜蜜吐司

○○上星期一，我們班和其他班級一起到二樓餐廳體驗做蜜糖吐司，大家共聚一堂製作吐司，可是我前所未有的經驗呢！

○○首先，老師把烤盤發給每一個小組，上面放了一張薄薄的白色烘焙紙，接著擺上吐司，又發下刷融化好的奶油以及塗奶油的刷子，這樣食材和用具都準備完成了！平時我有在幫媽媽做早餐，所以這次做蜜糖吐司對我來說是輕而易舉，今天能有機會和同學一起料理，我的心裡既興奮又期待。

要怎麼收穫？就要怎麼栽！

作文是一種歷練和知識的大結合——持之以恆學習是不二法門——

作文是一種生活情境的感受表達　作文是一種發揮想像的另類發表

文式選作隨

第二頁

○○緊接著，把刷子沾上奶油，小心翼翼的刷在吐司上，然後，老師又將亮晶晶的白砂糖發給我們，我將它均勻的撒在上面，就像一顆顆的小鑽石點綴在軟綿綿的白雲當中，感覺更可口，讓人食指大動。最後將它們放進烤箱中，不斷飄出一陣陣的香味，讓大家恨不得吃個痛快。

○○打開烤箱的那一瞬間，我彷彿進了美食天堂，身旁瀰漫著吐司的香氣，令人陶醉。看著金黃色的吐司，吃起來脆脆的，摸起來像海綿一樣有彈性。所有同學異口同聲的說：「這吐

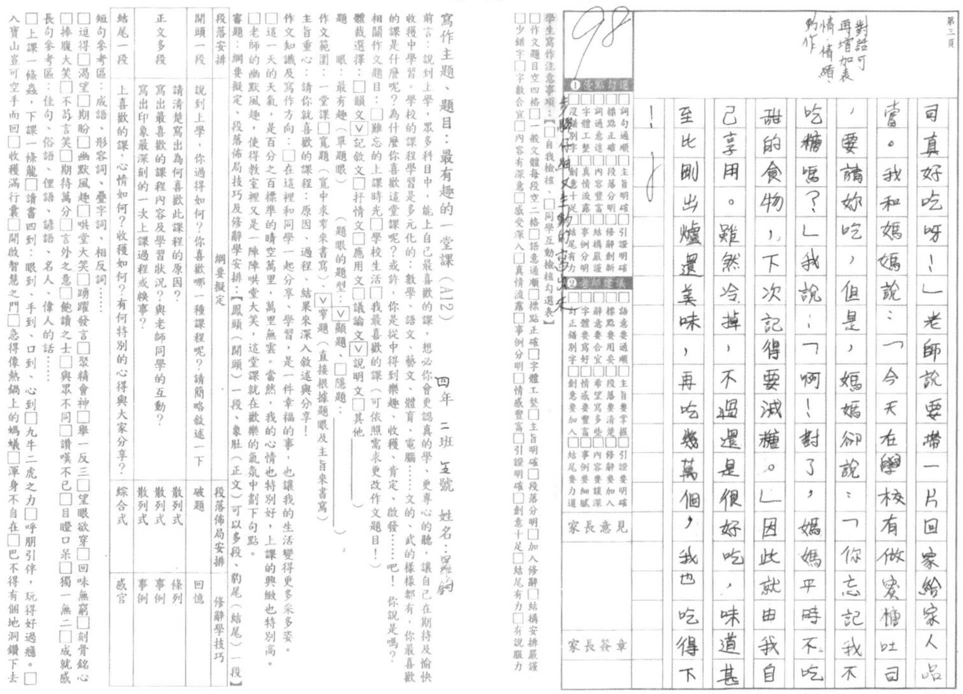

寫作主題、題目：最有趣的一堂課（A12）　四年二班五號　姓名：[illegible]

前言：說到上學，眾多科目中，能上自己最喜歡的課，想必你會更認真的學、更專心的聽，讓自己在期待收穫中學習。學校的課程學習是多元化的：數學、語文、藝文、體育、電腦……文的、武的樣樣都有，你最喜歡的課是什麼呢？為什麼你喜歡這堂課呢？或許，你是從中得到樂趣、收穫、肯定、啟發……吧！你說是嗎？

相關作文題目：□難忘的上課時光□學校生活□我最喜歡的課（可依照需求更改作文題目！）

體裁選擇：□韻文☑記敘文□抒情文□應用文□議論文☑說明文□其他（　）

題眼：最有趣（單題眼）（題眼的題型：☑顯題、□隱題：　）。

作文範圍：一堂課□寬題（寬中求窄來書寫）、☑窄題（直接根據題眼及主旨來書寫）

主旨重心：請你就喜歡的課程：原因、過程、結果來深入敘述與分享！

作文知識及寫作方向：□在這裡和同學一起分享、學習，是一件幸福的事，也讓我的生活變得更多采多姿。□這一天的天氣，是百分之百標準的晴空萬里，萬里無雲。當然，我的心情也特別好，上課的興緻也特別高。□老師的幽默風趣，使得教室裡又是一陣陣哄堂大笑，這堂課就在歡樂的氣氛中劃下句點。

審題：綱要擬定、段落佈局技巧及修辭學安排：【鳳頭（開頭）一段、象肚（正文）可以多段、豹尾（結尾）一段】

段落安排	綱要擬定	段落佈局安排	修辭學技巧
開頭一段	說到上學，你過得如何？你喜歡哪一種課程呢？請簡略敘述一下	破題	回憶
正文多段	請清楚寫出為何喜歡此課程的原因？	散列式	條列
	寫出最喜歡的課程內容及學習狀況？與老師同學的互動？	散列式	事例
	寫出印象最深刻的一次上課過程或糗事？	散列式	事例
結尾一段	上喜歡的課，心情如何？收穫如何？有何特別的心得與大家分享？	綜合式	感官

短句參考區：成語、形容詞、疊字詞、相反詞……

□逗得□渴望□期盼□幽默風趣□哄堂大笑□踴躍發言□聚精會神□舉一反三□望眼欲穿□回味無窮□刻骨銘心□捧腹大笑□不苟言笑□期待萬分□言外之意□飽讀之士□與眾不同□讚嘆不已□目瞪口呆□獨一無二□成就感

長句參考區：佳句、俗語、俚語、諺語、名人、偉人的話……

□上課一條蟲，下課一條龍□讀書四到：眼到、手到、口到、心到□九牛二虎之力□呼朋引伴，玩得好過癮。□入寶山豈可空手而回□收穫滿行囊□開啟智慧之門□急得像熱鍋上的螞蟻□渾身不自在□巴不得有個地洞鑽下去

學生寫作注意事項：【□自我檢核、□同學互動檢核勾選表】

□作文題目空四格□一般文體每段空二格□語意通順□標點正確□字體工整□主旨明確□段落分明□加入修辭□結構安排嚴謹□少錯字□字數合宜□內容有深意□感受深入□真情流露□事例分明□情感豐富□引證明確□創意十足□結尾有力□有說服力

98

①優點勾選：□詞句通順□標點正確□詞通意達□字體工整□沒錯別字□主旨明確□段落分明□內容豐富□真情流露□創意十足□引證明確□修辭創新□結構嚴謹□事例分明□結尾有力

②老師建議：□語意要通順□標點要用妥□辭意要合宜□字體要寫好□訂正錯別字□主旨要掌握□段落要清楚□希望寫多些□情感要豐富□創意要加入□引證要明確□修辭要加入□內容要擴深□事例要細膩□結尾要力道

家長意見

家長簽章

第三頁

對話可再增加表情、情緒、動作

司真好吃呀！」老師說要帶一片回家給家人品嚐。我和媽媽說：「今天在學校有做蜜糖吐司，要請妳吃，但是，媽媽卻說：「你忘記我不吃糖嗎？」我說：「啊！對了，媽媽平時不吃甜的食物，」下次記得要減糖。」因此就由我自己享用。雖然冷掉，不過還是很好吃，味道甚至比剛出爐還美味，再吃幾萬個，我也吃得下！

學生作品——〈加溫的甜蜜吐司〉。

人試吃，為家人的感情加蜜。

又例如四上第一單元「海洋世界」是配合習作「寫給大海的一封信」作統整：第一段讓學生練習寫出與大海之間難忘的回憶，可以參考前兩課描述水中浮潛、聽海和與海同游。第二段敘述大海有著豐富的資源，提供我們生活之所需，可以參考第三課第四段寫出對大海的感謝。第三段則是發現海洋的危機：被垃圾淹沒的大海、海洋生物遭到威脅、資源被取之殆盡，這部分可以融入環境教學、海洋議題，補充圖書閱讀、資料和影片。第四段則思考身為小學生的自己，可以從哪些地方做起。

讀寫教學與非讀寫教學

針對剛上三年級的學生，先要戒掉注音文字。低年級時對於課本沒教過的字可以寫注音文字，但中年級開始都要寫國字。前一個月他們還在適應中，我也發現學生沒有看圖寫故事、小短文的練習，所以就從句段開始練功。對於四年級則希望能成篇的練習，從讀課文到寫文章，學生一開始都不相信自己可以寫出四百字的文章。我事先詢問賴建光老師如何製作寫作引導單，開始每課給學生寫作引導單，有了骨架，學生只要填入血肉，相對而言就容易許多。接著給出大綱，小組要讀出課文的架構，遷移到要寫的主題上，慢慢仿照老師如何做出引導單，最後連大綱都要自己完成。

在每課裡，學生學到的寫作架構、意義段落都是擬大綱的工具，他們會去思考這次的寫作題目該如何服膺學過的架構，將課文心智圖轉換成寫作心智圖也是很好的方式呢！學生就像永遠吸不飽水分的海綿，吸收得很快，只要給予適切的養分，常常會對他們的成果驚豔不已。

身為導師的我，不只要教好國語，還要教數學、社會，當然要把 MAPS 教學導入其他科目的課程。不同點在於數學和社會是非連續文本、堂數減半，且因為文本屬於說明文，架構清楚容易切割。社會科是以口頭提問協助學生抓住主題、找出課文中的訊息，再以圖像組織摘要重點，最後將所學延伸於生活情境。數學科則可以從例題（訊息）幫學生整理出上位的主題，透過鷹架提問，讓學生的數學概念清楚又明白。學生往往不是不會加減乘除，而是不知道該加還是該減、先乘還是先除，找不到關鍵數字，無法列出正確數字，於是害怕應用問題。若能透過暖身題與舊數學經驗連結，以提問進入新的課程，最後延伸到生活中的數學，就能讓學生學好數學。

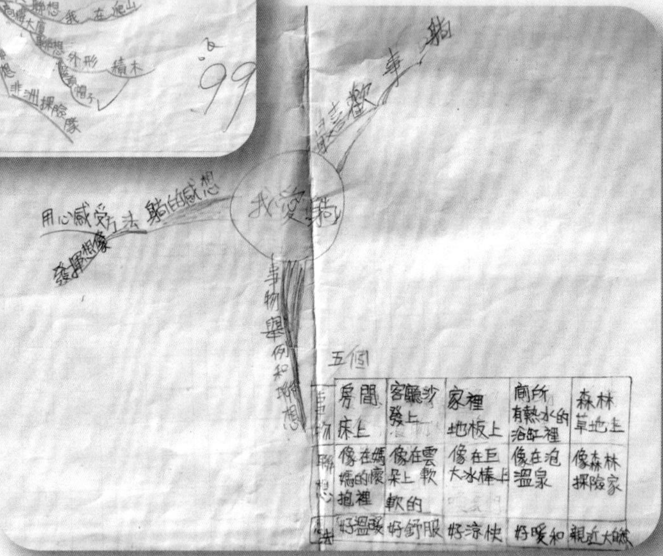

我愛躺

常有人問我　你最喜歡什麼
我最喜歡　躺
洗完澡時
我喜歡　躺在房間的床鋪上
像　在媽媽的懷抱裡
感覺　好溫暖
在客廳時
我喜歡　躺在沙發上
像　在雲朵上　軟軟的
感覺　好舒服
無聊時
我喜歡　躺在家裡的地板上
像　在巨大的冰棒上
感覺　好涼快
在浴室洗澡時
我喜歡　躺在有熱水的浴缸裡
像　在泡溫泉
感覺　好暖和
去露營時
我喜歡　躺在森林的草地上
像　位森林探險家
親近大自然
只要　用心感受　發揮想像
會覺得世界越躺越有意思
越躺越覺人愛躺

利用課文心智圖轉換成寫作架構心智圖，再完成仿作文章。

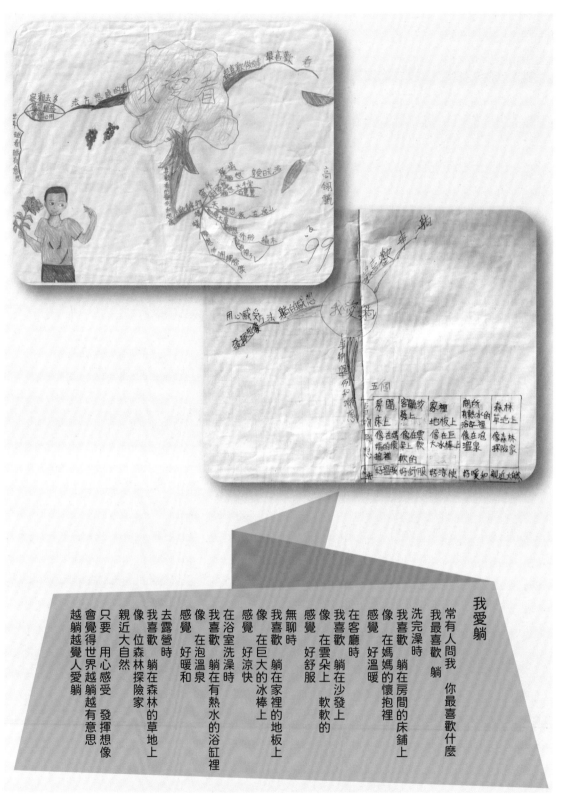

◆勇於改變，就會改變

在追尋夢的路上，參加各式各樣的研習，有些看似互無相關，有些龐雜難懂，其實無形中都成為我的教學養分。把每一次研習聽到的內容當成一個個圓圈，所有圓圈的交集就是專屬於自己的獨一無二課程，在有限的教學時間必須有所取捨，去除不放入自己課程的教法，揀選自己想要的內容，達到有效的教學品質，幫助學生能於課堂中有效學習。

若你問我：改變不會惶恐不安嗎？不會害怕無助嗎？不會疲累不堪嗎？答案當然都是肯定的，就如開公司的草創期，辛苦、艱苦、痛苦是必然的，股神巴菲特說過：「蛻變的過程是很痛苦的，但每一次的蛻變都會有成長的驚喜。」這一路上走來我很感恩，遇到許多貴人無私幫助我、給我建議，讓我成為更好的自己，能無畏無懼引領學生往前方邁進，而學生的進步和回饋又轉化成動力，驅使我一直走下去。我慶幸自己的改變，讓我成長、茁壯，我的肩上可以撐起孩子的一片天。

執行的歷程、研習的所得、精心的設計、反覆的反省……，這些看似是一個個不相關的點，但就像拼拼圖一樣，當你將外框先拼出來，再將散落於內部的碎片加以整理、分類，逐漸就能拼出一條條連成的線、一個個組合的區塊，你的MAPS樣貌會逐漸清晰一些，讓你更加明白到底自己想要什麼樣的課堂，終會組合出適合自己、符合學生的MAPS。沒有獨一、齊一的MAPS，回到課堂有各自的精彩，客製化的MAPS才是政忠主任想看到MAPS遍地開花的美好。

「一個人走得快，一群人走得遠。」原先單打獨鬥、羞於分享的我，在學年夥伴的邀約下，開始學年的共備，有五個班一同實施，我們互相討論、分享、腦力激盪，未知的火花引來一堂堂出乎意料的撲鼻花香。除了同學年的老師，其他學年的老師，甚至自然科、表演科老師也想知道如何將MAPS融入自己的課堂。「花若盛開，蝴蝶自來。」我最後決定在校內分享MAPS心法，希望幫助更多老師瞭解MAPS的美妙，一同加入MAPS的行列。

當改變一旦發生，就會不斷發生改變。所有躊躇不前都是自己嚇自己，你做了才知冷寒溫熱、酸甜苦辣，心裡想著念著，手腳確實做著，順理成章就能到達你想抵達的彼岸。《道德經》裡寫道「少則得，多則惑」、「大器晚成」，等待是值得的，慢就是快，唯有地基打得好，才能蓋成堅固的建築。學生一開始從適應到接受的過程是嚴峻的考驗，一旦熬過蟄伏期，喜愛則是成就斬獲後必然的結果。

一單元一核心目標，國語課本一學期有四個單元為一群組，我會設定搭建的鷹架和要拆除的鷹架，也會設定學生該學到的知識和學會的能力，逐一實踐，達到目標。學生一開始都會懷疑自己做不到，一旦做到後產生的自信心、滿足感會持續支持他們走下去，成果是可見的。此外，當家長看見孩子語文能力成長，更是滿滿的感謝。

走入 MAPS 要堅定不移的決心，才能見到雨後絢麗的彩虹。到了四年級尾聲，學生、家長、夥伴的回饋，都促使我持續下去。《人生永遠沒有太晚的開始》一書說：「有人總說已經晚了。實際上，現在就是最好的時光，對於一個真正有所追求的人來說，生命的每個時期都是年輕的、即時的。」來和 MAPS 談一場戀愛吧！我做 MAPS，故我在翻轉的路上。一起為教育努力吧！路上必然有許多夥伴，不孤單！

【國小領域】

5

楊雅芬／從「心」教起的MAPS教學

臺北市信義區光復國民小學

山中大叔導讀

雅芬老師的教室就是臺灣這一波教學現場翻轉的縮影。

先是學習共同體，繼而學思達，涉略 MAPS，兼採麗雲老師，最終夢華老師的多元圖像策略。

懂得反思教學的老師，才不會走到邯鄲學步的四不像；懂得反思教學的老師，才能兼容並蓄走出屬於自己的教學路徑。

如同 MAPS 教學法是全然獨立的教學創發，創發歷程也經過數不清的教學反思，雅芬老師這一篇實踐歷程可以看到許多教學現場的深刻自我省思，以及對於多家教學哲學及策略的辨析，非常值得大家細細咀嚼。

◆萬事起頭難

二〇一三年，日本學習共同體的浪潮席捲臺灣教育圈，差不多同時期，《親子天下》出版一系列「翻轉教育」專書，我感受到了「翻轉教學」的洪流來襲。只是此時的我，躲在舒適的填鴨教室裡，我不想改變、也害怕改變。

但若教學翻轉是一股「洪流」，豈是我抵擋得了的？

回頭看看教室裡的孩子，他們一如往昔乖巧聽話，問不出想法。我清楚知道，在我一人講述、眾人抄寫的教室裡所培育出的孩子可能無法順應世界改變。

而我所面臨的困境，其實也不只是無形的「翻轉洪流」衝擊，課堂裡日漸枯萎的氛圍、坐立難安的學生都挑戰著我。

「既然擋不了，就接受吧！」我告訴自己，不如就乘風而起，順浪而行。我單純想要改變日漸枯萎的教室，但從何做起，我還沒有答案。

教學人生總是隨波逐流的我，談「翻轉教學」是萬事起頭難。

有限的時間下，我透過網路自學，認識了很多教學法，包括學思達、MAPS。從網路聽政忠老師演講，想要尋求改變的起點，只是 MAPS 太高深，我無法靠自學回教室施作。

二〇一五年，MAPS 專書《我的草根翻轉：MAPS 教學法》問世，本以為離 MAPS 教學又近一步，只可惜睡前斷斷續續地看，彷彿是催眠曲般，始終停在第一章。

在 MAPS 教學之前，我的語文教學採用學思達教學，教材內容以閱讀策略為主。實施一年後，我的學生該也學得差不多了，反覆操作策略教學，很容易片段化文章，我意識到了我需要新的教學養分，就在此時，大叔號召 MAPS 種子教師，一切的巧合開啟了我的教學新觀點。

◆陷入困惑與撞牆

採用 MAPS 教學，我原以為會比別人容易上手。我的教室是學思達教室，小組討論氛圍成熟，我只是要將提問內容做得更周延而已。尚未開始備課前，我自信滿滿，相信自己可以無縫接軌。

開學前兩週，迎來的是自我撞牆期。

MAPS 強調有層次的提問，以往我的語文課堂中，並沒有設計暖身題。聽聞三層次提問設計後，我很認同如果時間許可，走進文本前先連結新、舊經驗，可說是另一種形式的引起動機，值得經營。

挑戰題中的「讀寫合一」、「觀點探究」與「跨域延展」三大面向，可幫助我在設計題目時有跡可循，對於引導學生閱讀或寫作都有很大的幫助。尤其大叔特別鼓勵大家在挑戰題想多一些，因為老師有多元的觀點、做多元的設計提問，就可以帶領孩子到更好的閱讀境界。我同意「老師是學生的天花板」，老師讀到哪裡、問到哪裡，學生的學習也就停在哪裡。

唯獨「基礎題」是專注文本的提問，我感到困惑，也操作得格格不入。班上孩子在三年級時我刻意的經營下，已經可以用刪除／歸納／主題句的方式寫出段落大意。只要再給予結構提示，學生就可以完成結構表和段落大意的表格。

在我心中，學生可以摘出大意、切出意義段，對於文章訊息的提取應該是沒有問題，我還有設計基礎題的必要嗎？

然而一旦少了基礎題，我的孩子該如何產出心智繪圖？我不禁又想：「心智繪圖是必要的嗎？」

四年級開學後的 MAPS 教學，這些問題一直讓我懷疑自己是否走在對的路上，我更擔心自己只是學到新方法，隨波逐流，不知道為何而做。

當老師不知道自己為何而教時，彷彿教什麼都不對，但是時間和進度不會因為我的猶豫而停止向前。我必須要有一個教學決定，讓課堂可以走在進度上，那就先且試且行吧！

幸好此時有一件事情，我可以不用管，那就是「班級經營」。對於「小組合作」、「聆聽與表達」，班上孩子已有一年的練習，可以流暢進行。

先談班級經營

我認為老師們在做任何教學改變前，務必先做好「班級經營」。

只要班級經營順暢，即使只是講述，孩子也可以在我們營造的學習氛圍中好好聽講，終有一些孩子會受惠。

當課堂中加入「小組討論」，提問討論可以刺激學生思考，引出多元想法，是老師最樂見的教學風景。然而小學生的課堂討論時常伴隨告狀或爭吵，這是考驗老師班級經營的開始。近幾年學思達教學經驗讓我知道：學生不討論、亂討論、假討論都是必然走過的歷程，也是學習聆聽與表達的必經過程。

當孩子討論表達不如我們預期時，如果老師採用理智說教，想要孩子自此尊重他人，包容多元意見，效果有限。在我的經驗裡，最好的方法是「傾聽」，當小組有爭執時，或是學生無法與人合作時，我會選擇「傾聽」與「同理」孩子在這個時間點可能是情緒卡關；如果課堂上不允許我傾聽，我會在課後處理。「好好聽」每個孩子說，不管是被投訴者亦或是投訴者，老師從中協助孩子傾聽別人的想法，此時我們也可以化身成好楷模幫助孩子學習如何處理紛爭。當孩子學會處理自己組內的紛爭，小組運作就會逐漸順暢，老師就可以逐漸減少處理類似問題。只是這樣的歷程非一蹴可幾，

二、【基礎題】

Q1「老鷹不飛」一課，分為「背景」與「人物」兩個意義段，請閱讀課文，完成表格。

架構(意義段命名、下標)	背景	人物
段落	1	2.3.4.5

Q2 第一段落介紹了全篇文章的背景，請根據第一段的主題與訊息完成表格。

主題	時間	地點	環境	情境
訊息	夏季	外木山下	陽光、海水	遊客戲水

Q3 第二段本課「主角登場」，請問主角是誰？牠在哪裡？有什麼動作？請閱讀第二段課文，完成表格。

主題	主角登場		
主訊息	誰？（老鷹）	有什麼動作？	
次訊息		盤旋高空	流連與佇足

Q4 第三段寫出「主角所見」，主角在高空中看見什麼？有什麼想像呢？請閱讀第三段課文，完成表格。

主題	主角所見			
主訊息(景色)	漁船		潮水	
次訊息(想像)	飄落的葉	點點散在海面	山的裙擺	細細的滾邊

Q5 第四、五段寫出了「主角不飛」的原因、結果與心境(心情)。

主題	主角不飛
主訊息(原因)	①吃保麗龍、魚網割傷 ②無法飛行 ③沒人時才出來

第一次心智圖引導——基礎題提問設計。

老師和學生都需要有一些時間去調適。

每課的心智繪圖有必要嗎？

回到我的原來問題，在沒想好到底該如何做時，我決定先忠於MAPS的原版設計，把過往「摘大意策略方法」刪除。

四年級一開始，我在每課設計出了三層次提問，細心幫孩子做套色、做出表格，引導學生透過讀題，找出關鍵主題與相對訊息。在題目中提示轉換心智圖的方法，當孩子自學時就可以有選擇權，若孩子覺得可以自行組出圖像，我就鼓勵他進行自己的文圖轉換，此時基礎題的提問可以是他自我檢核或是中途卡關的提示。當然，若孩子還是需要基礎題提問來產出心智圖，就照老師給的提示做吧！

幾課過去後，學生經由基礎題而產生圖像，除了有助於掌握主題外，也會隨著提問關注細節訊息。最後透過口說發表心智圖，讓學生經由表達梳理文本，最後熟悉課文。

如果文轉圖是壓縮、濃縮課文重點，圖轉口說發表就是解壓縮的過程。一壓一解讓孩子熟練課文，更重要的還有筆記摘要與發表的能力。

只是我們也可以反思，還有什麼工具和方法能協助孩子讓思考可見。心智繪圖或許不是唯一，但協助孩子梳理文本、讓思考脈絡清晰可見，是語文教學必須達到的重要目標。我

第一次心智圖引導——在黑板說明題目與產圖的關係。

【基礎題】提取訊息

1. 阿里山看日出一文，依據寫作結構可分為「起、承、轉、合」四個部分，「起」是提出文章主題：全家人到阿里山看日出；「承」是承接上段：寫出到阿里山看日出前的準備或經過；「轉」是轉入主題：寫出阿里山日出的景象；「合」則是總結文章：寫出全篇感想，請上述結構將全文各段分類

結構（第二層）	起（提出主題）	承（承接上段）	轉（轉入主題）	合（總結文章）
下標題（命名）	全家看日出	準備經過	日出景象	感想
段落	1 2	3 4	5 6	7

2. 閱讀第一、二段，為了去看日出，爸爸什麼時間叫醒我們？要到達的目的地是哪裡？這時候飯店外有什麼景象？給作者什麼感受？

主題（第三層）	時間	目的地	景象	感受
訊息（第四層）	凌晨四點	祝山	點點燈火	冷、發抖

3. 閱讀三、四段作者搭什麼交通工具去看日出呢？ 看日出的地點是哪裡？到了觀賞日出的目的地後，作者看到什麼景象？日出奇景上場前，天空有什麼變化？帶給作者什麼心情感受？

主題（第三層）	交通工具	地點	景象	天空	感受
訊息（第四層）	小火車	祝山車站	人影晃動	漸漸發白	高興、緊張

4. 閱讀第五、六段，日出的「燈光秀」如何轉變？給大家什麼感受？雲海是如何變化？給作者什麼感受？

主題（第三層）	日出的「燈光秀」		雲海	
訊息（第四層）	轉變	感受	變化	感受
	灰→紫→紅→橘	感動	湧起→千堆雪→綿羊→浪花→大海	驚喜

5. 閱讀第七段，阿里山的日出和雲海分別給作者什麼感受呢？

第二次心智圖教學（套色題示）。

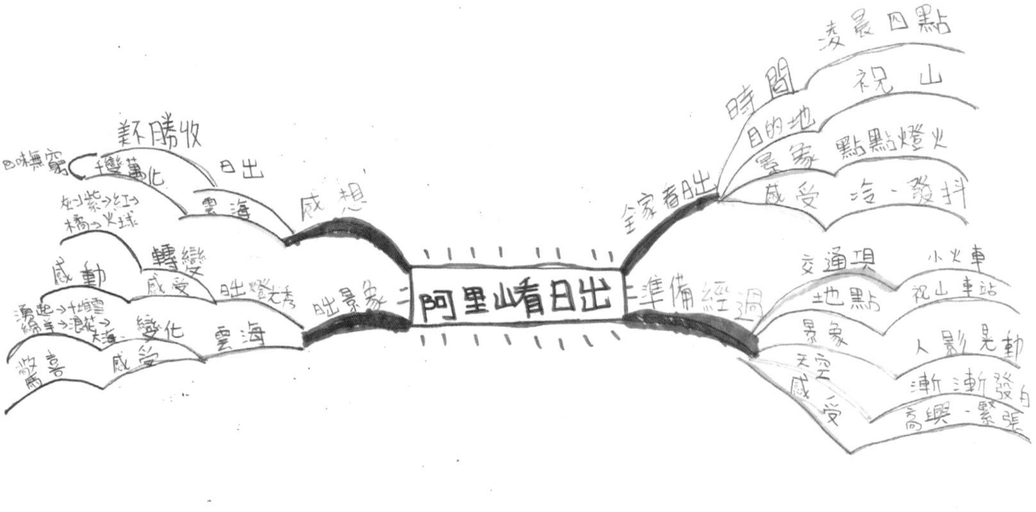

第二次心智圖教學〈阿里山看日出〉（臺北市光復國小張愷芸）。

們該使用何種工具與方法，考驗著老師的教學思維。

但就在此時，我也發現學生在三年級所習得的摘大意方法，好像慢慢遺忘了。心智圖固然可以幫助理解全文，然而若是要孩子從心智圖轉回段落大意，進行文章習寫，孩子好像又做得不大好。以往學會的技巧，若是失去了，甚是可惜。因此我最後的做法是：將閱讀策略中「刪除／歸納／主題句」的摘要方式放入預習，遇到適合的文本，就讓學生用這樣的摘要技巧做一兩段的段落大意統整，或走向全課大意的統整。

三層次提問，解決「想問就問」

每個老師的教學歷程裡，或多或少都有使用「提問策略」來協助學生理解文本或延伸閱讀吧！

過往我的教學裡也有閱讀理解的提問，但沒有框架的提問，常見的提問缺失就是「想問就問」。可能在進入文本初次閱讀、教導學生找出大意時已經提問過的問題，走完文本理解後又再問一次，同樣的提問設計，我們可能會在課堂不同時間點反覆提問，因為老師覺得重要，所以反覆強調也是自然不過的事。

接觸MAPS教學法，有了三層次的架構後，我更清楚知道每個層次中我該注意問什麼樣的問題，才能有效協助學生引起動機、理解課文或延伸閱讀等。如果老師對於提問有一套邏輯框架，就可以隨時用框架來檢視自己的提問是否符合邏輯，也可以減少課堂上重複提問，提高教學效能，所以「三層次提問」的邏輯框架正是解決了我長期以來「想問就問」的教學盲點。

另一個困難點：題目有可閱讀性

長文閱讀幾乎已成為未來考試的趨勢，我認同大叔說的：「既然國家政策走向如此，老師可否在設計提問時，也讓題目豐富、具可閱讀性，讓學生在課堂上讀題就是練習長文閱讀？」

「讓題目有可閱讀性」是MAPS給我的新觀點，是過往我沒想過的事。

只是每一課三層次的提問，已讓我絞盡腦汁、江郎才盡了，如果還要豐富文辭讓題目具可閱讀性，就遠超於我能做到的備課負載量。我決定「先求有再求好」，先要求自己在暖身題大約三題的提問中盡量做到精雕細琢，讓題目有可閱讀性。基礎題專注於文本提問，目標放在讓學生可以畫出架構、找出主題與訊息的關聯進而產生圖像，也就是清楚讓學生找出架構、主題與訊息即可。最後挑戰題的部分，如果有時間的話，我會進一步精修；如果沒時間，便依完整表述提問的原則，讓學生討論作答。

只是長又細緻的提問試用幾課後，我發現小學生的耐性有限，當每一題都是大量文字堆疊時，閱讀力落後的孩子總選擇直接放棄。原因是長題本身對閱讀弱勢者就是挑戰，他們可能會遭遇讀前面、忘後面的困境。對於小學生的語文課，啟發興趣是相當重要的教學目標，如果老師的教學設計讓孩子產生直接放棄的念頭，就是老師該做調整的時候了！

我的調整是，每次長文閱讀，就多給小組一些時間。我會請小組組長提問小組成員：「這一題要問什麼？」逼迫閱讀力弱的孩子，即使沒有讀懂或不想讀，也可以透過小組討論來釐清問題。

操作至此，我真切感受到大叔的 MAPS 不會是我的 MAPS。對於長文閱讀，在國中端可能是稀鬆平常，在我的教室裡，除了有老師的備課負載困境外，我的學生負荷不了閱讀量的問題更是棘手，亟需我去解決。

其實我也鬆了一口氣，這好像告訴我不用每一題都去掙扎處理提問的可閱讀性。因為我的孩子也負載不下，它可以是我們想走向的目標，但回到現實實踐，我們可能要切分出更多步驟去做，讓學生慢慢適應，如此才是真正落實以學生為主體的教學。

◆ 實驗：走向多元圖表摘要的可能

到底需不需要每一課都畫心智圖？為什麼 MAPS 每一課都要畫心智圖？大叔多次強調畫心智圖的意義，只是是為了讓「思維可見」。實施 MAPS 這一年裡，我也真切感受到當一篇文章的架構、主要內容以及輔助的細部說明備呈在一張圖表上時，除了有利於學生梳理文本外，也利於口頭發表。

如果畫圖是為了「思維可見」，還有沒有其他可以引導學生思維可見的方式？我想介入多元的摘要方法，一方面讓學生有多元的思考體驗，一方面也可以減少學生每課反覆繪製心智圖的疲乏之感。

與此同時，我從洪夢華老師的工作坊中，學習到可以透過各種表格來輔助學生閱讀社會課本。我嘗試將 T 圖表、曼陀羅思考圖、黃金四格等簡易的摘要方法透過示範、仿作、共做，引導孩子使用其他工具展現思維。

在引入新的方法時，我會先示範，把基礎題的提問回答直接轉化成我要的表格方式，讓學生對這樣的表格摘要有印象。接著在下一課就會透過提問，請學生思考該選用何種摘要法來展示這一課內容。

雖然多元圖表的成效不錯，只是孩子仍習慣初始老師所教的心智圖，到後期讓學生多元選擇的時候，大部分孩子還是選擇以心智圖為繪圖呈現，頂多是融合其他圖表於心智圖

多元圖表實驗的新發現

基礎題引導越多
趨近單一
老師的講述越多
粗略、思考歷程不見
忍
基礎題引導越少
走向多元
自學的時間越多
細緻、思考可看見

多元圖表摘要實驗的新發現。

中。但我樂見學生的選擇，只要能夠達到我要的學習目標「讀懂」、「說好」即可。

事實上，對於多元圖表的嘗試，我也只有機會在四年級下學期做了兩三課，選擇剛好可用的文本，還要留幾課嘗試練習，可以多元介入的摘要表格好像也不多。且基礎題對照心智繪圖的能力已經養成，大部分孩子選擇熟悉又安全的做法去展現思維也是在所難免。

當然也和老師的提問有關，我的基礎題提問仍是以我畫的心智圖為提問基礎，所以從提問轉心智圖是最便捷的方法，學生當然也會選擇採用最簡單的文圖轉換方式。

在此建議老師可以拉長時間去嘗試，例如新學年可以在三年級上學期就練好最基本的心智繪圖，三年級下學期開始嘗試多元圖表摘要，加上四年級的時間，基礎題的提問設計也可能要再想想如何引導學生利用各式圖表去展現思維，這樣就有可能練習到更多樣的圖表摘要法。

經過幾課多元圖表摘要後，我發現老師所做的基礎題提示愈多，大部分孩子就會產出相似的圖表摘要；當老師給予的基礎題提示愈少時，愈能刺激學生想出多元的圖表摘要。學生從提問轉圖時，老師的口頭引導愈多，學生會走向單一——顯然老師的想法即是孩子的想法。若老師減少反覆口頭解說，增加學生的自學時間，學生的作品就會趨向多元與

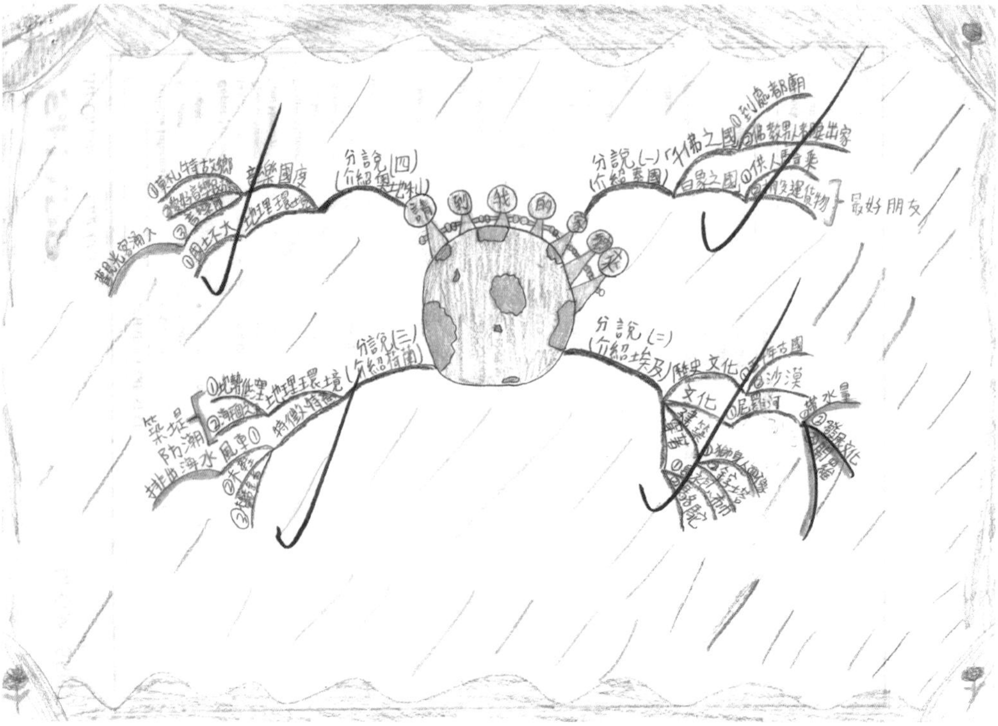

多元圖表摘要作品：〈請到我的家鄉來〉心智圖（臺北市光復國小邱語恩）。

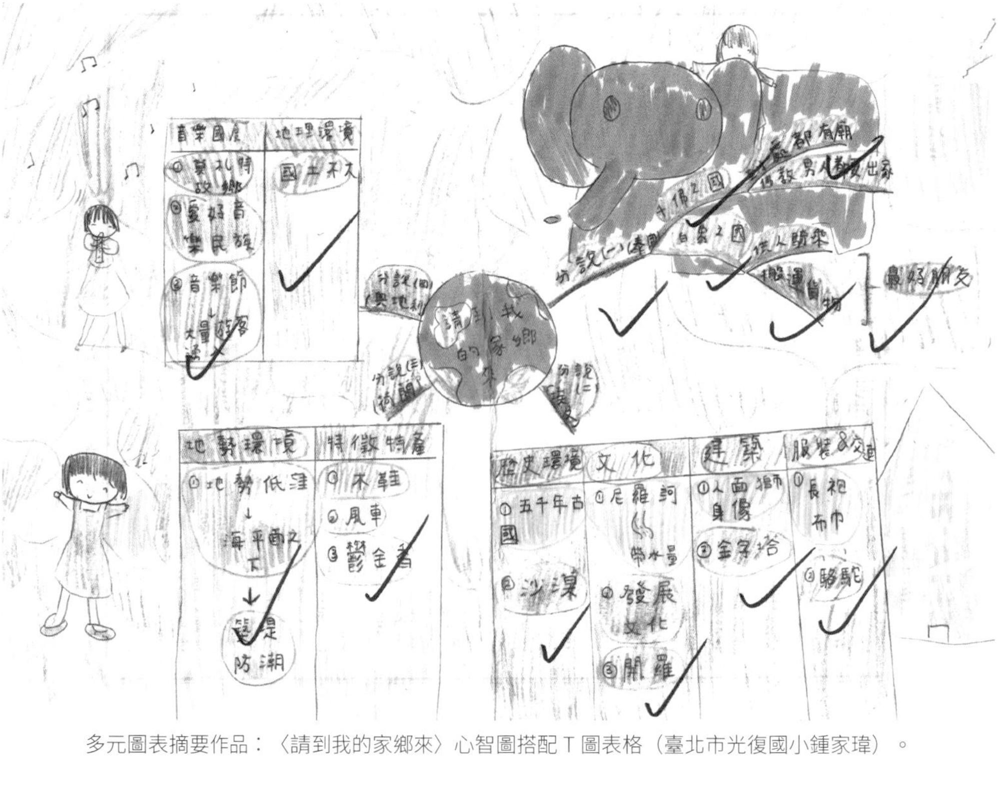

多元圖表摘要作品：〈請到我的家鄉來〉心智圖搭配 T 圖表格（臺北市光復國小鍾家瑋）。

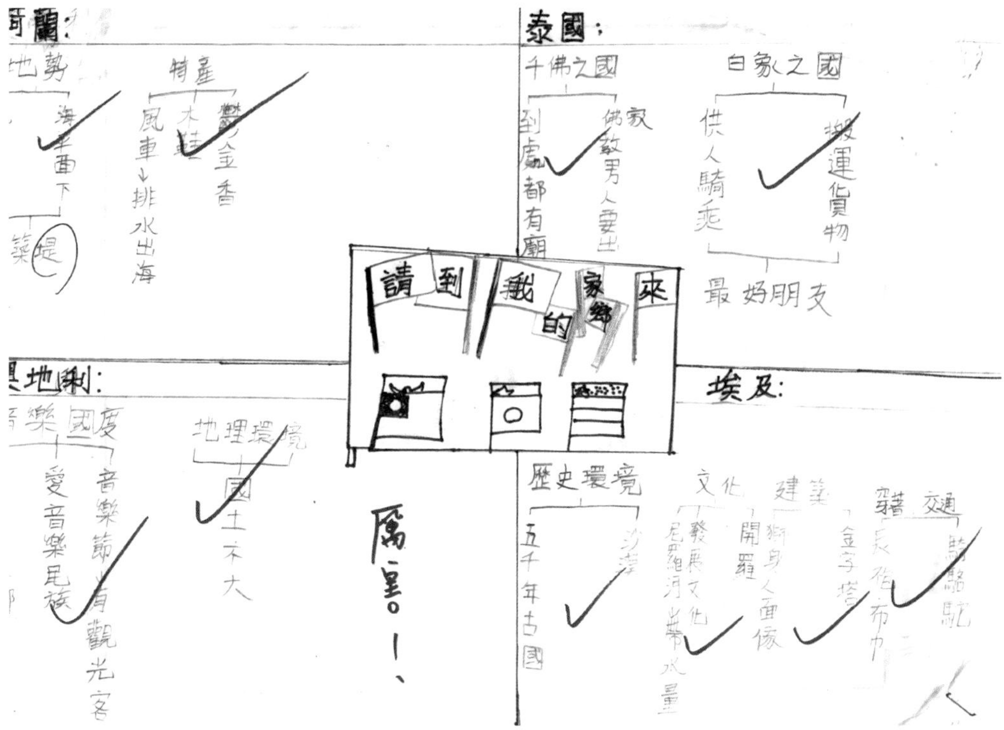

多元圖表摘要作品：〈請到我的家鄉來〉黃金四格（臺北市光復國小吳妍家）。

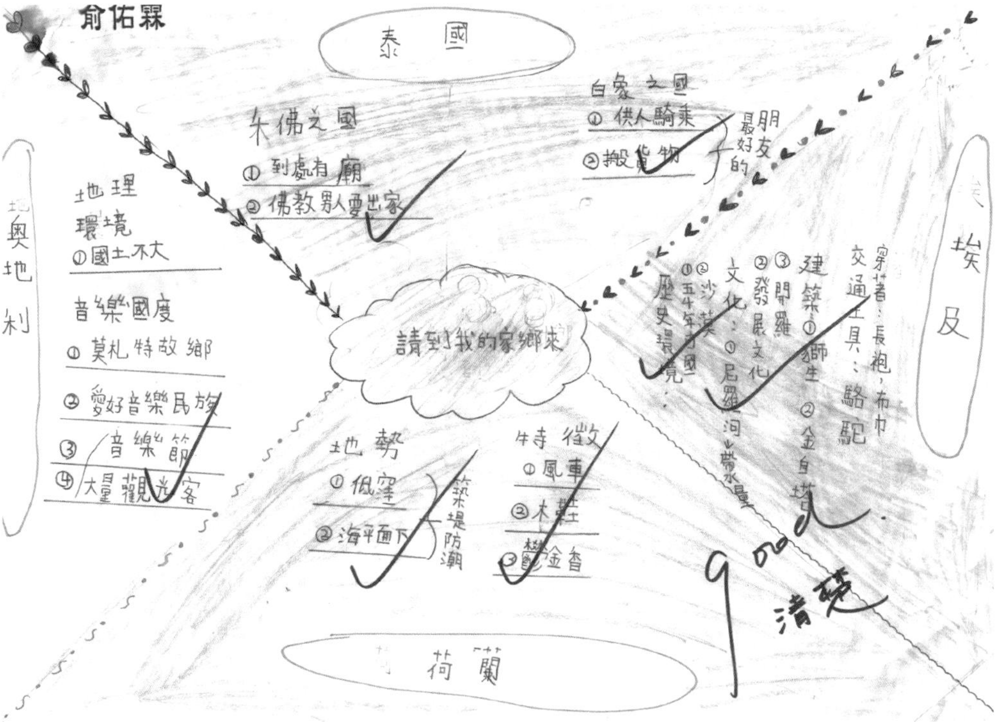

多元圖表摘要作品：〈請到我的家鄉來〉黃金四格（臺北市光復國小俞佑霖）。

創意。關鍵的訣竅就是老師要能「忍」，忍住不反覆給相同提示，忍住讓學生在錯誤中學習，忍住不占用課堂時間，多給予自學的空間，學生就會相對展現出多元的思維。

◆我的中年級語文教學版圖

過往我的教學是以閱讀理解策略為主，搭配學思達的教學模式，從示範↓小組共做↓個人完成。「理解監控」、「摘要（摘大意）」與「自我提問」運用成熟時，確實可以協助學生在閱讀時有策略地讀懂、摘出重點。

教學中我也需要透過提問，幫助學生使用「推論策略」來形塑作者觀點、討論作者的寫作原因並找出寫作手法與闡述內容是什麼，這些問題可能包含了內容與形式上的深究。而這些使用「推論策略」協助學生理解的提問，MAPS三層次提問都可以做到。

整合這幾年閱讀策略的教學經驗與MAPS的新學習，加上陳麗雲老師的「以寫作為導向」的語文教學，我慢慢拼湊出我的中年級語文教學版圖。

事實上，老師應該用綜觀的角度去看待自己的語文教學版圖，以兩年的語文教學為整體規劃。設計課程時，我會反覆問自己：根據課綱或我想要賦予學生的能力，這兩年的時間裡應該教什麼、怎麼教，才對學生未來有幫助？只要老師回歸到知道該教什麼，再去選擇怎麼教，然後搭配兩年的時間去規劃，一定能為學生打造豐富的語文學習內容，也能為孩子帶來難忘的MAPS學習旅程。

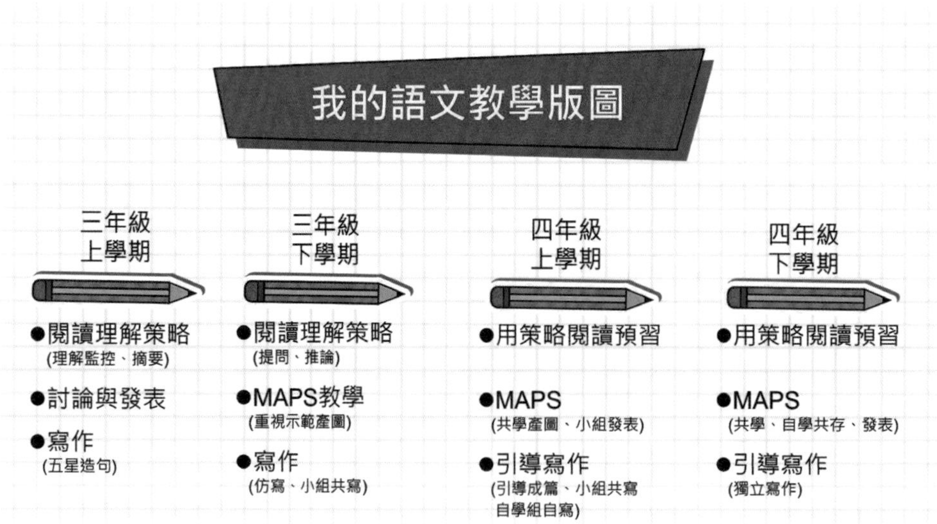
我的語文教學版圖
三年級 上學期
●閱讀理解策略
(理解監控、摘要)
●討論與發表
●寫作
(五星造句)
三年級 下學期
●閱讀理解策略
(提問、推論)
●MAPS教學
(重視示範產圖)
●寫作
(仿寫、小組共寫)
四年級 上學期
●用策略閱讀預習
●MAPS
(共學產圖、小組發表)
●引導寫作
(引導成篇、小組共寫
自學組自寫)
四年級 下學期
●用策略閱讀預習
●MAPS
(共學、自學共存、發表)
●引導寫作
(獨立寫作)

我的中年級語文教學版圖。

【國小領域】

6

張翠宜／構築MAPS課堂上的各自精彩

新北市永和區永和國民小學

山中大叔導讀

完美總是進行式，不是完成式。

翠宜老師展現了資深教師反思課堂並化為改變行動的典範。

沒有一種教學法可以解決所有教室裡的問題，只有我的 MAPS 成為你自己的 MAPS，這樣的 MAPS 才有了靈魂。

翠宜老師從模仿的受挫與不安，進入學習的踏實與系統化，最終來到實踐的多元與創發，建構出屬於自己教室裡的獨有樣貌。過程中不斷省思與自我對話，不斷請教與落地調修，逐步讓 MAPS 長成最適合自己孩子的學習模組，也讓自己多年的教學經驗化成最豐沛的養分，澆灌而綻放出屬於自己教室裡的各自美麗。

◆尋找教學的活水

兩年前的我，剛從社會科任的位置重新回歸高年級導師，位置的轉換，帶來教學心念的移變。

那一年的社會科任，圓滿了心中懸念：身為本科系出身，十多年來卻苦無機會從事專任教學，當機會來臨，為了證明自己能勝任，積極備課成為日常，同時做了挑戰自己及學生的筆記教學。那一年腳步忙碌，除了因新鮮場域而燃起滿腔熱忱外，更因要備課找資源、為筆記教學找方法，要求自己主動開拓網路上的教學社群，重新建構教學方式。

結束短暫充實的科任後，再度回歸五年級導師的身分，我心想著新班級要有耳目一新的教學風景才行，執念著想把社會科筆記教學的經驗移轉在語文教學上。過往面對重複的教學活動——帶了五屆，也就是十年的高年級，甚至教科書版本也相同——教學倦怠感時常襲上心頭，而將筆記教學融入的想法，剛好注入了活水。

一成不變，讓人對教學內容感到單調無趣；熱鬧喧嘩，卻又擔心空有華麗缺乏學習實質。為了找到系統化、具體可操作的教學方法，我再度投入鍵盤備課的日子，也在此時與MAPS相遇。走進書局，翻閱大叔王政忠主任《我的草根翻轉：MAPS教學法》，資質駑鈍的我無法透過文字參透理論，只好在網路上搜尋大叔的MAPS簡報作為敲門磚步步入門，輔以網路上同版教師的案例活動分享，亦步亦趨地跟隨，偶爾看到別人的創意教學便如法炮製。

課堂貌似翻轉活潑，學習熱鬧有趣，但我心虛地自知缺乏完整的底蘊：備課畫心智圖對老師而言不算困難，但學習主體是學生，他們只是照抄黑板上繪製好的心智圖，如何放手撤鷹架，讓他們有能力產生自己的心智繪圖？我的教學活動是為了達成教學目標，還是只為不讓孩子趴在桌上的團康遊戲？每一課的學習活動雖然彈性十足，但太過混雜，缺乏系統性步驟導引。

一連串的問題困擾著我，土法煉鋼操作一年後，發現自己需要理解MAPS教學法完整的理論架構與操作程序，不然再多的招式，都有種不知為何而做的感受，因而在看到大叔手把手帶三天的MAPS種子工作坊研習資訊後，便將悸動化成行動搶報名！

◆在想與做之間滾動調整

經過初階工作坊的課程設計與實作，在大叔清楚幽默的導引下，我慢慢摸清了MAPS教學法的提問設計，知道了挑戰任務的導彈目標、暖身活動的誘發興趣，以及基礎提問與

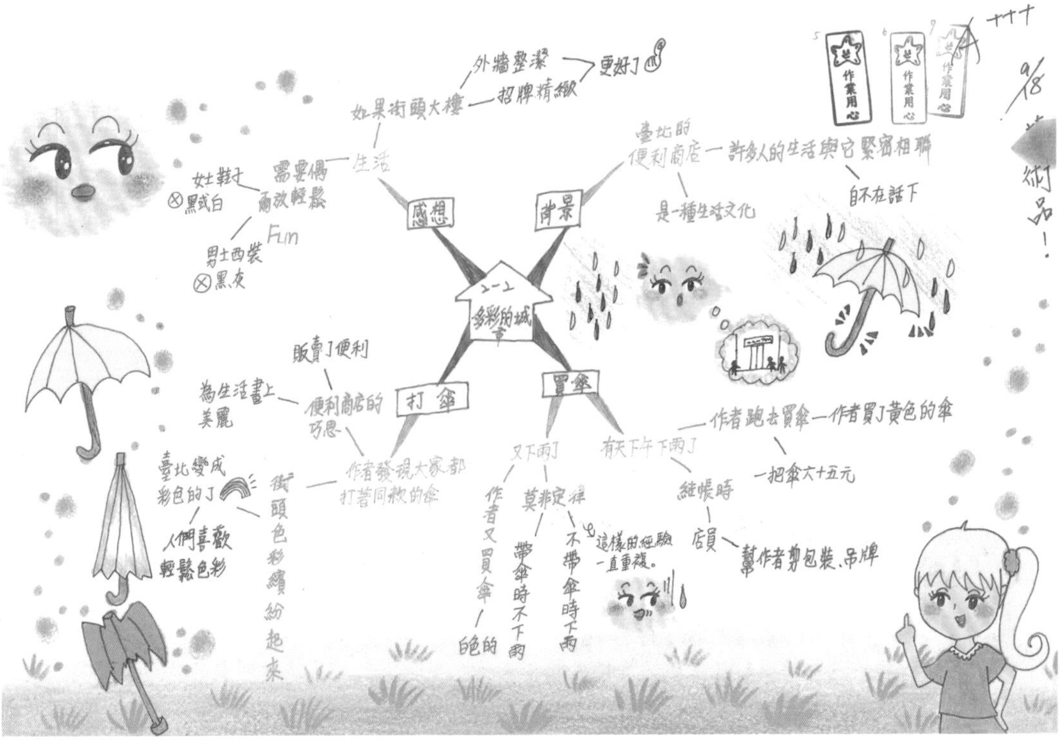

六上第二課〈多彩的城市〉心智圖。

心智繪圖的搭唱和諧。更重要的是，找到了一群相互扶持的備課夥伴，懷著滿腔的自信與熱忱，再次投入備課的火坑中，從六年級開始打掉重練。

參加工作坊後，因有了共備夥伴，想法更寬廣；也因有人一同扛起備課的壓力，步調不再緊張！開學前我們完成了前七課的提問設計，自信滿滿面對課堂，準備大展身手。而在備課群組中，找到理念相同的邱子葳老師分工設計預習單，內容架構則是依循網路上蔡志豪老師的分享。

實施前，學生已跟著我土法煉鋼一年畫心智圖：沒有給提問單，大部分是我口述布題，小組討論回答。課程結束時，我在黑板上統整內容給繪圖架構，進度寬鬆時先在校小組共做再回家各自完成，進度緊迫時就直接當作回家功課，所以學生往往把心智圖寫得跟段落大意無異。

保持彈性，隨時調整

研習後方向更具體了，也更清楚操作的流程。進入課堂前，我先發給學生語詞和形音貼貼，再發預習單回家完成，隔天討論預習單。六上第一課，我微調修正共備夥伴的提問設計，做成上課用的投影片，心智圖繪製則按廖雅惠老師建議方式進行，先從暖身題討論寫作軸線、段落語氣、文章感受等，依基礎題提問分出架構、主題、次標、訊息等，討論

第三課《大自然的規則》提問單 姓名：＿＿＿＿＿＿

Q0《大自然的規則》一文中，除了導讀外，文本內容透過主角小樹觀察描寫，呈現靜態景物與動態事件，再提出人物感受與想法。文章架構可依此分成三部分，請完成表格。

意義段	一、靜態景物	二、動態事件	三、感受想法
自然段			
描寫重點			

Q1-1 開頭場景中可發現是誰促使山甦醒的呢？透過哪些景象的描寫與修辭運用讓人有此感？

＿＿＿＿＿＿＿＿＿＿＿＿＿＿＿＿＿＿＿＿

Q1-2 第二段中，爺爺跟小樹透過哪些方式去觀察，發現了什麼？運用何種寫作手法把山的形象活化，直接找出相關文句，畫線標註於課本上。＿＿＿＿＿＿＿＿＿＿

Q1-3 小樹提到「我發現我和爺爺同樣擁有這種感動」，他因何事而感動？為什麼感動？

＿＿＿＿＿＿＿＿＿＿＿＿＿＿＿＿＿＿＿＿

Q2-1 第四段的開頭，透過何種主題的變化來營造夜晚即將結束、清晨就要到來的時間氛圍？

＿＿＿＿＿＿＿＿＿＿＿＿＿＿＿＿＿＿＿＿

Q2-2 此時，爺爺先把手指向草地，接著再把手指向藍天，想要小樹發現什麼事情？＿＿＿＿

＿＿＿＿＿＿＿＿＿＿＿＿＿＿＿＿＿＿＿＿

Q2-3 老鷹泰坎「直朝著陽光飛來」，有什麼特別的用意？＿＿＿＿＿＿＿＿＿＿

Q2-4「老鷹攻擊鵪鶉」的過程中，如何透過描寫老鷹的動作及姿態，再利用修辭使畫面更生動，令人有身歷其境的感受？請在文章中找出文句，畫線標註寫作手法。

Q3-1 面對老鷹攻擊鵪鶉的情景，小樹的心情如何？＿＿＿＿＿＿＿＿＿＿

Q3-2 爺爺做了什麼舉動或說了什麼話來開導小樹？＿＿＿＿＿＿＿＿＿＿

Q3-3 為什麼爺爺最後拿刀子掘甜菜根也是大自然的規則？＿＿＿＿＿＿＿＿＿＿

QA-1 面對「大自然規則」時，爺爺和小樹的**態度**有什麼不同？為什麼？

爺爺		小樹	
原因			

QA-2 請就課文內容判斷，下列事件屬於哪一種大自然的規則？

課文中的事件	大自然的規則
老鷹只抓走跑得慢的鵪鶉。	
老鷹只抓一隻鵪鶉。	
老鷹抓鵪鶉，也抓田鼠。	
爺爺拿刀子掘甜菜根。	

編號設計的進化版提問。

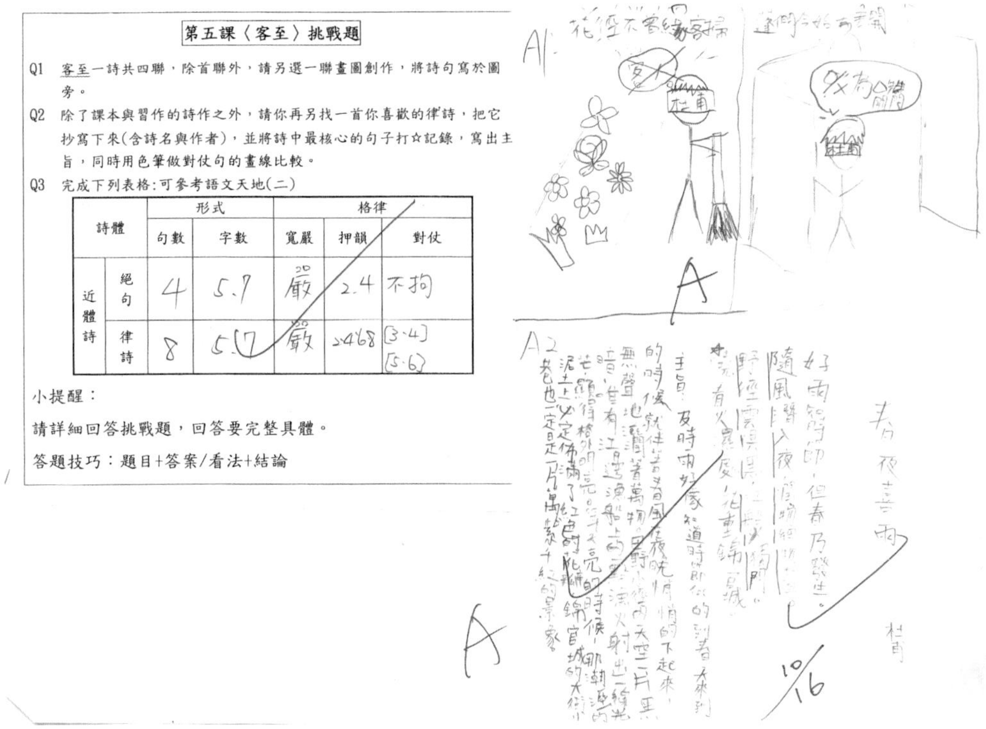
第五課〈客至〉挑戰題
Q1 客至一詩共四聯，除首聯外，請另選一聯畫圖創作，將詩句寫於圖旁。
Q2 除了課本與習作的詩作之外，請你再另找一首你喜歡的律詩，把它抄寫下來(含詩名與作者)，並將詩中最核心的句子打☆記錄，寫出主旨，同時用色筆做對仗句的畫線比較。
Q3 完成下列表格:可參考語文天地(二)
詩體
形式
格律
句數
字數
寬嚴
押韻
對仗
近體詩
絕句
律詩
小提醒：
請詳細回答挑戰題，回答要完整具體。
答題技巧：題目+答案/看法+結論

挑戰題問答最多只給三題。

一題畫一題，在圖上標出題號位置與線段，給線不給答案，最後小組共做，進行口說發表，再各自回家完成。

挑戰題六題題目先在課堂共討，再從原本的題目中各選兩題，以I Think跟I Feel區分成兩塊（共四題），貼在筆記上當回家功課，參考廖雅惠老師的答題說明，希望學生能具體完整回答。初次寫挑戰題，學生交回來的都是簡答，能省則省，全班幾乎四分之三都被退件重寫，我花了很多時間盯他們訂正，光第一課就耗費了快兩週的時間。

讀寫合一部分，做新詩架構仿寫，發寫作單分兩天完成，小組先在課堂共做一段仿寫，個人再回家完成，老師批閱給建議後，再將成果謄寫與繕畫在圖畫紙上，完成圖文並茂的作品。

之前第一課未發給學生提問單，發現學生看投影片讀過題目了無痕；進入第二課時，改變做法，一組發一張提問單，上課利用搶答、指定回答或小組共討等方式進行提問。第二課有兩篇文章，進行第一篇討論時，老師問一題，就在黑板上相對應位置給線標題號，第二篇則是全部先討論完提問單後不給圖，希望學生能依循第一篇的架構繪製心智圖。基礎題提問完成後，進入挑戰題討論，選取四題記錄，同時延伸主題做讀寫合一：販賣○○與心情隨筆。

課堂的鐘聲總是無情，完整討論及口說發表花了很多時間，雖然看得出孩子能力進步，但也嚴重拖延課程進度，小組討論表格統整的部分，雖只有一題卻花了半節課。此外，一組一張提問單問題頻出，有人想看看不到，有人不想保管。原本不想寫提問單，只想讓孩子透過投影片提問專注問答思考，但實際操作後發覺提問單對於後半段的學生有提示回顧作用，所以第三課開始給每人一張基礎提問單。同時，怕學生只想抄寫課堂答案，忽略參與討論過程，因此只讓他們重點式記錄表格的題目，其他提問給題不答，提問編號則是用廖雅惠老師方法，依架構從Q0、Q1、Q2、Q3等設定，同一分支開頭編號相同，利於學生文轉圖，並明確讓學生知道「主題在題幹裡，答案就是訊息」。

學生從題幹中練習標示出主題，從題目層次中建構心智圖像，除了意義段分支外，跨段落或統整脈絡的基礎題以A（all）作為編號開頭，置於提問單末，心智圖裡可呈現在段落分支歸納或另成一統整分支。

進行到第三課，挑戰題設計遇到瓶頸，本想讓學生挑戰文本脈絡被解構後的重塑觀點、多元思考與立場表達，然而這些能力要在短時間內統包根本難如登天。

為了扣緊進度，必須勇於取捨。第三課開始，挑戰題問答最多只給三題。如果有意圖從文本中進行仿寫、擴寫、縮寫或視角轉換等「無痛作文」，該課的挑戰題可以鋪梗浸潤在基礎題裡不寫，最後透過讀寫合一呈現。挑戰題開始跳脫形式，可以是課文讀寫、班級經營、小書創作、跨域表演、人物訪談、觀點問答、學習單寫作、多元圖表等，透過彈性調整，課堂教學逐步跟上進度。

神人指路，貴人相助

因每月要上傳教學紀錄到工作坊，有許多機會可向MAPS前輩教師諮詢問題、交流想法與方向。大叔在看完前二課的教學紀錄後，建議我可以放手讓部分學生自學，這是我從沒想過的事情，但有大叔的意見加持，就有自信敢大膽嘗試。賴建光老師則是指引我教學方向的明燈，因為使用相同版本，所以我一直默默追蹤賴老師的教學觀念與方法，他看過教學紀錄後主動提點操作時適合的教具，能跟教學偶像接線對話，根本就是美夢成真。廖雅惠老師在口說發表及課堂繪製心智圖歷程上的經驗分享，讓我可依據學生程度有方向去放手。蔡志豪老師在輔助學習上提供多面向資源，更是預習單設計諮詢的對象。

關於預習單，大叔看過內容後，認為重點應放在形音義的新經驗與兩題內的猜測想像，等同暖身題的主要概念，至於文意、主旨、細節訊息的部分建議不放，以免壞了學習興趣與閱讀胃口。但國中與國小畢竟學習樣貌有所差異，班上的孩子缺乏主動預習的習慣，我渴望透過MAPS引起學生的閱讀興趣，但仍然沒把握課前預習會自然發生。心情擺盪不定，在某天晚間十一點傳訊息向蔡志豪老師詢問，彼此從未有過任何交集互動，沒想到居然能得到立即的回應電話，結束通話時已近午夜十二點。講師的熱忱相助，讓我確立了預習單以形音義為主軸，初步概覽課文為輔，教學設計邊做邊修，邊做邊調，慢慢有了自己的MAPS步調與面貌。

進階回流，再次精進

口說發表很重要，但耗時費工，也是拖延進度的殺手之一，因此我告訴自己不要太執著於口說的形式與內容，學生懂便不需口說，學生不懂則用口說理解他的痛點。發表時可全班上臺，也可兩兩一大組互相練習，亦能組內一分鐘分享，讓每個人都能表達想法，四分鐘完成任務。這樣的方式讓聲音小、缺乏自信的孩子願意嘗試，在組內訓練口條與整理思路，其他同學也學習聆聽給回饋，抓出想法間的異同。

後來也試著讓學生進行換組口說和人人賓果遊戲，由其他人選出最佳發表，老師立即拍照投影，請最佳發表同學上臺口說心智圖內容，其他學生在臺下可以補充修改自己的心智圖，老師也有充足時間引導提問。學生發表完後由老師、同學提出意見，並說明作品優點，多次練習下，學生在口說心智繪圖時，眼神閃著光芒，更有自信也更有想法能力去給別人建議。

考量上課時間不足，期中考後開始讓全班自學回家畫心智圖，有的孩子能力愈長愈好，有的孩子會疏漏，但透過口說發表，聽完別人的發表再做訊息補充，學生的第一、二層概念都可以完成，唯在第三層的訊息上，偷懶的孩子就會疏漏或是少掉幾個分支，甚至在第三部分結局方面只有第一層，要強力退回補寫才能完整。

撤掉合作鷹架的同時，要先搭上輔助梯。提問單改版設計成完整回答的形式，題號也標明清楚，以免有疏漏訊息的問題。過往提問雖皆經過課堂討論，但回到家要獨立產出繪圖，對後段學生仍力有未逮，難怪許多心智圖又打回段落大意的模樣。但改版後的提問單，有編號可參考做段落分支，題幹也標示出主題與次標，答案就是訊息，於是大家的心智繪圖模樣總算大致出現，學習腳步慢慢跟上了。

進程來到第六課，小組討論問題也浮現出來，班上雖採異質分組，可是透過道德勸說、調動小組位置、指派答題任務等策略，似乎還是無法讓每個人投入課堂討論，例如A咖不是反對別人的意見，就是自認厲害無法接受他人不認同自己意見；D咖則覺得自己很弱，一定答不出來，甘願當空氣、當客人，也不想發表想法。

107 六上國語南一版 第一課 在天晴了的時候 作者：戴望舒

本課寫作重點：詩歌中的象徵手法

6 年 4 班 姓名：梁怡玥

預習任務 1、三次閱讀①讀印象：

1-1 你對標題哪個部分感到好奇？「如何轉變」是天晴了？天晴了可以「做什麼」？先猜再找答。

1-2 讀一遍課文，圈出 。；！？ 並在課文標出自然段，有 3 段。

1-3 形式初探：這是一篇 詩歌，現代詩（新詩）字數不拘、格式自由活潑，古詩字數受限，請推測本文形式是 詩歌 ，押 又 韻（圈韻腳）。第 1 段是作者在天晴時 聯想 能看見的小徑景物，第 2 段是天晴時在小徑上的 活動，第 3 段是天晴後山中景象。

1-4 大意粗想：作者描述 天晴 了的時候，該到 小徑中 走走，能聯想看到的景色，可跟同伴赤腳攜手踏 著新泥 涉 過溪流，看雲在山間 移動、閒遊 。

預習任務 2、三次閱讀②讀語詞：2-1 辨識生難詞(在課本生字旁寫出部首)

寫至少五個你覺得最容易錯的字，並圈出要注意的部件	徑	ㄐㄧㄥˋ	潤	ㄖㄨㄣˋ	曝	ㄆㄨˋ	赤	ㄔˋ	攜	ㄒㄧ	霾	ㄇㄞˊ	涉	ㄕㄜˋ
寫至少五個你覺得最容易錯的注音，並圈起來 (以上不限生字)	潤	ㄖㄨㄣˋ	垢	ㄍㄡˋ	赤	ㄔˋ	涉	ㄕㄜˋ	霾	ㄇㄞˊ	暈	ㄩㄣ		

2-2 語詞替換　塵垢：塵土汙垢、綻透：綻放透底、陰霾：形容天氣陰沈

（可參考解釋貼貼）　飾彩：裝飾的色彩、暈皺：水上的漣漪、腳跡：足跡

預習任務 3、三次閱讀③讀特色：(不用回答，但在課文中用紅筆畫線並依序標題號)

3-1 內容要點：A. 天晴了去哪裡 where？B. 可以看到什麼事物 what？C. 可做活動 what？D. 有何感想？

請將以下景色按照正確的寫作順序重新排列：(寫代號)(2)(4)(1)(3)

(1)小白菊抬頭、(2)雨潤過泥路、(3)鳳蝶兒閒遊、(4)小草炫耀新綠

3-2 特色手法：螢光筆畫 3 句生動的句子。用了哪些修辭或句型？擬人、視覺摹寫

3-3 朗讀背誦：找一段你最喜歡的段落，標★號。背誦給家人聽並簽名：董

你最喜歡這一段的原因是 作者把雲移動想成人在閒遊，非常有創意。

預習任務 4、詞語暖身

膽怯	陰霾	綻透	暈皺	涉溪	赤腳	閒遊	飾彩

1. 純白的曇花，在一夜之間（綻透），隨即凋謝。
2. 陽光照耀下，紫斑蝶（飾彩）的翅膀，呈現淡紫、亮藍光彩，真是美極了！
3. 弟弟個性內向，一遇到陌生人就（膽怯）。
4. 夏季山裡容易溪水暴漲，任意（涉溪）是一件相當危險的行為。
5. 突如其來的強風，把原本平靜的湖面吹得（暈皺）連連。
6. 選 3 個語詞造句：下雨過後，陰霾消失了，花兒膽怯的綻透著，小動物們在綠油油的草皮上閒遊著，大樹伸展手臂，拍掉手上的雨珠，和大家說：「天亮了！」

透著

A+ OK

-1-

原本的預習單。

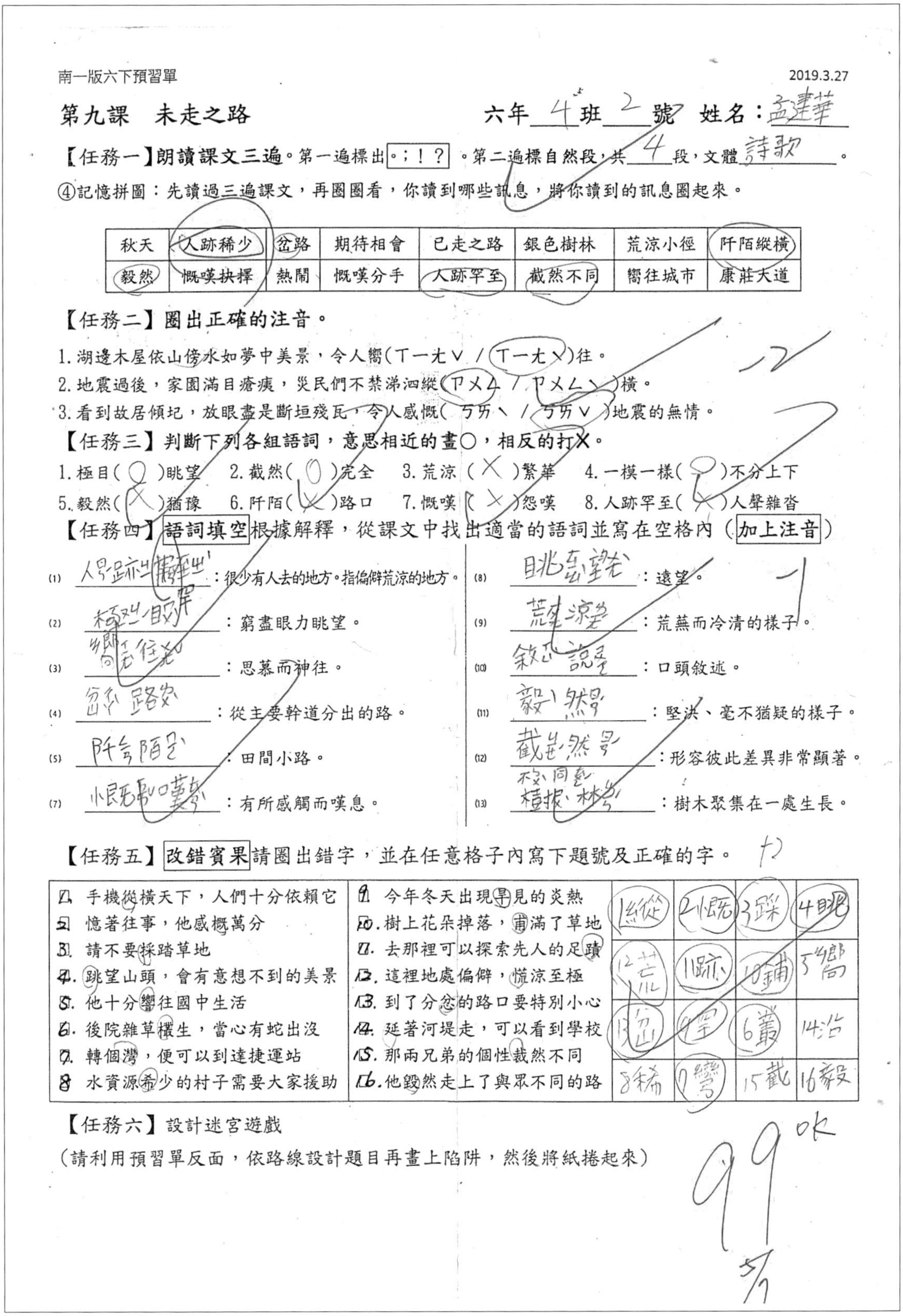
南一版六下預習單 2019.3.27

第九課　未走之路　　六年 4 班 2 號　姓名：孟達華

【任務一】朗讀課文三遍。第一遍標出。；！？。第二遍標自然段，共 4 段，文體 詩歌 。

④記憶拼圖：先讀過三遍課文，再圈圈看，你讀到哪些訊息，將你讀到的訊息圈起來。

秋天	人跡稀少	岔路	期待相會	已走之路	銀色樹林	荒涼小徑	阡陌縱橫
毅然	慨嘆抉擇	熱鬧	慨嘆分手	人跡罕至	截然不同	嚮往城市	康莊大道

【任務二】圈出正確的注音。

1. 湖邊木屋依山傍水如夢中美景，令人嚮（ㄒㄧㄤˇ／ㄒㄧㄤˋ）往。
2. 地震過後，家園滿目瘡痍，災民們不禁涕泗縱（ㄗㄨㄥ／ㄗㄨㄥˋ）橫。
3. 看到故居傾圮，放眼盡是斷垣殘瓦，令人感慨（ㄎㄞˋ／ㄎㄞˇ）地震的無情。

【任務三】判斷下列各組語詞，意思相近的畫○，相反的打✕。

1. 極目（○）眺望　2. 截然（○）完全　3. 荒涼（✕）繁華　4. 一模一樣（○）不分上下
5. 毅然（✕）猶豫　6. 阡陌（✕）路口　7. 慨嘆（✕）怨嘆　8. 人跡罕至（✕）人聲雜沓

【任務四】語詞填空 根據解釋，從課文中找出適當的語詞並寫在空格內（加上注音）

(1) 人跡罕至：很少有人去的地方。指偏僻荒涼的地方。
(2) 極目眺望：窮盡眼力眺望。
(3) 嚮往：思慕而神往。
(4) 岔路：從主要幹道分出的路。
(5) 阡陌：田間小路。
(7) 慨嘆：有所感觸而嘆息。
(8) 眺望：遠望。
(9) 荒涼：荒蕪而冷清的樣子。
(10) 敘說：口頭敘述。
(11) 毅然：堅決、毫不猶疑的樣子。
(12) 截然不同：形容彼此差異非常顯著。
(13) 樹林：樹木聚集在一處生長。

【任務五】改錯賓果 請圈出錯字，並在任意格子內寫下題號及正確的字。

1. 手機從橫天下，人們十分依賴它
2. 憶著往事，他感概萬分
3. 請不要採踏草地
4. 跳望山頭，會有意想不到的美景
5. 他十分響往國中生活
6. 後院雜草檴生，當心有蛇出沒
7. 轉個灣，便可以到達捷運站
8. 水資源希少的村子需要大家援助
9. 今年冬天出現旱見的炎熱
10. 樹上花朵掉落，甫滿了草地
11. 去那裡可以探索先人的足積
12. 這裡地處偏僻，慌涼至極
13. 到了分忿的路口要特別小心
14. 延著河堤走，可以看到學校
15. 那兩兄弟的個性裁然不同
16. 他毀然走上了與眾不同的路

1縱	2慨	3踩	4眺
12荒	11跡	10鋪	5嚮
13岔	9罕	6叢	14沿
8稀	7彎	15截	16毅

【任務六】設計迷宮遊戲

（請利用預習單反面，依路線設計題目再畫上陷阱，然後將紙捲起來）

99 OK 5/7

改版後的預習單。

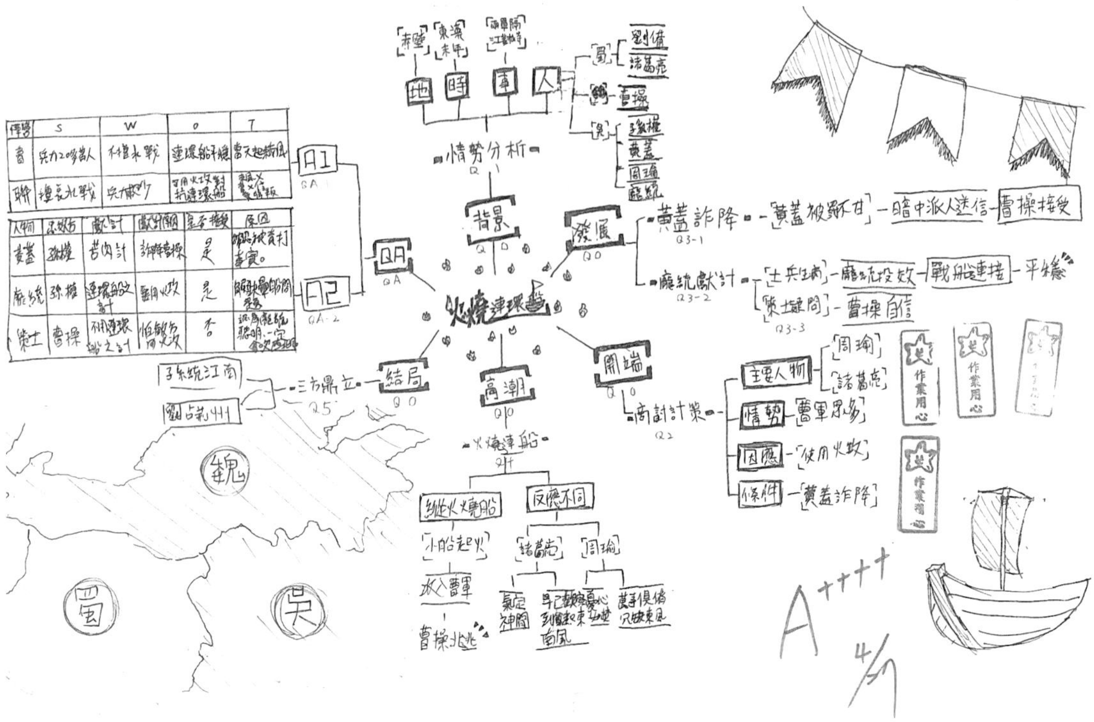

六下第八課〈火燒連環船〉心智圖。

工作坊進階班回流時我提出上述問題，大叔建議可將這些不討論或假討論的人抓出來自己一組，逼迫他要認真思考或勇敢回答。於是下學期我便將這些學生拉出來獨立一組，不能跟人相處的A咖們自己繪圖答題，無力感很重的D咖們湊在一組自立自強答題。經過一段時間的磨合，神奇的事發生了：原本討厭合作的A咖們，居然自願想回到組內跟大家一起答題，而D咖們也能有模有樣答出幾題有想法的回應，在班上慢慢受到同學的肯定，強弱均有所長。

經過一學期的操作與進階回流的再次精進，下學期教學進度流暢許多，相對就有更充裕的時間來完成挑戰題的任務。期中考後，學生提出不寫提問單的要求，只要有題目作為參考依據就好，其實就是回到上學期剛操作MAPS的面貌。我心中竊喜著學生的成長，順應要求再度改版提問單，但撤掉提問單回答之後，為了驗證學生是否真正能梳理文本脈絡、理解文章主旨，則改要求他們在心智繪圖上要補上課文大意，以便檢核架構到訊息間能否真正對應串連。

◆挑戰學習更跨域

心智繪圖及挑戰題任務，對班上學生而言是最有趣的學習活動，他們可以在筆記本上創作屬於自己的作品。下學期

山谷中有兩條小徑，左邊那條沿著山澗往下走，順著山谷的輪廓蜿蜒盤旋，到一片河邊低地為止。爺爺在那片低地上蓋了穀倉，還養了騾子和牛。但是邊那條上行的小徑是我們要走的。這條路通往山邊，貼著山谷往上爬。我在爺的身後快步跟著，可以感覺到斜坡逐漸陡了。
就像奶奶說的，我還感覺到更多的東西。大地之母「夢歐拉」透過鹿皮靴告訴我她就在這兒。我感覺得到她呼吸的起伏、毛髮的擺動和皮膚的彈性……有在她身體深處如血管班交錯的樹根，以及在其中流動，供養萬物的血液。的胸脯是那麼地溫暖而富有彈性，強而有力的心跳幾乎把我給彈了起來。
我們已經爬得很高了，山澗落在身後遠處，寒冷的空氣把我呼出來的氣凝一團團白霧。路旁光禿禿的樹枝上掛著一排一排牙齒般的冰柱，水滴順著尖的冰齒滴下來。當我們再往上走，還有積雪散佈在小徑上。這時灰茫的曙光知道什麼時候把黑夜給趕走了。
爺爺停了下來，指著路旁的一塊空地說道：「瞧！這就是火雞場。」我必須下來趴在地面上才看到火雞們細碎的足跡，形狀像是好幾根一端連在一起，後向外散開的火柴棒一樣。
「來吧！我們把陷阱給搭起來。」話說完，爺爺便到路旁開始尋找，直到他發現一個倒塌的樹所遺留下來的坑洞。
我們把坑裡的落葉先清理乾淨，爺爺拔出長刀，把坑底像海綿般柔軟的土壤給弄鬆，然後我們開始向下挖，把多餘的土拋到落葉上。一直挖到我站起來看不到外頭的深度我們才停下來。爺爺把我從坑裡拉出來，我們一起拖了幾叢散落在地面的樹枝把坑洞蓋住，然後抱了一些樹葉鋪在樹枝上。接著爺爺用長刀順著坡度掘出了一條小徑通到坑哩，然後再從坑後接著挖掘另一條小徑，一直到火雞場為止。他從袋裡掏出一些印度安紅玉米撒在那條小徑上，同時也丟了一把在坑裡。
「好，我們可以出發了。」爺爺說。

跨域小書創作。

的讀寫合一擴大範圍到賞析仿作、季節擴寫、繪本小書、架構仿寫、劇本創作、故事接寫、文本縮寫、群組聊天、新聞報導、畢業小書等，各種形式的寫作搭建在課文文本脈絡之中，解構在暖身、基礎、挑戰的提問設計裡面，慢慢讓學生去摸索各種呈現表達的可能，藉由課文轉心智圖、心智繪圖再轉多元寫作的方式，展現對文本的理解，建構學生對閱讀寫作的自信。

慢慢地，學習遷移發生了。因為操作了國語科的MAPS，所以六上在數學方面，也簡單以單元主題、概念、重點整理、舉例說明等面向請學生分出三層次繪圖，教完一單元後，利用課本、習作繪出數學心智圖。經過練習觀摩，學生均能完成屬於自己的數學整理筆記，擔負考試複習大責。曾經有學生向我求救社會科背不起來，我引導他畫心智圖，理解了學習，成績表現也有所進步，學生很開心回饋說：「因為畫心智圖，所以社會更好背了！」

猶記得過去學生聽講座時，筆記的重點往往只是條列式或落花流水般亂記，沒想到了六上結束前，竟有學生在講座後問我是否可以用心智圖整理筆記，當下既驚又喜，馬上同意，更開心的是聽見學生喃喃自語說：「這演講內容超適合做心智圖的，層次很清楚，而且畫的比寫的簡單多了！」周遭的同學一個個聽了，也接著附和說：「那我也要畫心智

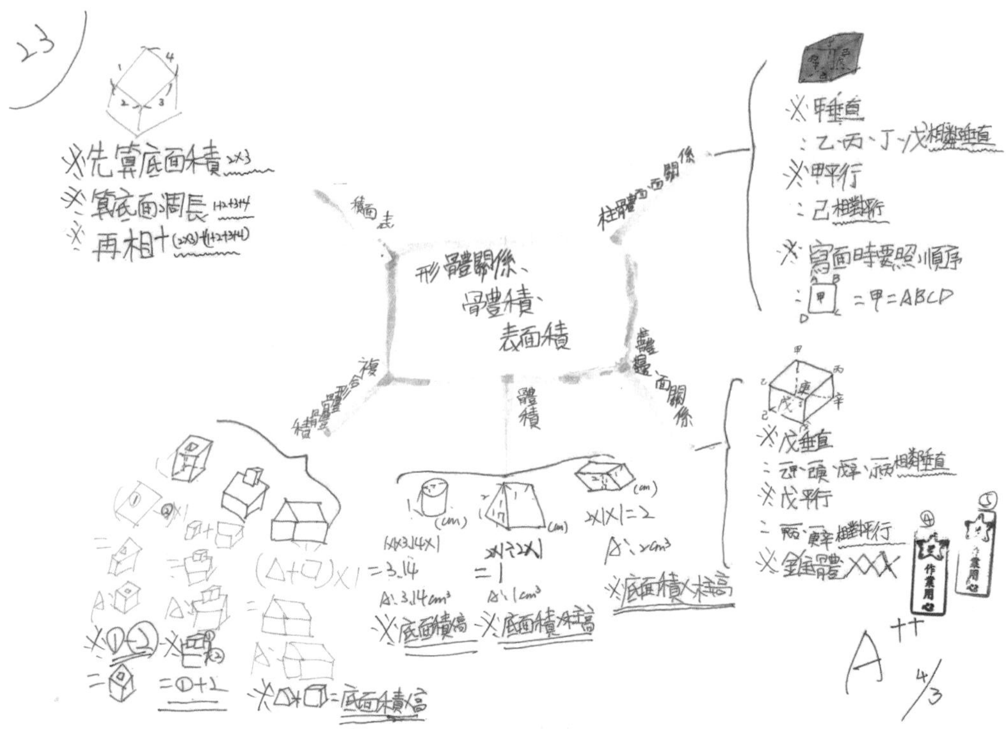

數學心智圖。

圖！不要寫筆記！」我在心裡真是默默但重重的比了好幾次「讚」啊！

教學路走久了，有時不知為何而戰，有時被瑣事磨失熱忱，找回初衷需要衝動與熱情。但衝動是一時，熱情很快會燒完。參加MAPS種子教師工作坊是一時衝動，但因為有夥伴的扶持才能持續熱情，期許自己的教學設計有趣精實，促使自己備課更完整。清楚教學目標才能告訴自己為何而戰，有了夥伴督促才能不停向前，也才知道挫敗感一直都與教學並存，不是只有自己，連大叔都是每天絞盡腦汁想打敗學生的不動與不懂。但同時成就感也會不小心跑出來，支持著你做對的事，就像學生畢業前給我的回饋上寫著：「老師，我很喜歡畫心智圖。它不難，是有趣的功課，可以繼續讓學弟妹們做唷！」

一路走來看見的風景

回想參與研習的第一天，要跟偶像近距離見面，既期待又怕受傷害。期待手把手傳授的理論與實務教學，讓自己可以真正理解MAPS，突破教學盲點；害怕自己駑鈍連大叔的專書理論都看不懂，會不會參加研習還是聽不懂。但三天下來，我的擔憂煙消雲散，迎來的是面對新學期的躍躍欲試。

大叔在研習裡說的話我至今印象深刻：

「你千萬不要複製我的 MAPS，除非你是我，除非你的孩子跟我的孩子一模一樣。」

「沒有備課，沒有講述，沒有講述，沒有翻轉。能夠講述精彩是功力，不要看不起你傳統講述的同事。」

這些話深深打中我的心，在流連網路各教學社群時，時常覺得別人的教學很神，但運用到自己班級卻是卡關無限；想建立系統教學，但又反骨地不想被拘限在教學 SOP 中。翻轉浪潮總認為傳統講述是萬惡罪魁，會扼殺學生的創意思考；但強調活動的教學，卻總讓我感受花招繁瑣而沒有靈魂。我隱約感受到教學對象與情境本就有所不同，也認為教師個人特質各有差異，沒有一種教學法是放諸四海皆準，能夠直接複製貼上。感謝大叔多元並蓄，沒有文人相輕的氣息，甚至提出：「用我的 MAPS 產出你自己的 MAPS，這時的 MAPS 才算成功。」我大受啟發，覺得這才是課堂的理想：有架構系統的理論支持，有完整清楚的操作流程，有彈性多元的各自精彩。因為謙虛，更讓人信服！

曾經，在心中默默追求完美，總想著讓自己的教學不要無趣，甚至在意他人對自己的教學評價，忙碌得像活動主持人一樣，盡想把課堂搞得熱鬧非凡，心中隱約覺得不對勁卻不知如何改變。後來進入 MAPS 有意識的三層次提問後，才知道老師不是只在課堂上當主持人，學生還是需要老師示範引導如何學習，他們才能學會技能，建立自己的理解。

誠如大叔所言：「完美總是進行式，不是完成式。」期許未來，我能透過觀看學生、省思自己解決問題的歷程，滾動式調整教學步調，讓課堂設計更能聚焦且引發學習興趣，幫助學生更有能力面對素養挑戰。在 MAPS 的路途上，有夥伴同行是幸福的事，正因為不是踽踽獨行，所以才能走得長遠開闊，在志同道合的想法激盪下，期盼自己能汲取更多教學養分，有更到位的提問設計，對細節操作更有概念，勇敢踏上改變的路途，磨合出屬於自己、適合班級的 MAPS 風格！

◆隨手札記

【國小領域】

7

温櫻美 / 從好到更好

苗栗縣苗栗市大同國民小學

山中大叔導讀

櫻美老師本來就是認真投入教學的好老師，但她最棒的是願意協助同儕及提攜後進一起努力。

一個人走得快，但一群人走得久、走得遠。

櫻美老師這一篇實踐歷程紀錄非常詳細記錄了她在課堂上完整操作 MAPS 的細節，處處可見其用功的痕跡．從提問設計的發想到心智繪圖的引導，從口說發表的調整到小組合作的經營，我看見一個教學多年的老師深厚而細膩的功力，更可以看見一個自我要求精進並願意多方學習的教學典範者。

尤其令人感動的是這一段歷程涵蓋了兩個學年四個學期的師生共同前進軌跡，非常適合想要嘗試 MAPS 教學法的老師參考。

改變的時間到了

學校附近就是菜市場，學生課業成績呈現雙峰現象，學習氛圍低落，課程設計一直是教師的難題。

教學現場狀況與事先規劃落差不小。全班學生二十四人（男十三、女十一），超過三成來自原住民或新住民的家庭，所以學生差異化（能力不一）甚大，部分學生在小組討論、合作學習有難處，不易與同儕配合，因此課堂分組討論時在自主合作學習上會有難處。

改變不一定更好，但要學生與老師一起向上提升、變好，一定要改變！因此我踏上改變之路：參與政忠老師 MAPS 研習、買書自學 MAPS 外，也加入了苗栗夢 N 研習。雖對 MAPS 國小版操作有更一步接觸與釐清概念，仍自覺不足，需更精實與精進。因此在二〇一八年報名參與 MAPS 教學法教師種子工作坊。

在 MAPS 教學法教師種子工作坊實作研習，是由政忠老師「手把手」指導。政忠老師先以事先設計好的 MAPS 架構之文本進行題目提問，區分暖身、基礎、挑戰等三部分的題型設計目的，以及相應的教學活動進行方式，讓我們瞭解、釐清 MAPS 價值與教學脈絡。再用另一課文本，試著四或五人一組，讓我們從實作中自行設計關於暖身、基礎、挑戰三部分的題目，我們也一起試畫教師版心智圖，討論、思考自己設計的題目是否真的適合班上學生。

經由實作研習、親身體驗，外加要回到課堂實踐一年之工作坊，讓我與夥伴老師學到 MAPS 課程設計及著眼點之關鍵，體會到提問教學對師生對話與互動之重要。我也從與夥伴對話中思考與歸納，如何以自己班的學生為教學主體進行有效的課堂教學，在自己教室與教學現場，帶領學生進入更深一層的學習。

原以為的簡單其實不簡單

五上新班初接觸 MAPS 教學時，想法單純：學生無法事事透過自己個人生活經驗與觀察來學習，想引起孩子學習動機與興趣，就需要引起他們的好奇，刺激他們想像與猜測，進而願意學習。為了達成上述目的，五上採用 MAPS 教學法時，著眼在提問、摘要策略，也就是將此策略設計在三層次「搶答與合作討論」基礎題與挑戰題。學生答不出來或答錯時，同組員可以協助，但該生要複述組員提供的答案。我更期盼透過提問設計，引導班上學生畫出文本架構的心智圖，培養他們「找到知識或訊息」或者「解決問題」的能力，而不是把自己當餵養者，一直提供正確答案給學生。

學生分組練習繪製心智圖。

第二週開始步入軌道

直到進入第二週，才終於覺得教學步驟較順手。原因是：這班是新接的五年級新班，學生對國語關鍵詞語、意義段提取皆無經驗，也沒基礎，更不用談什麼泡泡圖或心智圖等思考繪圖。在經由一週教學「撞牆期」諸事不順後，我重新思考，決定先讓學生感受學語文與上國語課是開心的事，於是調整教學脈絡，不急著操作完整MAPS三層次教學法。

在第一課〈我的夢想〉第二節上完自然段關鍵詞語提取後，課堂討論氛圍漸入佳境，其中最棒的是原本設定六、七段關鍵詞語是「支撐夢想實現的力量」，孩子在回答時竟然說出「夢想推動力」，讓我驚喜不已。於是，我當下立刻改變區分主結構。

為瞭解學生對課文的理解程度，並檢視學習是否融會貫通、是否有掌握住文中的重點，我會在黑板上先引導第一段與第二段的思考圖，之後讓學生兩人一組分工合作一起理解、分析後半部。學生專注投入的神情，非常迷人，也許還無法分析得非常完整，但卻成功踏出了小五國語課的第一步，讓我十分開心。不過由於學生對於如何繪製心智繪圖還沒有清楚的概念，所以在引導學生討論完提問單後，尚需要我在黑板上一層層、每分支逐步帶領他們學會共同繪製心智圖。我會一題一題提問（當複習），告知他們文章架構在這層應放置的位置，然後配合提問單Q1示範每分支畫法，學生跟著完成後，再給予回家作業——個人心智圖填空版。隔天抽三—五位學生口說發表（在這階段還是特指前端學生）。

引導口說發表與繪製心智圖

九月中開始進行第二課〈拔一條河〉。鐘聲響起，隨著學生一一踏入教室坐定位後，我拉開布幕，學生初見黑板上的格子與「情緒心電圖」五個大字時，紛紛好奇問：「今天要做什麼？」我故作神祕說：「你們一會兒就知道。」然後發下情緒卡、細彩色鉛筆，接著以「提問」方式引導學生一邊回顧文本內容，一邊統整前一天提取主關鍵、次關鍵語詞的內容。先將主角／背景、事件原因、過程一、過程二、結果，再次用對話方式提取出來，加深學生對文本脈絡訊息的印象。之後結合黑板上的情緒卡，引導學生回到文本，探究其屬於何種情緒、心情指數是多少，再取情緒卡貼在心電圖中，並說出判斷的根據。我帶領三段後，剩下的部分就分組進行。分組討論時，學生參與度十分熱烈，彼此互動良好，後端學生願意開口，大部分學生口說的表現似乎進步一些。

之後就是建構心智圖模組，再到小組共做。

由於班上學生程度差異頗大，為此我調整教學流程，除了挑戰題只討論沒習寫外，也搭建屬於自己班上學生能接受的心智圖「鷹架」，放緩MAPS操作步驟，故當初在〈我的夢想〉這一課時，幾乎是由老師引導帶著畫。但從第二課〈拔一條河〉，我要求學生概覽全文，有不懂的字詞先查字典或查看書中註釋，課堂中以提問方式引導他們標出每個意義段的關鍵字詞，再根據文章結構的順序整理分類，然後依照我事先構思畫好的心智圖主要支幹及分支，填寫上關鍵詞語。第三課〈從空中看臺灣〉則仿第二課方式，形成學習的模組化，但因為學生討論意義段時出現兩種主結構區分法：一種是起因、經過、結果，另一種是敘事、寫景、抒情，因此我提供兩種類型畫法的心智圖。

到了第四課〈不一樣的醫生〉，在課文文本基礎題提問完後，開放學生分組進行。但我還是先在黑板上提供一些訊息，要求孩子依順時鐘方向，將從中央主題聯想出的關鍵詞寫在延伸出來的線上，一條線只能寫一個關鍵詞，並提醒他們可藉用已知的理論架構分類第一層關鍵詞。比如說，主題是〈不一樣的醫生〉，就可以將「狗醫生」說明分析為「定義」、「狗醫生協會」、「狗醫生培訓」、「評價」四個關鍵詞，再從各個關鍵詞加以聯想，將線條向外放射狀延伸，並繼續寫下第二層、第三層的關鍵詞。愈接近中心主題圖像的關鍵字詞會以意義段區分出來的標題（以紅筆事先寫在課本）為主，愈往後愈為次關鍵詞（以藍色原子筆圈選）；而

看著學生專注的模樣，老師滿心歡喜。

線條則是愈接近中心主題圖像愈粗，反之愈細。

經過一到三課練習，發現孩子到第四課時，已愈來愈懂心智圖結構，也十分投入。因此畫得還不錯，初步認識了心智圖。

課程進行到第九課〈溪谷間的野鳥〉時，我決定放手，讓學生依據提問單，回到文本內容思考與畫出答案，再進行小組自學，聚焦提問單發表答案，最後針對討論後的結果，一人畫一張個人心智圖。雖然時間有點趕，有些學生來不及畫完，但是看著他們專注的模樣，這樣的教室風貌真讓人好喜歡。

再來就要試著完成挑戰單。

課程進行到第十課〈海豚〉時，學生已能從挑戰題小組討論發表，各自回家試著完成挑戰單。我在挑戰單中設計用聯想法寫作「海豚的故事」（約三百字短文），請孩子假日發揮想像力，寫完「海豚」的故事。看完他們的作業自己開心、小有成就感之外，也發現「課業」對他們不再是困難，可以進一步往前走囉！

從共學到自學，從好到更好

五下定調為「自主、互助、共好」。

這學期教學主軸除了延續上學期提問產出心智圖外，一開學就告知孩子會加強各組討論後的「口說發表」。

第一課國語課，在提問單基礎題部分運用二十分鐘左右，由孩子自主學習與討論，老師則是適時引導。個人搶答開放讓學生自行搶答。小組討論部分是將上課時各組討論好的內容投影在螢幕上，讓各組B咖學生輪流報告。從他們的報告內容，以及其他組聽完提出疑問的過程來看，顯然經過一段寒假，學生不但沒有忘記之前的提點（偶爾還是會屁股面對聽眾，但可以理解），報告的流暢度也進步不少，因此報告完後不僅大大鼓勵他們一番，也幫各組加點。

挑戰題部分決定放手讓孩子試著自己寫，不另外討論，結果還挺令人滿意，雖然不是人人都能寫得很完整，但卻能大致表達出自己的想法。心智圖部分則延續上學期後三課做法，請學生回家自行習寫心智圖與心得，孩子也大多皆畫／寫得不錯。

上第二課〈秋江獨釣〉時，我開放自學與共學心智圖。此時表現好的孩子除了自己畫得好，也願意指導同組學習較落後的同學如何提取與畫出心智圖。雖然還沒有做到十分，但身為老師的我看在眼裡真是開心又充滿鬥志。

到了第五課〈恆久的美〉與第六課〈看戲〉後，已可以明顯發現學習動機較差的孩子在繪製心智圖有大幅進步，推測其原因，應該除了以《拾穗》的畫作和文本中出現的戲劇

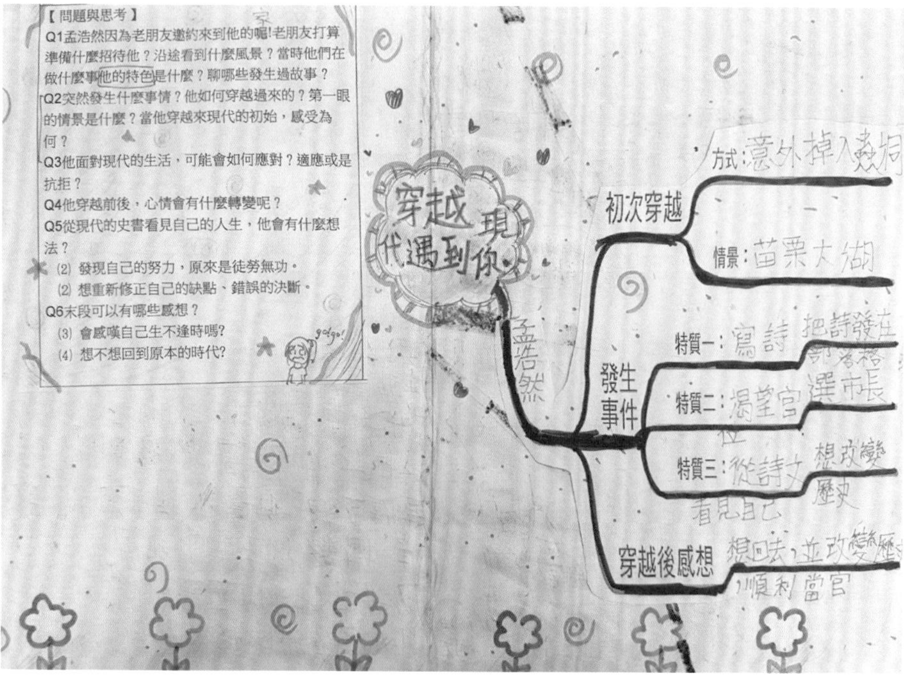

從〈過故人莊〉到「穿越現代遇到你」。

圖結合提問來引導之外，也是因為在之前五上已操作過類似文本，學生才能掌握與讀懂文本脈絡手法，在討論意義段時能快速且正確切分，也能在短時間就找到自然段主關鍵詞與次關鍵詞。

這一年的課程教學，真的發現孩子進步很多，他們一天比一天積極，愈來愈會討論，連口說、心智圖繪製的條理性也持續進步，尤其是各組組長更是異軍突起。我不由驚呼：原來有層次提問，真的會讓學生不由自主慢慢學會分析文意！當然，也許我此刻的 MAPS 沒有非常到位，但看著孩子的進步與成長，更激勵我帶著他們往前走。

MAPS，你們真的會了嗎？

在 MAPS 教學法教師工作坊研習時，我總不斷回過頭檢討之前自認為有層次的設計提問，思考如何在不增加學生負擔下，融入學校推動的校內活動或是相關重要議題（例如閱讀推動、友善校園、視力保健、交通安全、海洋教育等），讓課堂的教學活動、提問單都能與這些活動或議題呼應，「一魚多吃」。

此外，我也注意到六年級教科書某些選文內容，離學生的生活經驗太遠，因此六上後開始選用貼近學生生活經驗的媒材作為教學輔助，搭配學自政忠老師的層次提問設計，結

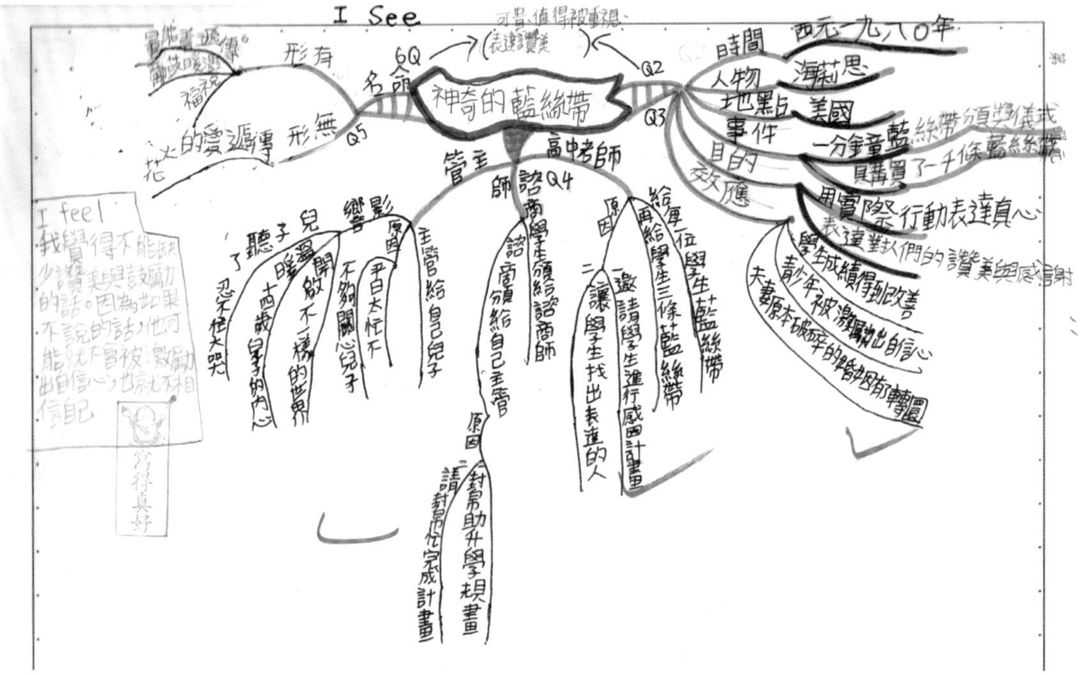

結合文本〈神奇的藍絲帶〉＋平臺資源照片、圖片＋影片＋繪本書籍。

老師示範如何繪製心智圖。

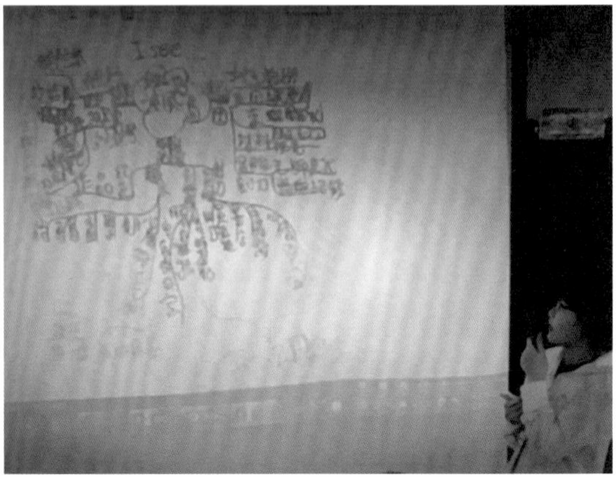

學生口說發表自己繪製的心智圖。

果是即使文章與學生所處之時空背景不同，學生都能讀出並連結作者以及自己的感受，並達成我設定的教學目標。

就〈過故人莊〉為例，詩依舊是那些內容沒有變，變的是閱讀者的心態與感受。〈過故人莊〉是孩子早已背誦過的詩詞，剛上這課時，孩子興致不高，但我早有準備，一上課先攤開了四幅圖，請他們判斷這四張圖像分別吻合哪兩句詩句，並寫出該詩句、探究詩句涵義，果然喚起他們的興趣與好奇。隨後又以〈空城計〉的諸葛亮故事來示範「穿越現代遇到你」的延伸寫作，勾畫出諸葛亮「穿越現代遇到你」的心智圖，再讓小組想一想、談一談孟浩然「穿越現代遇到你」會遇到的狀況，設想他在史書上看到自己生平的反應，並完成心智圖。

六上一開學，語文課上得十分順心與愉快，學生沒因漫長的暑假忘了老師辛苦的引導，MAPS學習往另一階段前進囉！第一堂先分組換位置，一樣是差異化座位四人一組，緊接著拿出平板進行預測：先問藍絲帶可以用在哪些地方，給學生二－三分鐘將答案寫在平板上並依序發表。之後再問學生對於標題「神奇的藍絲帶」會如何切分，扣緊預測的目標——「審題」。孩子經幾分鐘聚焦後，我又問：課文中的「藍絲帶」可能具有什麼特殊意義？依舊是讓學生先寫在平板上之後上傳。當我將大家的答案投影出來探討，見到學生個個言之有物，回答得很好，真的無比欣慰。

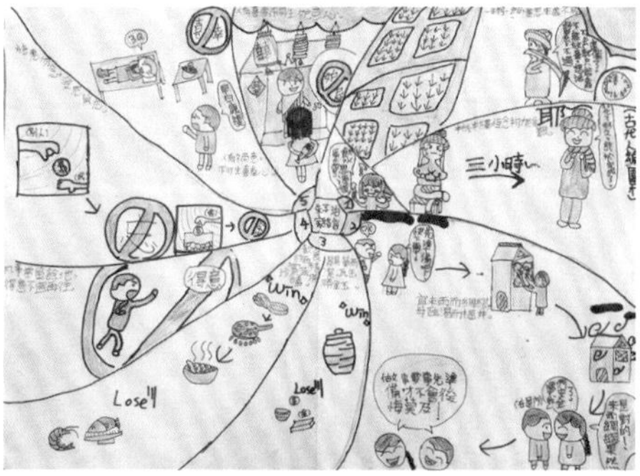

學生周洪亭文轉圖作品。

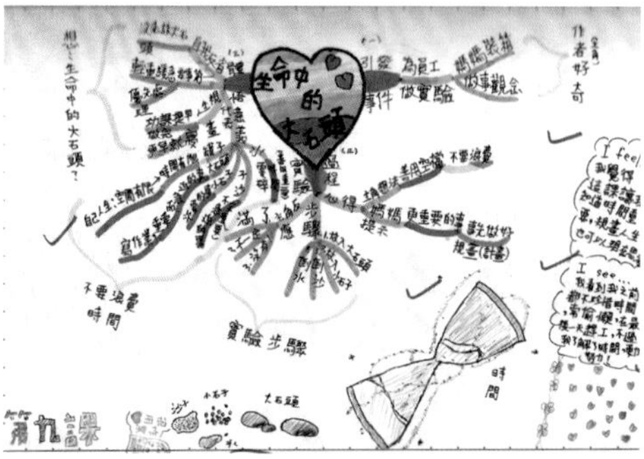

學生周洪亭五下心智圖作品。

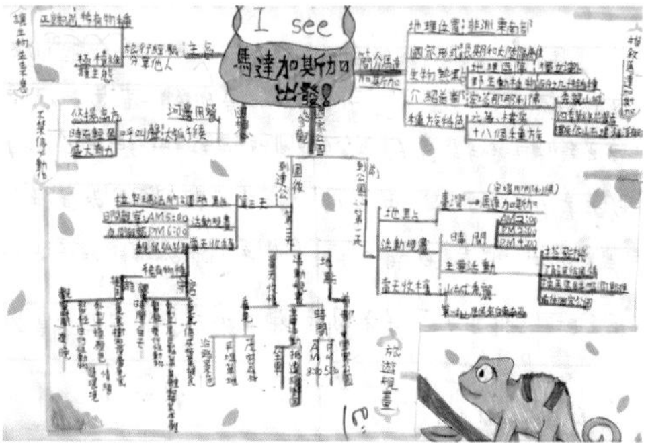

學生周洪亭六下心智圖作品。

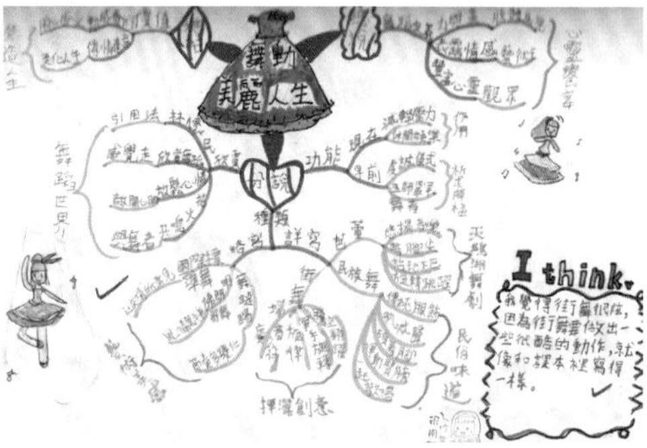

學生周洪亭五下心智圖作品。

此外，因基礎題經過之前五年級上學期八課的MAPS模板到逐步拆卸鷹架，從共學到部分學生自學的訓練，這學期學生大部分已有自學能力。所以這學期設計的挑戰題，除了顧及個別學生能承受的分量外，亦企圖讓每個孩子都愛上閱讀。我使用平板Flyer提供學生學習新舊經驗的連結，播放《小奇的藍絲帶》影片，並提供同名繪本。大部分學生亦因為Flyer平板結合學習，更願意自主學習，而後端的孩子藉由這些練習，對文本的探究也有很大的突破。

回到〈神奇的藍絲帶〉，畫完心智圖最後的挑戰題就是結合教師節活動，讓孩子將藍絲帶傳遞出去，並錄製成影片。我先利用十分鐘說明藍絲帶作法，接著讓學生兩人一組互相攝影（或錄音）傳遞時的情景，彼此提醒傳遞的方式及口語表達之禮貌。孩子興致高昂完成絲帶製作後，紛紛離開教室前往尋找自己想贈送的老師。我尾隨其中幾位學生，他們很可愛，竟然第一個對象就是學校的大家長——哇！校長好受歡迎！他親切與學生對談，瞭解他們這活動的意義。看到學生侃侃而談的模樣，我是開心又驕傲。

從「墊腳石」到「敲門磚」

〈沉思三帖〉一課的基礎題提問單大部分是讓學生運用晨光時間自主學習，到課堂上討論交流五分鐘，再由小組分

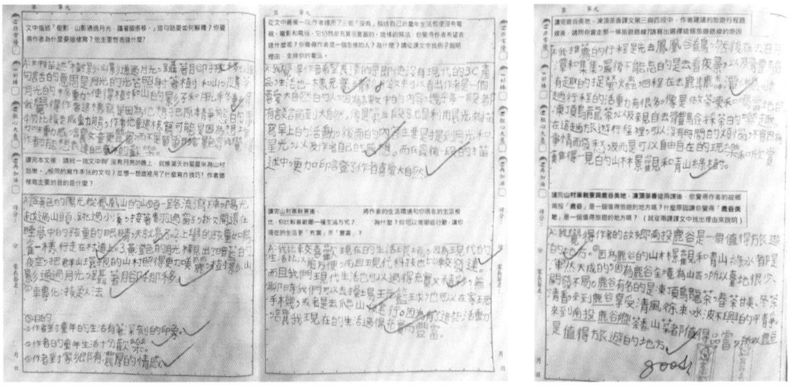

學生徐愷駿六下〈山村車輄寮〉挑戰題作品。

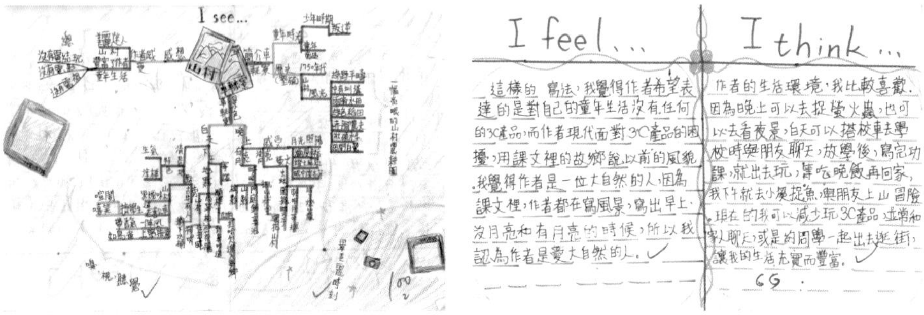

學生周洪萱六下〈山村車輄寮〉心智圖作品。

配任務，共畫三帖心智圖。上完六下第八課〈雕刻一座小島〉暖身題（只用投影片）後，讓學生自主畫心智圖。有些孩子要求和同學一起合作，有些想自己畫，有兩個孩子告訴我要愛惜地球想用Flyer畫（哇）。我聽了立刻答應大家要求，交代了注意事項以及口說報告的規則後，就將剩下約三十分鐘留給他們。過了二十分鐘後，學生皆陸續完成心智圖，且用Flyer拍照傳到「LearnMode學習吧」平臺，準備進行口說發表。

孩子從說與學之中建構屬於他們自己的知識，教師自己則轉化為引導與連結者，不再只是知識的傳（轉）述人。學生分組從異質分組，到自由抽籤成組；從搭鷹架引導學生小組合作學習，到讓學生做學習的主角；從一課設計一表格給學生小組合作討論聚焦，到跨課設計提出問題給學生比較探究，讓每個學生針對問題寫下自己的想法（或答案）。學生愈來愈不畏懼發表，愈來愈懂得分享與交流想法，寫出的答案更有深度與見解，真的如政忠老師所說：「成熟者不給題，學生閱讀後自行能完成圖像。」雖然有些未臻完整，但我想這就是教學中最棒的回饋。

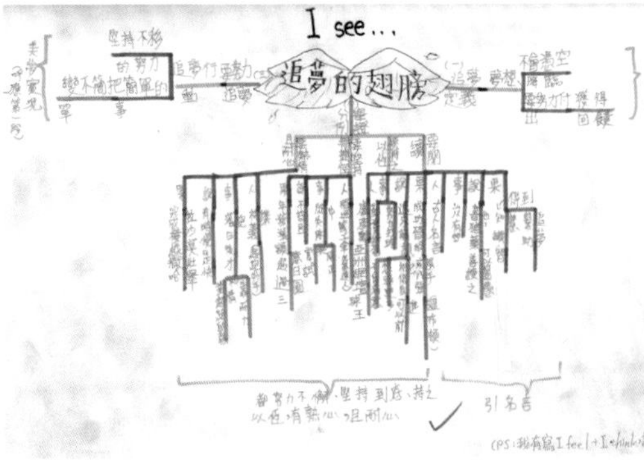

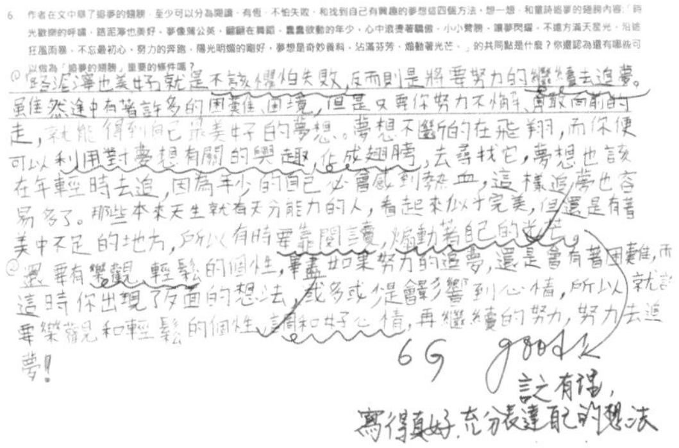

學生周洪萱六下〈追夢的翅膀〉心智圖與挑戰題作品。

◆ 學生成就了自己的精彩

兩年的MAPS課堂，我們師生完成不少事：走讀南苗風采、感恩傳情、文轉圖文、小書創作、文本詩歌改編、歌詞創作演唱，以及共同走完MAPS教學歷程。

從五上帶領著這班孩子在課堂上以提問方式引導出文本結構，師生、生生共做，個人畫出心智圖，再進一步從詞語小短文延伸寫作創作，孩子有了很大進展，也得到了好成果，一〇七年中小學作文比賽入圍決賽的兩位孩子就帶回好佳績。

五下進行到最後一篇課文〈湖濱散記〉時，一半以上學生已可以自學、互相合作，並結合老師文本提問問題，以平板搜尋梭羅生平資料，完成了課文分鏡圖。

六上〈朱子治家格言選〉文本看似簡單其實卻不簡單。上課一開始先問孩子：媽媽最愛耳提面命的話是什麼、家中長輩有沒有類似家訓，特別解釋格言的定義外，為了讓學生瞭解「治家」這個詞，以拆字造詞（整治、治理、家規、家訓……）來輔助看懂標題。之後探索五則格言，討論古今社會生活差異，請學生思考並發表：這些格言有哪些在現今社會很難做到，原因為何？如果是自己家的家訓是否會修正？為什麼？學生發表熱絡，各有想法，尤其是談到生活器具應該簡樸還是精緻華麗時，意見紛起。最後則參考志豪老師做法，提供媒體 YouTube 中四則影片：〈憫農〉詩、優客李林流行歌曲〈多為別人想〉、《論語》、〈弟子規〉等，引導學生對應寫出格言詞句。至於回家作業，既然學生能從文字讀出畫面，又能夠以圖畫進行表達，於是鼓勵他們利用「文轉圖」的方式來理解文本詞句的意思，發現效果很好，學生也很喜愛這個漫畫式的作業。

走到六年級下學期，我希望學生真的學會了 MAPS，於是在規劃的課程中進階到連結，給自己的目標是讓 MAPS 成為學生的 MAPS，因此課堂著重挑戰題分享、立即回饋、創作與口說表達以及語文讀寫能力提升。看到學生作業所展現的學習成果，我真的很滿意。

此外，學生在寒假作業中記錄了與家人「特別旅程」的規劃及出遊（自己的家鄉也算），到期中結合主題單元教學、統整活動 V.S. 旅遊教會我的事，輔以課堂學會的心智圖能力＋口說發表＋小書架構，所完成屬於自己的旅遊小書也讓我非常驚豔。

◆扎實做，才有好收穫

猶記得自己曾經質疑在課堂上操作 MAPS 會不會費時費

學生口說發表旅遊小書作業。

力？如果需要花很多時間與心力準備，而現行上課時數又極度壓縮學生自主學習的時間，會不會因此增加考試與進度壓力？會不會投資報酬率太低，花了較多心力去做也未必能獲得較好的成績？

然而在透過暖身題、基礎題的提問，協助學生理解文章脈絡及作者觀點，進而形成自己（讀者）觀點的歷程中，我看到小組繪製時每個人拿著畫筆在紙上揮灑，不時有人成為主導角色，帶領他人討論，意見不同時大家也能仔細聆聽並統整共識。我也驚訝學生學習動機日漸增強，連下課都會討論上課內容，或留在教室畫心智圖而不願意離開去玩。無形中，安靜專注、靠著自學繪製心智圖的C咖，也成為其他學生的學習目標。我真正體會到「老師不用厲害，只要讓學生做了很厲害即可」！

同儕的配合度初期雖不穩定，每位學生的積極性也不同，但我知道若學生沒有習慣「同儕鷹架」這種方式，將導致班上缺乏互相激盪的氛圍，再好的教學法仍難讓學習效果提升。因此我特別著重依照學生特質與需求，讓他們異質分組學習。即使一開始MAPS實際操作不如自己預期那樣順利，部分學生在閱讀時偶爾會亂槍打鳥回答提問，部分中後端的學生在尋找關鍵詞訊息答案不純熟，或是小組討論時有組員不想討論、亂討論，甚至因意見、想法不同而發生爭執，但MAPS教學法設計三種問題（暖身題、基礎題、挑戰題），確實是幫助學生建立閱讀策略的好方法，它引領班上每位學生來到知識殿堂門口。最終經由兩年讓學生學習使用MAPS，我成功帶起弱勢學生的學習。例如班上華兄（化名）以往上課時總是注意力不足，愛找其他事做，考試也不及格，但從一開始畫心智圖時，他就努力一筆一畫繪製，即使有時遇到困難停頓需要引導，仍能逐漸理解課文。到了六年級，每次國語考試竟皆拿到七十分以上分數，身為老師的我豈能不感到欣慰！

因此我十分認同政忠老師傳授的理念：MAPS每一個環節的設計都是為了協助「教的人教會」以及「學的人學會」。從提問進行到共學心智繪圖，再到小組口說發表，讓需要被協助的成員獲得協助而真正學會，讓協助的人因為真正教會而學得更精熟。MAPS三層次教學方法，是讓老師跳脫以往「老師怎樣教」的觀點，轉化到「學生如何學」的層次來思量教學方法。我期許自己提升教學能力之餘，也能同時讓學生獲得學習效果，並促進班上師生間互動對話，最終讓學生經過課堂上的引導學習，學會自主、合作學習這種帶著走的能力。

◆隨手札記

【國小領域】

8

黃彥慈／堅持下去的動力就是……

新北市新店區北新國民小學

山中大叔導讀

為什麼選擇 MAPS ？有架構、好上手、有理論依據、具發展性。

彥慈老師非常明確掌握了 MAPS 的優勢，並從中開展了屬於自己的教學模組，更棒的是，因為 MAPS 的發展性，所以彥慈老師可以在每一個操作階段都能擴大或收斂成屬於國小課堂的樣貌，讓每一個 MAPS 的設定流程都能達成高年級年段必須達成的教學目標。

但，最棒的是彥慈老師一直擁有社群夥伴的支持與協助，不論是先行者講師的經驗引導，或者是同儕教學者的對話分享，都讓這一趟 MAPS 實踐歷程更有方向，更有力量。

◆ Why is MAPS?

選擇教學這條路後，我一直想找到適合自己的教學法，而且是可以擁有個人特色的教學法。我不斷參加各種研習，期待能透過其他老師的分享，拼湊出專屬自己的教學模式。然而能站上研習場合的教師，多半教學經驗豐富，且擁有一套自己的教育哲學，在研習場上的分享是他們經年累月所醞釀的成果，若無法參透隱藏其中的哲學思維，我能帶走的頂多就是他們幾個小時內所展現的教學技巧。每每看見他們信手拈來就是一整套精彩的課堂互動，對當時尚未建立穩固教學哲學思維的我來說，就是「有神快拜」，以為只要拜得夠多，自然就會領悟其中的奧祕，有時恨不得自己可以換上眼前這些神人等級老師的腦袋——就如國小的課文〈羅伯特換腦袋〉一樣，哪怕是擁有一天都好！

打從學生時代起，六年來我實際參與了體制內、外的教學，也跑過全臺好幾場研習，但依然找不到適合自己的教學法。更深入地說，對像我這樣初出社會的新任教師而言，如果沒有能隨時輔導我的資深夥伴，我又該如何將自己所學到的片面教學方法，演變成消化過後能夠自在呈現、又能兼顧學生學習的完整構想？

大學裡針對國語文的教學，總是與實務有好大一段距離，我們習得了滿腦子的知識學問，卻沒得實際應用在教學場域，即使有集中實習的制度，幫我們在進入半年實習的場域前得以初步瞭解教育現場的樣貌，但多半還是師長為我們安排出來的溫室，距離真正的教育現場還差得遠呢！我們不太可能在實習期間就累積各個年段的教學經驗，而每個年段的學習還真的是天差地遠，這應該是國小老師踏入學校之後最大的挑戰吧！

在還沒接觸 MAPS 之前，對國語文教學的理解，就像是一塊塊散落的拼圖，舉凡生字教學、作文教學、內容深究、形式深究，我所接觸到的教學法中無一能幫我把這些教學內容系統性地串接起來，光是設計課程就超級卡關。這不禁令我開始思考，若自己都無法有邏輯的教學，又該如何教出有邏輯的學生呢？

二〇一八年寒假，我參加了由蔡志豪、寧定威、廖雅惠、賴建光這四位老師共同教學的 MAPS 國小組工作坊。當時的我實習剛結束，準備接科任老師，從沒想過可以這麼快就實踐 MAPS 教學法，但緣分就是如此巧妙！在工作坊中，我看見四位老師有脈絡地發展屬於自己的課程，一看見這點，我眼睛都亮了！明明是同樣的教學法，但每一位老師都發展成不同的樣貌，有的著重課堂對話，有的著重心智繪圖，有的著重寫作教學，有的著重提問設計。這件事情讓我開始對

五下社會第一單元第2課〈殖民統治下台灣社會〉

一、基礎題：請依以下問題整理成心智圖(第一層/第二層/第三層) I see

Q1-1：台灣總督府的統治，源自於六三法所賦予的哪些權力？
Q1-2：為了維護社會治安，台灣總督府的統治如何透過嚴密的警察制度來監控台灣民眾？
Q2-1：皇民化運動與戰爭動員的背景是1937年中日戰爭爆發，日本政府為了哪些目的推行的？
Q2-2：皇民化運動與戰爭動員有關生活習俗的政策有哪些？
Q2-3：皇民化運動與戰爭動員有關軍需工業的政策有哪些？
Q2-4：皇民化運動與戰爭動員最後因為麼原因結束？
Q3-1：資源開發與專賣制度在工業日本、農業台灣的策下，進哪些作為？
Q3-2：資源開發與專賣制度因為擴建那些設施？發展哪些工業？加速台灣轉型為半工半農的社會。
Q3-3：資源開發與專賣制度的政策是統一哪些事情？
Q3-4：資源開發與專賣制度的政策是專賣哪些物資？
Q3-5：資源開發與專賣制度雖然帶動經濟成長，卻使多數眾不平等處境，原因為何？
Q4-1：日治時期引進哪些現代制度在初等、中等、高等教育階段，形成不平等的教育措施？
Q4-2：不平等的教育措施是因為哪三種學校的師資、設備沒有公平一致的受教機會？
Q4-3：日治時期不平等的教育措施下，升學管道受限，讀書機會僅限於哪幾種？社經地位較好的，則會尋求什麼方式升學？
Q5-1：日治時期的社會變遷過程中，政府要台灣眾擺脫哪三大陋習？
Q5-2：日治時期的社會變遷過程中，以哪些穿著為主，改變原有的審美觀？
Q5-3：日治時期的社會變遷過程中，政府如何改善生活，倡導衛生觀念？
Q5-4：日治時期的社會變遷過程中，政府為宣導守時觀念，做了哪些事情？

二、挑戰題： I think

Q：你認為日治時期，日本在臺灣推行不平等的教育措施的目的與原因為何？

透過社群網站請教其他老師如何將 MAPS 教學運用於社會領域，讓原本討厭社會課的孩子重新喜歡上了社會課。

MAPS 教學法產生了極大的好奇，剛好就在此時，我在網路社群上看到洪品薇老師把 MAPS 教學法運用在社會領域上，我興奮得立刻詢問她是如何轉化運用 MAPS 在社會課堂中，品薇老師毫不吝嗇與我分享，包括：設計題目的技巧、她所設計的提問單與備課用書，以及設計時可能遇到的問題、教學技巧。感謝有她的大力協助，我才能提早半年使用 MAPS 教學法。

剛實踐 MAPS 時，「三層次提問」讓我超級驚豔，它囊括了引起動機、課文概覽、內容深究、形式深究，但其中最讓我深深著迷的是暖身、基礎、挑戰這三層次的提問，居然能有邏輯地整合我所熟悉的教學理論。所以若問我為什麼選擇 MAPS，我的原因有四個：有架構、好上手、有理論依據、具發展性。這大概就是我會一頭栽下去的原因吧！

首先，MAPS 是有架構的教學法，就三層次提問而言，從暖身、基礎再到挑戰題，可以一步步引導學生學習，老師也能在設計提問單的歷程中整理並釐清自己想教的重點。

再來，MAPS 是非常容易上手的教學法，從短暫的工作坊結束後，我便能立刻使用，轉化為自己的教學方式。不僅因為其背後的脈絡清晰，最重要的是 MAPS 翻轉教學是真的以「學生的學習」為中心，所以每一步我都能清楚理解為何而做，而非專屬於某個老師個人的教育哲學。

還有，MAPS 是有理論依據的教學法，雖說這是政忠老師草根翻轉的教學法，但 MAPS 中蘊含了教育社會學、教育哲學、教育心理學、輔導原理等理論，是極具彈性且以學生為中心的教學法，從 P1 到 P4 四個階段所需給與的鷹架以及三層次提問的脈絡，都有理論來支持。

最後，我認為 MAPS 是具發展性的教學法，從開始操作 MAPS 教學法一直到現在，每一個階段我都能嘗試創造新的可能性，而這種創新正是依據 MAPS 背後的教學理論及脈絡而發展出來。

◆克服教學的最大靜摩擦力

二〇一八年八月，MAPS 種子教師工作坊一結束，我剛好接手六年級班導，也就是我將 MAPS 三層次提問運用在社會課程的班級。對剛實習結束第一年要當班導師，渾身充滿「菜」味的我來說，國語、數學、社會三個主科都要教，還得每學期自己出考卷，在這種情況下，如何與家長應對進退、穩定六年級即將進入青春期的學生、同時穩固自己教學的脈絡，真不是容易的事呀！

原本美好的想像是，學生可以快速理解我所設計的提問單，但事與願違，才剛開學就面臨許多問題。沉重的出考卷壓力（每學期要出六份），每一課準備教學資源所需花費的心力，再加上第一次當班導師需要轉化情緒，每一個理由都足以讓我放棄設計提問單。然而倚仗著對 MAPS 教學法的堅持，我不想放棄，再加上種子教師共備夥伴的支持，我總算漸漸能與這些困境共處，並嘗試轉化眼前的處境。

我應該如何理解教師手冊中的種種資訊，又應該如何有效、有邏輯地傳達出這些學習內容，我又該如何借用 MAPS 之力，將我想達到的目標融合進去，……我有好多想做的事。已經嘗試將 MAPS 運用在社會課堂的我，來到了國語課堂，才又發現另一個新的世界。國語文有別於社會領域，它是語文的學習，因此涵蓋的範圍變廣了，國語文中的 MAPS，要談閱讀理解、要談課文架構，也要談寫作形式等。我所有的學習都是從「模仿」開始，先依著工作坊所學設計學習單，而其中最容易模仿的是「基礎題」，若能掌握文章的寫作架構繪出心智圖，設計基礎題便是較為簡單的事情。至於「暖身題」與「挑戰題」如何巧妙承先啟後，則需要時間慢慢累積，邊做邊理解。

物理學告訴我們，要推動一個東西必須克服其「最大靜摩擦力」，我想開始與學生用 MAPS 的邏輯對話，就是我在教學上的「最大靜摩擦力」吧！什麼是心智圖？什麼是關鍵字？什麼是上位概念？提問單怎麼看？大量的訊息猶如洪水湧向這群第一次接觸 MAPS 的孩子，即使用了一些小技巧，如：以 Q1-1、Q2-1 幫學生區別心智圖的第一支和第二支，帶學生用了顏色區別第一層、第二層、第三層，但一切卻好像還是雞同鴨講，他們不理解我想表達的事情，我也不懂他們的困難點。種種的挫折讓我不得不停下來思考問題出在哪裡，我開始意識到，學生對於新的概念需要有足夠的「鷹架」來進行學習遷移，而我一次給了太大量的概念，所以孩子無法同時吸收，即使是高年級的腦袋，也是要被慢慢引導的。(看看，果真是「菜」味十足吧！)

◆菜鳥不菜

一開始，我的題目設計會先從「基礎題」開始，藉由心智圖繪製整理文章脈絡及教學重點。基礎題提問的一開始，要少且精準，讓孩子先能熟悉透過提問單尋找答案，如：「第一段的內容中」莫拉克颱風重創高雄哪個「地區」？引號中的文字是鷹架，讓孩子可以縮小範圍，找到可能的答案，並建立自信心。等他們變得熟練，再進一步談論文章更細緻的鋪陳，如：句子與句子間的承接、段落與段落間的關聯性等。

換句話說，初期的基礎題設計，較著重於「課文概覽」，讓孩子熟悉文章並透過提問單訓練提取訊息的能力。進階後

Q0　請依劇本課主題，找出相對應的自然段。

文章架構	一、起因		二、經過		三、結果	
主題	莫拉克颱風	風災打擊	練習	全國比賽	凱旋返校	自信與笑容
自然段						

Q1-1 第一段敘述中，莫拉克颱風發生在民國幾年（時間）？當時重創哪個地區（地點）？

時間	
地點	

Q1-2 第二段敘述中，歷經風災打擊的甲仙國小成立什麼隊伍？成立這支隊伍的目的為何？

隊伍	
目的	

對於剛開始接觸 MAPS 的學生，鷹架要搭得多一些，等他們抓到 MAPS 的邏輯後就能慢慢拿掉鷹架。

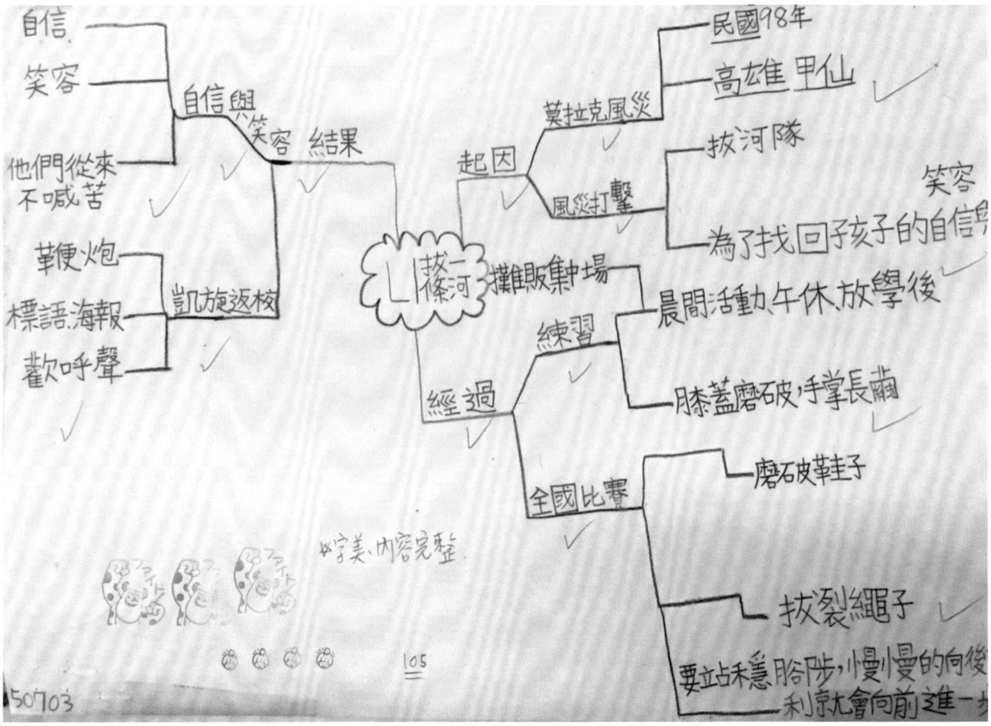

課堂上帶著孩子畫一次，讓孩子回家後自己在筆記本畫一次，先了解如何繪圖，往後才有能力架構屬於自己的心智圖。

的基礎題，則可以聯合透過提問單搭建的鷹架，探討寫作架構、寫作方法，也就是「形式深究」的內容，而這樣的層次提升，正是為了「挑戰題」作鷹架，後續將會詳細解釋。

「暖身題」和「挑戰題」的設計密不可分，暖身題扮演「承先」的角色，挑戰題則負責「啟後」重頭戲，而暖身、基礎、挑戰的三層次提問，就是為了鋪墊「讀寫合一」的目的。暖身題的「承先」是引起動機，喚起學生的先備經驗，無論是生活抑或是知識層面的舊經驗，對孩子來說，就是與他們生命的連結，這個連結做得好，能使孩子對文章產生興趣，便有了成功的第一步。這樣的暖身題是有意識的鷹架，設計者能藉由提問暖身題深入淺出探究文章重點，再藉由挑戰題探討文章中各個細節。

三層次提問的最後就是挑戰題了，它的「啟後」正是我最喜歡，也最折服的部分。若論國語文教學最想帶給孩子的東西是什麼，答案絕非僅止於生字教學、造句練習、閱讀理解這些片段且瑣碎的基本能力，對我而言，國語文是生活的一部分，豐富我們對生命的理解；國語文是邏輯訓練，增添我們在思考、推理及論述的縝密性；國語文也是一門藝術，讓我們能透過文字抒發自己的情感，展現各種創作。而以上這三點，正是「挑戰題」所能展現之處，設計者不僅可以透過挑戰題提問，談作者的論點以及孩子的觀點，並可藉由觀點之間的比較，豐富學生的理解；也可以談文章主旨之鋪陳，讓孩子發覺隱藏在每一段文字內的重要訊息；又或者利用文本比較，探討同主題不同觀點之文章如何論述；甚至可以讓孩子踩在各種文章架構的基礎上，產出不同類型的國語文創作，如：圖文漫畫、仿寫練習、故事接寫、縮寫、擴寫等。每一位設計者都可以透過自己的專業以及孩子的特性，安排不同層次的學習，創造屬於自己的教學設計，而這就是我一開始為何選擇 MAPS 最重要的原因。

使用 MAPS 教學法，讓我可以有邏輯地創造屬於自己的課程，並且結合教育專業，有系統地向家長說明我的教學脈絡。漸漸孩子上手了，家長也愈來愈多肯定的聲音，甚至有他校家長看見我班上孩子的筆記想要轉進我的班級——然而這些讚美與肯定都比不上我看見孩子在學習上的成長與進步，我也愈來愈相信，自己當初的選擇沒有錯！

◆ 沒有理由不繼續做 MAPS

萬事起頭難，剛開始使用 MAPS 的時候，不僅要學習設計提問單，還需要能同時照顧到孩子的學習狀況以及自己的狀態。對於新手老師來說，壓力還真的不容小覷，其中難免也經歷了不少挫折，包含：進度緩慢、對自己設計的提問單

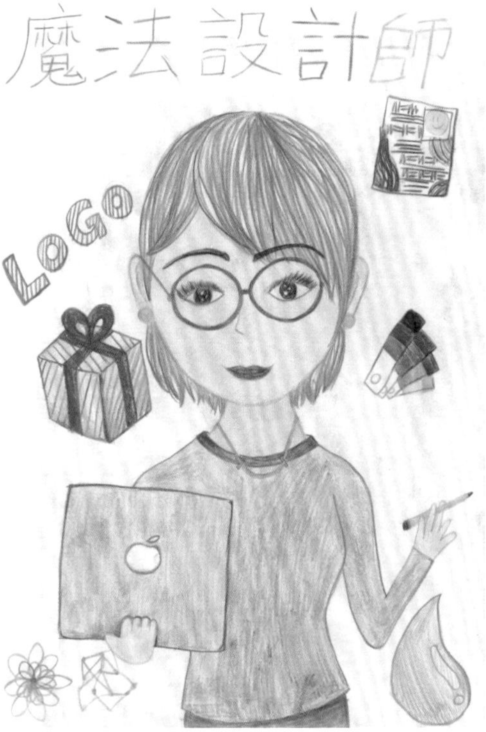

挑戰題的國語文創作——訪談職人（封面）。

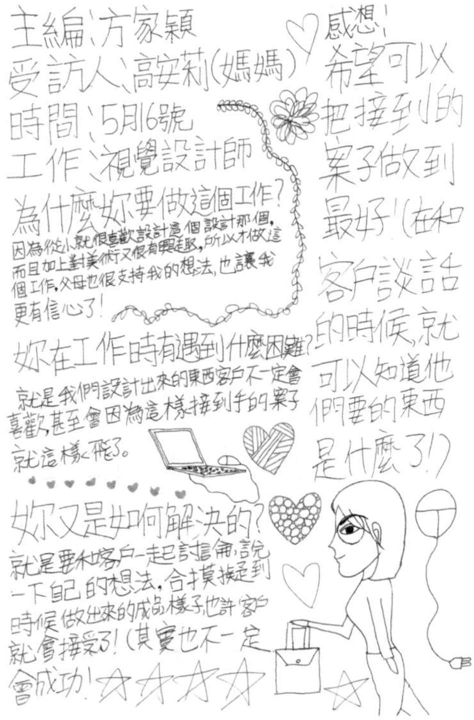

挑戰題的國語文創作——訪談職人（內容）。

第一課《名人記趣》提問單

座號：____ 姓名：__________

暖身題

Q1. 根據課文標題，「名人」是指什麼意思呢？

Q2. 請問這三位名人的趣事都跟什麼有關？

Q3. (　　　)這三則小故事雖然簡短，卻讓人印象深刻。你覺得主要原因是什麼？
①主角都很會演講 ②都有出人意料之外的反應 ③ 都能給人正面思考

基礎題

紙條上的簽名 請根據紙條上的簽名回答以下問題：

Q1 故事主角是誰？身份為何？

Q2 演講時事件的發生主要可以是哪兩件事？

Q3 故事主角面對這件事的狀態為何？如何這起處理突發事件？

只能站著 請根據只能站著回答以下問題：

Q1 故事的主角是誰？身份為何？

Q2 故事中和主角說話的對象是誰？他認識主角嗎(從哪一句話知道)？

Q3 作者利用談話對象說的哪一句話鋪陳故事主角的風度？

Q4 故事主角對談話內容的有什麼情緒？他如何回應這段談話？

最短的演講 請根據最短的演講回答以下問題：

Q1 故事的主角是誰？身份為何？

Q2 演講中哪三個條件鋪陳了「最短的演講」？

Q3 請用三階段呈現主角「最短的演講」？ → →

Q0 請依據本課主題，找出相對應的自然段。

文章小標	紙條上的簽名			只能站著			最短的演講		
主題	人物	事件	處理方式	人物	事件	處理方式	人物	事件	處理方式
自然段									

透過提問單的設計，進行訊息提取及訊息推論的內容深究。

第一課《名人記趣》自學預習單

座號：____ 姓名：__________

【任務1】閱讀課文三遍，並依序完成以下動作。

① 本課有____個故事，第一個故事有____個自然段，
第二個故事有____個自然段，
第三個故事有____個自然段。

② 將本課句型用紅筆標示清楚。

③ 將「形音貼貼」貼在字詞附近，並標示清楚。

句型：(紅筆)
(1)轉折複句： …卻…
(2)並列複句： …是…，也是…

【任務2】寫至少五個你覺得最容易錯的字，並圈出要注意的部件。

【任務3】語詞填空：根據解釋，從課文中找出適當的語詞並寫在空格內

語詞	解釋	語詞	解釋
	侮辱，使受難堪。		賣得精光。形容貨品售出情況良好。
	神情態度從容不迫，一如平常的樣子。		事情的本身或發展，令人感到憾恨或不滿意。
	能夠忍受麻煩，不急躁。		舒緩悠閒，不慌不忙。
	暢快而無拘束的談論。		比喻能言善道，說話時有如流水傾瀉一般，滔滔不絕。

--------請務必「完成」以上三個任務，隔天國語課會有小考喔！--------

○ **自學測驗**

① 習作 p.4～5。

② 利用「是……也是……」造一個完整的句子

➲____________________

③ 請寫出正確的注音或國字。

(　　)1.「漂」白。 (　　)2.恥「辱」。
(　　)3.「漂」浮。 (　　)4.震「撼」。
(　　)5.滄海一「粟」。 (　　)6.枯「槁」。
(　　)7.「ㄍㄠˇ」怪。 (　　)8.鮮「ㄌㄧˋ」。
(　　)9.嘴「ㄔㄨㄣˊ」。 (　　)10.「ㄏㄨˊ」塗。

課前先透過「自學預習單」學習，上課即實施前測——自學測驗，檢驗學習效果。

第一課《名人記趣》PISA 測驗

座號：____ 姓名：__________

Q1.如果你是艾森豪，你會選擇放棄原本的講稿嗎？為什麼？(100 字)

Q2.請依據課文內容，完成以下表格：

文章小標	人物	面臨的處境	處理方式
紙條上的簽名	英國首相邱吉爾	演講前去理髮，理髮師不認得他。	用句號譬喻，簡短表達。
只能站著	美國小說家馬克．吐溫	演講時收到寫著「傻瓜」的紙條	用幽默的方式回應理髮師
最短的演講	美國總統艾森豪	聽眾不耐煩	幽默的說「寫紙條的人只有簽名」

Q3.連連看-成語解釋配對(配合習作第 6 頁)

妙語如珠。 。不加思索的隨意亂說。
金玉良言。 。形容言行清楚、有條理。
花言巧語。 。形容虛假而動聽的語言。
口不擇言。 。比喻珍貴的勸告與教誨。
語無倫次。 。說話雜亂而沒有條理。
頭頭是道。 。說話隨便，言詞未經考慮就脫口而出。
信口開河。 。風趣的話語連續不斷。

Q4.完成習作 p.6-9 頁

所有學習完成後，便實施 PISA 測驗檢驗學習成效，也搭配習作完成學習任務。

挑戰題★I Feel 短文習寫★

書寫技巧：題目+答案/看法+結論，回答在國語筆記本上

Q1.★文章的鋪陳是重要的，鋪梗鋪得好，文章才有說服力，在紙條上的簽名中，作者用了哪些字詞作為鋪陳，凸顯了邱吉爾的機智？請找到字詞並說明理由。

Q2.馬克．吐溫說：「站著沒關係。反正每次他演講，我總是只能站著。」這裡的「他」是指誰？→________「我」又是指誰？→________

Q3.★承上題，為什麼馬克．吐溫不直接告訴理髮師他就是馬克．吐溫本人呢？請寫出可能的原因。

Q4.★「相信大家今天已有很多收穫，而時間也很晚了，我就不多說了，謝謝大家，晚安！」這樣的內容也簡短，和課文中艾森豪的回應，你比較喜歡哪種說法？為什麼？

Q5.如果你是艾森豪，你會選擇放棄原本的講稿嗎？為什麼？

Q6.★如果本課的三個演講你都聽過，你最想分享哪一個給朋友知道？你會在臉書上如何發文？(請用「誰+做什麼事+自己的評論或感想」，並至少選用兩個語詞說明：羞辱/銷售一空/遺憾/從容/高談闊論/口若懸河/神態自若)

Q7.「雙關修辭」指的是一個語詞或句子同時兼顧字面上和字面以外的兩層意思，而以字面外的意思為重點，造成「言在此，而意在彼」效果的修辭手法。

△ 本課例句：今天，我最後一個演講，很榮幸有這個機會為今天晚上的活動，畫上一個圓滿的句號。

△修辭解析：以「句號」暗示「結束」。

△其實我們生活周遭也有不少雙關修辭的運用，請你找找看，你發現了那些？(3 個)

雙關語	原意	解析
例：廣告詞-「麵麵俱到」	各方面都照顧到。	麵店裡賣了很多種口味的麵條。

挑戰題結合「讀寫合一」訓練，讓孩子可以透過課文練習仿寫、擴寫的技巧，奠基寫作能力。

藉由口說發表，讓發表者及聆聽者都能專注於課堂之中。

不滿意、沒時間錄口說、不知該如何進行讀寫合一的教學等。還好有種子教師夥伴的協助，提供非常多資源及創意，讓我在開學前就已經準備好期中考前的進度。

我也特別感謝二〇一九年一月這次的回流研習，讓我有機會和各位夥伴交流，解決了不少原本擔心的問題。歷經一年多的 MAPS 教學後，我漸漸理解 MAPS 每一個階段的設計巧思：MAPS 有脈絡，讓我知道自己在上什麼；MAPS 可設計，讓我知道要帶孩子去哪裡。

政忠老師說過：「不是很厲害才開始，是開始了，才會很厲害！」我相信每一個好老師的背後，都是一點一滴的經驗累積，身為教育工作者的我們背負重要的使命，無非是想為下一代提供更好的教育，同時也希望自己能重新看見教育的價值。滿腔熱血能沸騰多久？想放棄可以有千千萬萬個理由，但堅持下去的動力就是看見孩子的改變！當在課堂上看見孩子的眼睛愈來愈發亮，愈來愈能自信地站上臺說話，執筆愈趨活潑成熟，畫出的心智圖愈來愈有自己的樣子，也漸漸能用自己的邏輯整理文章，甚至是將能力延伸到其他課堂時，我深信我已經沒有理由不繼續做 MAPS 提問單了。

新的學期即將來臨，我換了新學校（寫作本篇時原任教於新竹市茄苳國小），也接了新班級，但 MAPS 教學法我會繼續做下去！

後記

最後一哩路

山中大叔．王政忠

這本書應該是MAPS教學法的最後一哩路。

從二〇一三年左右在我的教室裡開始設計與實驗，二〇一四年第一次在教育部教學卓越獎決賽現場發表並在臺灣開始辦理工作坊，二〇一五年出版MAPS專書，二〇一六年在Facebook社群上傳每一節課的課堂實錄，二〇一七年在香港、新加坡、雲南及馬來西亞舉辦教學法工作坊，二〇一八年第一屆MAPS種子教師培訓班，二〇一九年第一屆MAPS教學法論壇。

二〇二〇年，終於來到種子教師實踐歷程紀錄特輯。

這一路有許多貴人相助，當然最要感謝的是MOXA基金會（心源基金會）的全力支持，感謝麗慧與秀英兩位基金會夥伴在MAPS種子教師培訓計畫的落地推廣過程中，用心努力與投入籌辦一切行政事項。

更要感謝諸多中小學教師的認同，願意為了自己課堂裡的孩子踏上勇敢實踐的旅程。

我蹲點偏鄉二十三年，逐漸清楚，甚或愈來愈明白基礎能力對於出身辛苦環境的孩子有多重要，「聽說讀寫算」這五項基本能力的養成與建構，足以形成翻轉一個孩子乃至於一個家庭命運的關鍵因素。翻轉命運，重點不在於選擇了什麼，而在於擁有選擇的能力。

學校教育幾乎是這些辛苦的孩子唯一的受教機會，老師則成了這個機會的主宰者。孩子遇見了什麼樣的老師，幾乎就決定了他是否擁有翻轉人生命運的關鍵能力。

因此，MAPS 種子教師培訓計畫就鎖定了中小學教師作為目標對象，希望透過有系統的培訓，增進更多教師在課堂教學的專業能力，特別是閱讀教學能力的釐清、建構、調整與精進，以課本本位為軸心，MAPS 教學法為架構，系統化且全面性地協助孩子有能力閱讀、有興趣閱讀、有層次閱讀。

一如過去我的主張：沒有一種單一教學法可以完全解決不同教室裡的所有問題，也沒有一個神人教師可以完全處理不同場域裡的孩子的所有狀況。

我的 MAPS 教學法也不會是，我也不會是。

只有你的 MAPS 教學法才有辦法解決你教室裡的問題，只有你才能處理你孩子的狀況。

因此 MAPS 種子教師培訓計畫最核心關鍵的目標（或者說「要求」），就是希望每一個種子教師在培訓之後，都可以回到自己的教室裡實踐。只有實踐才會卡關，只有實踐才會遇到挑戰，只有實踐才會面臨困難，只有實踐才會迎來教學現場最真實的狀況——你的教室裡，個殊的或者通案的，各種卡關、挑戰與困難。

只有真實遇見，才有可能產出解方——屬於你的教室裡的解方。

這一本書，就是記錄了第一屆八十個種子教師在課堂實踐歷程中的種種卡關、挑戰與困難，我們邀請了其中十四個種子老師為這八十個種子教師發而為文，也為八十個種子教師以外的千千萬萬個教師夥伴提供各種可能的、經過實證過的解方。

想要解決問題的老師會尋找方法，甚至創造方法，這一本書就是第一屆 MAPS 種子教師透過實踐歷程，尋找出來或者創造出來的各種方法的集成。

這是第一屆 MAPS 種子教師的合輯出版，接下來還會有第二屆、第三屆……，我們會連續出版五屆合輯，期待開枝散葉之後的繁花似錦、枝繁葉茂、碩果纍纍乃至落地生根。

我們繼續加油，繼續鬆土播種耕耘。

系列——言無盡03

夢的實踐：MAPS種子教師教學現場紀實

總策劃 王政忠
作者 第一屆MAPS種子教師：洪婉真、郭椿蓉、石佩玉、楊子萱、張允蒼、余竹郁、郭富華、邱子葳、林倩伃、蔡佳玲、楊雅芬、張翠宜、温櫻美、黃彥慈（依篇目順序）
美術設計 林恆葦一源生設計
版面編排 黃秋玲
總編輯 顏少鵬
發行人 顧瑞雲
出版者 方寸文創事業有限公司
地址 臺北市106大安區忠孝東路四段221號10樓
傳真 (02) 8771-0677
客服信箱 ifangcun@gmail.com
出版訊息 方寸之間 http://ifangcun.blogspot.tw
精彩試閱 方寸文創 http://medium.com/@ifangcun
FB粉絲團 方寸之間 http://www.facebook.com/ifangcun
限量品商店 方寸文創（蝦皮）http://shopee.tw/fangcun
法律顧問 郭亮鈞律師
印務協力 蔡慧華
印刷廠 華展彩色印刷股份有限公司
總經銷 時報文化出版企業股份有限公司
地址 桃園市333龜山區萬壽路二段351號
電話 (02) 2306-6842
ISBN 978-986-95367-7-6
初版一刷 2020年5月
定價 新臺幣420元

方寸文創
Printed in Taiwan

別走在我前面，我不一定跟隨；別走在我後面，我不一定帶領；請走在我身邊，成為我的夥伴。

國家圖書館出版品預行編目（CIP）資料
夢的實踐：MAPS種子教師教學現場紀實｜MAPS種子教師合著｜王政忠總策劃｜初版｜臺北市：方寸文創｜2020.5｜
202面｜26X19公分（言無盡系列：3）｜ISBN 978-986-95367-7-6（平裝）｜
1.教學法 2.系統化教學 3.文集｜521.407｜109004112

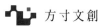

＞＞＞108課綱「科技資訊與媒體素養」核心能力養成必備參考。

新時代判讀力：教你一眼看穿科學新聞的真偽

科學新聞解剖室作品

新生活判讀力：別讓科學偽新聞誤導你的人生

科學新聞解剖室作品

用科學思惟讓假新聞無所遁形

＞＞＞關於人文，關於科普，師生共學。

不只是還原歷史，更是補年輕人認知上的空白。

故事：寫給所有人的歷史專欄

從當代事件論談過去的歷史，回顧過去歷史思考當代事件。

逢甲大學國語文教學中心合著

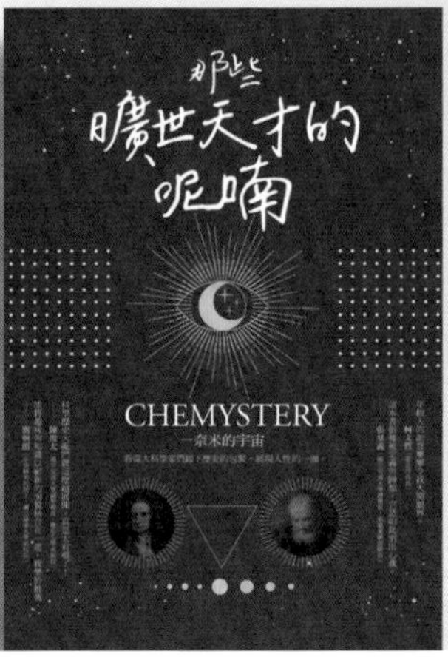

塗鴉牆上的人生與科學！

＞＞＞從哲學到教學，從學校到家庭，心靈無限寬廣。

與其成為學生的模範，不如成為他們的夥伴。

二水國中楊傳峰第二部作品

一趟不可逆轉的生涯冒險，一場不能回頭的終生旅行。

高雄女中楊子霈深情分享

臺灣的每一個角落。

逗点文創結社

政治與文明都會製造傷口
讀經典文本，是為了癒合

「地表最強國文課沒有之一」
臉書專頁負責人

陳茻

〈牡丹亭〉、〈醉翁亭記〉、〈論語〉都讀懂了嗎？地表胸肌最大的國文老師——陳茻，把十篇老是背不起來的經典課文，通通寫成與現今對照的抒情散文！到了第二冊，陳茻老師帶你繼續讀〈女兒國〉、〈兵車行〉、〈老子〉……和你一同感受世界的衝突與和諧。如今，這些很難背的經典課文，都是讓你讀了一「頁」長大的祕笈！

地表最強國文課本
第一冊：翻牆出走自學期
定價：320元

地表最強國文課本
第二冊：不如歸去休學期
定價：350元